rowohlt
HUNDERT AUGEN

Sebastian Janata

Die Ambassadorin

Roman

Rowohlt Hundert Augen

Originalausgabe
Veröffentlicht im Rowohlt Verlag, Hamburg, August 2020

Das Zitat auf Seite 209 ist ein leicht modifizierte Übersetzung aus Ursula K. Le Guin. «Freie Geister. Eine zwiespältige Utopie. Roman.» (The Dispossessed), FISCHER TOR, und lautet in seiner deutschen Originalfassung: «Um zu sehen, wie schön die Erde ist, muss man sie als Mond sehen.»
Satz aus der Minion Pro
bei Pinkuin Satz und Datentechnik, Berlin
Druck und Bindung CPI books GmbH, Leck, Germany
ISBN 978-3-498-09203-0

Die Rowohlt Verlage haben sich zu einer nachhaltigen Buchproduktion verpflichtet. Gemeinsam mit unseren Partnern und Lieferanten setzen wir uns für eine klimaneutrale Buchproduktion ein, die den Erwerb von Klimazertifikaten zur Kompensation des CO_2-Ausstoßes einschließt.
www.klimaneutralerverlag.de

FSC
www.fsc.org
MIX
Papier aus verantwortungsvollen Quellen
FSC® C083411

Dieses Buch ist
meiner großen Schwester
Sandra gewidmet.

PROLOG

Abschied
2018

Beppo lag in einem Einzelzimmer und starrte die Decke an. Man musste gut versichert sein, um alleine zu liegen. Oder bald sterben. Beppo hatte keine gute Versicherung. Wenige Stunden bevor sein Herz aufhören sollte zu schlagen, musste er sich noch einmal gehörig ärgern. Nach der letzten Visite hatten sie ihn auf die Frauenstation verlegt. Scheiß Arzt, unfähiger Beidl. Leck mich am Arsch, dachte er. Er hatte starke Schmerzen. Das Reden fiel ihm schon zu schwer. Er war außer sich gewesen, aber bereits zu schwach, um seinem Zorn Gehör zu verschaffen. So musste er sich also abfinden.

Es war immer seine Überzeugung gewesen, dass es nur zwei Sorten von Menschen gab: jene, die ihr Schicksal akzeptierten, und jene, die es herausforderten. Knechte und Aufständische. Er hatte sich eigentlich von jeher zu den Letzteren gezählt. Je näher sein absehbares Ende aber gerückt war, desto mehr Zweifel kamen in ihm auf. Beppo hatte gekämpft, jegliche Schmerzmittel verweigert, zumindest solange er dazu noch in der Lage gewesen war. Seit zwei Wochen lag er in diesem Bett. Jeden zweiten Tag wurde er gewaschen, er konnte sich nicht dagegen wehren.

Er hasste es. Weil es keine Ehre hatte, weil es nicht nach Regeln spielte, weil es keine Gerechtigkeit kannte. Nicht einmal Sportsgeist. Beppo wusste immer schon, dass das Schicksal, widerwärtiges Dreckschwein, das es nun mal war, ausschließlich unter der Gürtellinie zuschlägt. Dass er nun auch noch den physischen Nachweis für diese feige Taktik hatte, fand er zynisch. Er hätte gelacht, wäre ihm das Lachen nicht schon vor langer Zeit vergangen. Er hätte drohend die Faust erhoben, wäre der dafür zuständige Teil seines Gehirns nicht bereits kaputt gewesen. Er hätte sich wieder auf die Männerstation bringen lassen, wäre ihm nicht bei jedem Versuch, die Stimme zu erheben, ein Messer in den Unterleib gefahren.

Aber nicht die Verlegung war jetzt der Grund für seinen Ärger, sondern die Person dort drüben auf dem Stuhl. Seit sie das Zimmer betreten hatte, waren ihre Augen auf ihn gerichtet. Gesagt hatte sie aber noch immer nichts.

«Das Haus ist fertig renoviert», beendete die Person ihr Schweigen endlich. «Du würdest es nicht wiedererkennen, alleine der Salon –» Sie unterbrach sich selbst, ließ den Kopf auf ihre Brust sinken. «Es sind so viele Jahre vergangen …», versuchte sie einen neuen Satz, der aber sogleich von der trockenen Stille des Krankenzimmers verschluckt wurde.

So viele Jahre und immer noch kein Mumm, dachte Beppo.

Die Person sah ihn direkt an und schien für einen Moment ihre Gedanken zu sammeln.

«Du kannst mir nicht einmal jetzt verzeihen. Habe ich recht, Beppo?»

Seine Mundwinkel verzogen sich nun zu einer Art Grinsen, bitter wie Gift. Er versuchte, seinen Kopf zu heben, doch ein mächtiger Schmerz drückte ihn sofort wieder in das mit steifer Baumwolle bezogene Kissen.

Die Person stand auf und ging zum Fenster neben dem Bett. Sie blickte hinaus, auf einen braunen Betonblock, der in den Siebzigern errichtet worden war und dessen bedrückende Fassade die gesamte Aussicht einnahm. Nur wenn man ganz nach oben blickte, konnte man einen schmalen Streifen blauen

Himmels sehen. Zahlreiche Vögel zwitscherten ihre Melodien. Die Person trat an das Bett. Beppo starrte weiter an die Decke. Sie beugte sich über ihn und sah ihm ins Gesicht. Er versuchte, an ihr vorbeizustarren.

«Beppo», sagte sie. «Es ist an der Zeit, dass du sie uns zurückgibst.»

Ihm war von Anfang an klar gewesen, was der Grund für diesen Besuch war. Ha! Zurückgeben. Da konnten die lange drauf warten. Von ihm aus konnten sie ruhig danach suchen, die verlogene Bagage, so lange, bis sie, eine nach der anderen, selber in einem dieser Betten landeten.

Ach, verhurte Scheiße, dachte er, was würde er jetzt für einen Underberg geben. Er versuchte, vor dem Hintergrund der weißen Decke das Bildnis eines braunen Fläschchens zu malen. Aber er musste einsehen, dass er bereits vergessen hatte, wie das Etikett aussah.

«Beppo …», begann die Person von neuem. Sie beugte sich noch tiefer über ihn, legte ihre Hand auf sein Kinn und drehte mit sanftem Druck seinen Kopf, sodass er keine andere Wahl hatte, als ihr ins Gesicht zu sehen. Er konnte sie jetzt gut erkennen. Auch nach all den Jahren.

«Wo ist die Büchse?» Die Person begann, ihm zärtlich über das Kinn zu streicheln, während sie ruhig auf ihn einredete. Er konnte sich nicht wehren. «Du hast sie damals an dich genommen, und wir haben sie dir gelassen. Aber jetzt ist es an der Zeit, ein neues Kapitel zu beginnen. Dort, wo alles seinen Anfang nahm. Wir gründen eine Akademie. Zehn Akademien. Zwanzig. Wie in den Staaten. Aber die Organisation braucht die Büchse.» Beppo fühlte, wie sein Puls hochging, und sah Sternchen. «Erinnerst du dich noch an uns? Erinnerst du dich noch an die Sache, für die du einmal gekämpft hast? An Fini?»

Hätte er noch gekonnt, er hätte sie angeschrien. Dass sie es wagte, diesen Namen zu nennen! Aber er konnte nicht mehr. Bei jedem Atemzug gab seine Lunge ein konstantes Pfeifen von sich. Er versuchte, sich zu beruhigen.

Er war sich sicher. Sie brauchten die Büchse nicht nur, um *ein neues Kapitel zu beginnen.* Sie wollten sie verscherbeln. Wie Großmutters Silber.

Beppo blickte dem Gesicht nun zum ersten Mal direkt in die Augen. Er war so unendlich müde. Zunächst hatte er geglaubt, sie zu hassen, aber nun musste sich der Todgeweihte eingestehen, dass sein Hass über all die Jahrzehnte abgekühlt und erloschen, zu einem Haufen Asche zerfallen war. Ja, ein grauer Haufen kaltes Mitleid, das war es. Wie konnte man ein ganzes Leben lang nicht bemerken, dass man sich verlaufen hatte? War es Blindheit oder Präpotenz? Wie er die Person jetzt so ansah, waren es sehr eindeutige Worte, die ihm durch den Kopf schossen. Armselig. Schwach. Alt. Hässlich. Bedauernswert. Geknechtet.

Eine Träne löste sich von den Wimpern der Person und tropfte ihm aufs Gesicht. Er zuckte reflexartig zusammen und stöhnte auf von den Schmerzen, die die Bewegung verursachte.

«Verzeih mir», sagte die Person, bevor sie ihm mit dem Hemdsärmel behutsam die Nase trocken wischte. «Ich habe dir etwas mitgebracht.» Sie griff in ihre Tasche, zog ein kleines Fläschchen hervor und stellte es auf den Beistelltisch. Beppo drehte vorsichtig den Kopf. Die Bewegung kostete ihn äußerste Anstrengung. Seine Augen brauchten eine Weile, bis sie den neuen Fokus fanden. Er versuchte, die einzelnen Teile zu einem Ganzen zusammenzufügen. Grüne Kappe, braunes Glas, umschlungen von Papier, darauf weiße Lettern, ein Wort, die weichen Formen der Buchstaben so vertraut wie die Gesichter lieber Freunde. Der Schriftzug geschwungen wie eine Flagge im müden Wind, die schlaff zum Abschied weht.

I

Schweinesonne

Mein Großvater war Jäger, und nachdem ich lange genug gebettelt hatte, nahm er mich irgendwann mit auf die Wildschweinjagd. Ich war gerade einmal fünf Jahre alt, und meine Eltern waren dagegen, aber das Leuchten in meinen Augen machte sie weich, und so gaben sie nach. Als es dämmerte, fuhren wir los. Die Jagdhündin meines Großvaters begleitete uns. Sie war eine *Deutsch Kurzhaar* und wurde Hexi gerufen. Wir fuhren eine kurze Strecke durch das Dorf und bogen dann in einen Waldweg ein, der den Namen Teufelsgraben trägt. Daneben fließt ein kleiner Wildbach, in dem ich später in meiner Kindheit erste Bekanntschaft mit Blutegeln schließen sollte. Im Schritttempo folgten wir der lehmigen Piste einen guten Kilometer lang. Hexi saß auf dem Boden zwischen meinen Beinen und hatte ihren Kopf in meinen Schoß gelegt. Ein bisschen Sabber lief auf meine Hose. Ich kraulte das liebe Tier hinter den Ohren. An einer Gabelung hielten wir, und mein Großvater stellte den alten *Puch* am Wegesrand ab. Von hier an mussten wir zu Fuß weiter. Ein paar Minuten gingen wir schweigend nebeneinanderher, Hexi immer dicht hinter uns. Ich fragte meinen Großvater, warum Jäger denn immer Hunde dabeihätten.

«Jagd ohne Hund ist Schund», sagte er mit erhobenem Zeigefinger. Dann blieb er stehen.

Ich sah zu ihm hoch und fragte mich, warum wir anhielten. Mein Großvater ließ seinen Blick durch die Bäume schweifen, zwischen denen, wie Waldgeister, die letzten Lichtstrahlen des Tages schwebten, und sagte folgenden Vers, den ich seither nicht vergessen habe:

Wer will zu den Jägern zählen,
lässt kein Wild sich zu Tode quälen,
jagt allein nicht durch die Weite,
führt den guten Hund zur Seite!

Mein Großvater stellte seine Büchse ab und griff in die Brusttasche, aus der er ein kleines Fläschchen Underberg zog. Er schraubte den Verschluss ab und hielt das braune Elixier hoch, wie ein Pfarrer den Messwein.

«Waidmannsheil», sprach er in Richtung der Baumkronen und trank es in einem Zug leer.

«Waidmannsheil», sagte ich zu Hexi, die zur Antwort mit dem Schwanz wedelte.

Wir marschierten weiter. Es wurde Nacht im Wald. Mein Großvater holte eine Taschenlampe hervor, die statt weißem rotes Licht warf, um das Wild nicht zu verscheuchen. Nach einer Weile erreichten wir einen Trampelpfad, der uns die dichtbewachsene Böschung hinaufführte. Plötzlich leuchteten überall neongrüne Punkte auf, die sich, zauberhaften Waidwesen gleich, ihren Weg durch das Geäst bahnten. Als mein Großvater meine Faszination bemerkte, erklärte er mir, dass dies Glühwürmchen seien und sie deshalb so grün leuchteten, um einander besser finden und kleine Baby-Glühwürmchen machen zu können. Ich verstand nicht ganz, was er meinte. Als ich versuchte, einen dieser geheimnisvollen grünen Punkte mit der Hand einzufangen, erlosch das Leuchten schon, noch bevor ich meinen Arm ausgestreckt hatte. Ich war fasziniert von diesen Kreaturen und bin es heute noch. Der pechschwarze Wald, zusammen mit seinem intensiven Geruch nach feuchtem Laub und schwarzer Erde, wurde zum bloßen Hintergrund für das magische Leuchten Hunderter feenhafter Gestalten.

Wir erreichten den Hochstand. Hexi hörte auf das Kommando *lieg* und breitete sich hechelnd auf dem Waldboden aus. Ich musste als Erster über die grob gezimmerte Leiter hochklettern, mein Großvater war dicht hinter mir und passte auf, dass ich nicht fiel. Im Inneren des Holzverschlags war eine Art Bank angebracht, auf der wir beide Platz fanden. Durch eine Öffnung konnten wir über die Baumkronen blicken. Der Vollmond schien auf das Blattwerk hinab, und in mittlerer Entfernung war eine Lichtung zu erkennen, in deren Zentrum eine Futterstelle für das Wild aufgestellt war. Mein Großvater hatte sie schon am Nachmittag mit Futtermais gefüllt. *Schweinesonne* sagen Jäger zum Vollmond, hatte er mir einmal erklärt. Den Grund weiß ich leider nicht mehr.

«So, jetzt müssen wir warten, Wutzlibär», flüsterte er. Wutzlibär, so nannte er mich, bis an sein Lebensende. Ich nannte ihn immer Onkel Beppo. Alle nannten ihn so. Sein richtiger Name war Josef, aber den mochte er nicht.

«Wie lange müssen wir warten, Onkel Beppo?»

«Still, sonst verscheuchen wir die Wildsau.»

Wir warteten also. Während er ein weiteres Fläschchen Underberg öffnete, sah ich gelangweilt aus der Öffnung. Ein leichter Sommerwind streichelte zärtlich das Blätterdach der jungen Eichen, Buchen und Linden unter uns. Ich wagte einen Blick die Holzleiter hinab, um nach Hexi zu sehen, aber schon zupfte mich mein Großvater am Ärmel und zeigte auf die Bank. Ich pflanzte mich hin, sah hoch zum Mond mit seinen dunklen Flecken und fragte mich, was den Typen, der dort wohnte, eigentlich unser Schlaf anging. Ich musste gähnen und blickte wieder zur Futterstelle. In diesem Moment trat aus dem Dickicht rund um die Lichtung ein großer, schwarzer Schatten hervor. Ich tippte aufgeregt auf die Schulter meines Großvaters. Er deutete mir mit einem Nicken, dass er auch sah, was ich sah. Der Schatten machte sich derweil an der hölzernen Futterkrippe zu schaffen. Ich nahm das kleine Fernglas zur Hand, das ich zu meinem fünften Geburtstag bekommen hatte, und blickte hindurch. Der Schein des Mondes war hell genug, um erkennen zu können, dass es sich um einen ausgewachsenen Keiler handelte. Das Tier kaute friedlich grunzend vor sich hin. Ab und zu hob es seine Schnauze, wie um sich zu versichern, dass keine Gefahr drohte. Doch die lauernde Bedrohung, die wir darstellten, blieb ihm verborgen. Als der Keiler sich drehte und uns seine Flanke zuwandte, spannte mein Großvater den ganzen Körper an und atmete tief durch die Nase ein. Als er langsam wieder durch den Mund ausatmete, konnte ich seine Schnapsfahne riechen. Im nächsten Moment drückte er ab, und ich erschrak über den ohrenbetäubenden Knall dermaßen, dass ich mir ein bisschen in die Hosen machte.

Mein Großvater stieß einen ekelhaften Jägerfluch aus und schrie die Holzleiter hinunter: «Hexi, such Verwundt!»

Hexi sprang hoch und schoss in Richtung Futterstelle davon. Mein Großvater hatte den Keiler wohl nicht richtig getroffen, denn das arme Tier versuchte nun, zu fliehen.

«Komm, Wutzlibär, schnell! Beeil dich, wir verlieren sonst die Spur!»

Voran mein Großvater, liefen wir, so schnell es ging, durch das Unterholz. Das Licht der Taschenlampe hatte er auf weiß gewechselt, damit wir besser sehen konnten. Von der Lichtung aus folgten wir den Blutspuren. Ich fürchtete mich und wollte nach Hause.

Plötzlich hielten wir an, und ich flüsterte, was denn los sei.

«Wir haben die Spur verloren.»

Er war außer Atem und rief den Namen der Hündin in den Wald hinein. Wir erhielten ein Bellen zur Antwort. Es war nicht genau auszumachen, aus welcher Richtung es gekommen war, aber wir gingen auf gut Glück los. Mein Großvater wiederholte den Ruf. Erneut kam ein Bellen zur Antwort, dieses Mal war die Richtung klar. Nach ein paar Schritten hörten wir ein lautes Jaulen. Mein Großvater hielt abrupt an.

«Verfluchte Hurenskanaille!»

Dann rannte er los. Ich konnte kaum mithalten mit meinen kurzen Kinderbeinen. Als ich schon befürchtete, ihn verloren zu haben und kurz davor war, laut loszuheulen, fand ich in den Schein seiner Taschenlampe zurück. Er stand vor einer riesigen Stieleiche, die dort, uralt und massiv, inmitten junger, dürrer Bäumchen aufragte. Der Stamm hatte eine seltsam gedrungene Form und muss mindestens zwei Meter dick gewesen sein. In seiner Mitte klaffte ein langer Spalt. Ich hatte noch nie einen so eigentümlichen Baum gesehen. Gruselig. Onkel Beppo starrte auf den Boden. Ich eilte zu ihm. Zu seinen Füßen lag der angeschossene Keiler, alle viere von sich gestreckt, nur mehr das Auf und Ab des Brustkorbs zeigte an, dass noch ein letzter Rest Lebensgeist in dem waidwunden Tier war. Daneben lag Hexi, die Augen weit aufgerissen und ohne Leben. Ihre Eingeweide waren auf dem Waldboden verteilt, in einer Blutlache spiegelte sich der Mond. Der Keiler hatte ihr mit einem letzten Hieb seiner langen Hauer den Bauch aufgeschlitzt. Entsetzt sah ich meinen Großvater an.

«Onkel Beppo, bitte gehen wir nach Hause.»

«Halt dir die Ohren zu.» Seine Stimme war ruhig. Er legte die Büchse an und schoss dem Keiler in den Kopf.

All das Blut, der dunkle Wald, der laute Knall. Es wurde zu viel. Ein derartiges Geheule stürzte aus mir heraus, sodass die ratlosen Jäger der Umgebung für die nächsten Tage kein einziges Wild mehr vor den Lauf bekommen sollten. Ich wusste nicht, welches Tier mir mehr leidtun sollte. Während ich laut greinte, bückte sich mein Großvater und öffnete mit seinem gebogenen Jagdmesser den Bauch des Keilers. Er musste ihn ausnehmen, um wenigstens die Chance zu haben, das bestimmt zweihundert Kilogramm schwere Tier zu transportieren. Dabei verletzte er mit seinen zitternden Fingern den Darm, und ein widerlicher Gestank breitete sich aus. Zornig zerrte er an den Innereien.

«Geh scheißen, was denn noch!»

Als er endlich fertig war, holte mein Großvater ein Seil aus dem Rucksack und formte eine Schlinge, die er über die beiden Hinterläufe des Keilers stülpte und zuzog. Das Gleiche tat er bei Hexi.

«Hier, nimm das Seil, du musst die Hexi ziehen. Ich gehe voraus, bleib dicht hinter mir.»

Er warf sich das Seilende über die Schulter.

Ich blickte auf das Seil in meiner Hand und den Hundekadaver. Dann übergab ich mich. Mit dem Handrücken wischte ich mir über den Mund.

Mein Großvater wurde ungeduldig.

«Komm, tu weiter!»

Das Laub am Waldboden war feucht, es ging bergab, und so begab sich unsere Blutkarawane auf ihre Wanderung. Angeführt von einem Waidmann mit mehrfach verletzter Waidmannsehre, der keuchend ein riesiges totes Wildschwein hinter sich herzog, und hinter ihm ein weinendes Menschenkind, mit einem kleinen Fernglas um den Hals. Nach etwa dreißig Minuten Gewaltmarsch, in denen ich viele neue Jägerflüche lernte, erreichten wir endlich den Waldweg.

Wir ließen die beiden toten Körper liegen und gingen los, um den Wagen zu holen. Was für ein Fiasko. Von meinem erschöpften und gedemütigten Großvater hörte ich kein Wort mehr, nicht einmal Jägerflüche. Die Anstrengung des Marsches hatte meine Tränen getrocknet, ich war nun ganz still. Mit dem Auto fuhren wir die paar hundert Meter zurück, um die Kadaver zu holen. Den Keiler befestigte mein Großvater an der Stoßstange des Wagens, Hexi wickelte er in eine Decke ein und legte sie auf die Rückbank. Wir fuhren langsam und schweigend nach Hause. Am nächsten Tag begruben wir Hexi illegalerweise am Ende des Hofes, zwischen den kleinen Fichten und der Altpapiertonne.

Mein Großvater ist gestern gestorben. Es ist keine große Überraschung, kein Drama, keine Tragödie, und es tut merkwürdig wenig weh, obwohl er für mich sehr wichtig war. Er war nicht mein leiblicher Großvater, aber das hat für mich nie einen Unterschied gemacht. Er war unser Nachbar, ein Freund der Familie. Meine Eltern brauchten dringend jemanden, der regelmäßig auf ihre Kinder aufpasste, und Beppo, damals in seinen Fünfzigern, selbst alleine und kinderlos, nahm sich dieser Aufgabe mit Leidenschaft an. Bei den meisten galt er als einsilbig, verschlossen, jähzornig, meine Schwester und mich jedoch überschüttete er mit all der Liebe, die sich über die Jahrzehnte in seinem Herzen angesammelt haben musste.

Jetzt, da ich am Küchentisch sitze und den letzten Schluck aus meiner morgendlichen Tasse Kaffee trinke, finde ich es traurig, dass ich nicht dabei war, als der Körper meines Großvaters endgültig aufgab, und frage mich, warum ich noch immer nicht geweint habe.

Änderungsschneiderei Tessa

Ich stehe am Fenster und blicke auf das lärmende Treiben hinab. Auf der gegenüberliegenden Straßenseite stehen Jugendliche auf dem Gehsteig, zu dem man in dieser Stadt Bürgersteig sagt, und lachen einander aus. Ich lehne mich aus dem Fenster. An der Straßenecke leuchtet das blaue Schild der U7. Die öffentlichen Verkehrsmittel hier sind eine Katastrophe. Alleine der Anblick des Schildes lässt eine zahnlose Wut in mir aufsteigen. Ich beschließe, duschen zu gehen.

Es ist ein Genuss, das perfekt temperierte Wasser auf mich herabregnen zu lassen. Manchmal denke ich, dies muss wohl, wenn auch nur als vager Abglanz dessen, das Gefühl vom Beginn des Lebens sein, und wünsche mich dahin zurück.

Ich drehe das Wasser ab und öffne die Glastüren. Die unbarmherzig kalte Realität umarmt mich. Dann rasiere ich mich sorgfältig, kleide mich an, trage Toner und Tagescreme mit Hyaluron auf, nehme den Kleidersack aus dem Schrank, lege ihn über meinen Arm und verlasse die Wohnung.

Im Erdgeschoss befindet sich die Schneiderei *Tessa.* Ich trete durch die hellblau lackierte Tür und begrüße Tessa. Die Wände des kleinen Ladens sind mit Kleiderständern verstellt, darüber hängen offene Wandschränke, aus denen Stoffrollen in allerlei Farben und Mustern ragen. Es riecht nach alter Kleidung und

Bügeleisendampf. Eine mir unbekannte Frau sitzt mit einer Tasse Tee in der Hand an einem kleinen Tischchen. Sie hebt die Tasse zur Begrüßung und nimmt einen Schluck. Es ist schwer zu sagen, wie alt die Frau ist. Mindestens neunzig.

«Hallo Hugo, wie geht's? Meine Mutter ist zu Besuch aus Griechenland.»

Tessa sagt etwas auf Griechisch zu ihr, das ich nicht verstehe, worauf die alte Frau große Augen macht und auf Griechisch etwas zu mir sagt, das ich leider genauso wenig verstehe. Ich bin ratlos, aber versuche es erstmal mit einem Nicken.

«Hast du gerade viel zu tun?», fragt mich Tessa. Sie steht hinter ihrem Arbeitstisch und misst ein Stück roten Stoff ab.

«Nicht so viel. Morgen muss ich zu einem Begräbnis nach Österreich.»

Sie legt das Maßband ab und sieht mich an. Ihr Blick zeigt Betroffenheit. «Ich hoffe», sagt Tessa nach ein paar Sekunden, «es ist niemand aus der Familie?»

«Ein Freund der Familie», erwidere ich.

Das stimmt zumindest zur Hälfte. Ich hatte schon immer eine Abneigung gegen Beileidsbekundungen.

«Mein Beileid, Hugo.»

Sie beugt sich über den Tisch und legt ihre rechte Hand auf meine linke Schulter.

«Danke.»

Eine unangenehme Stille beherrscht jetzt den kleinen Laden. Tessa sieht mich mitleidsvoll an, sie verwechselt meinen Beileidswiderwillen wohl mit Trauer. Die Mutter nimmt einen weiteren Schluck Tee. Während ich das Sakko aus dem Kleidersack befreie, höre ich sie schlürfen.

«Kannst du mir die Ärmel kürzen? Entschuldige, ich weiß, es ist ein bisschen last minute, aber ich würde es gerne auf der Beerdigung tragen.»

Ich lege das schwarze Sakko auf den Arbeitstisch. Tessa setzt ihre Brille auf und sieht sich die Nähte an. Ich hasse wenig mehr als schlecht sitzende Kleidung und bin deshalb sehr oft bei ihr. Außerdem sind wir ja quasi Nachbarinnen. Schon mehr als einmal musste ich meinen Zweitschlüssel von ihr holen, nachdem ich mich ausgesperrt hatte. Sie ist in einem kleinen Dorf am Meer, ganz im Süden von Griechenland, aufgewachsen und in den Achtzigern nach West-Berlin gezogen. Ich verstehe mich gut mit ihr, wir haben immer etwas zu reden, und vor allem macht sie eine hervorragende Arbeit. Tessa nimmt die Brille wieder ab und seufzt.

«Morgen früh?»

Verwandtschaft

«Onkel Beppo? Hallo? Bist du da drin? Hallo, Onkel Beppo?»

Frida klopft auf den Deckel. Der Sarg ist geschlossen und schwarz, die Lackierung erinnert an einen Konzertflügel. Der Unfug meiner großen Schwester macht einen heidnischen Lärm in der großen Leichenhalle. Wir sind alleine. Über dem Sarg hängt der Leib Christi und blickt tadelnd auf uns herab.

«He, Onkel Beppo, aufwachen! Frühstück!»

Sie hält ihr Ohr an die polierte Oberfläche des Deckels und horcht.

«Ich glaube, es ist keiner zu Hause.»

Meine Schwester, elf Jahre älter als ich, war schon immer gut darin, mich zum Lachen zu bringen.

Vor der Halle warten unsere Eltern. Ein alter *Steyr*-Traktor fährt lärmend an uns vorüber, sein Anhänger ist voll mit Zweigelt-Trauben, die Weinlese hat begonnen. Das goldene Licht der burgenländischen Sonne strahlt ungetrübt auf uns herab. Die beiden stehen im Schatten einer Kastanie, mein Vater mit seinem Western-Hut. Meine Mutter trägt ein leichtes Sommerkostüm, dessen Stoff die Färbung einer überreifen Mango hat. Sie trägt nie Schwarz, auch nicht heute. Ich kann ihr ansehen, dass die Hitze sie mitnimmt. Sie kommt aus einer der kältesten Regionen Österreichs und ist nicht für diese Temperaturen geschaffen. Ihr strenger Blick trifft uns, als wir uns nähern.

«Was habt ihr denn da drinnen für einen Krawall gemacht, ihr zwei?»

«Ich war das nicht», antworte ich.

Die Ärmel meines schwarzen Sakkos sitzen gut, dennoch ziehe ich es aus und lege es über meinen Arm. Die Hitze trifft mich nach der Leichenhalle wie eine Ohrfeige.

«Getrauert», sagt meine große Schwester. Sie fächert sich mit dem Partezettel Luft zu.

«Kommt's, wir fahren ins Wirtshaus», schlägt mein Vater vor. «In einer Stunde fängt das Begräbnis an, und ohne was im Bauch halt ich den Schas nicht aus.»

Der Blick meiner Mutter wird angesichts der Wortwahl meines Vaters noch strenger. Aber bestimmt möchte auch sie später nicht mit leerem Magen in der heißen Sonne stehen. Frida findet die Idee ebenfalls gut.

Wir laufen zum Wagen. Der Asphalt der Straße ist so aufgeheizt, dass sich kleine Teertropfen darauf gebildet haben. Obwohl bereits September ist, rührt sich der Sommer nicht vom Fleck. Wie ein bockender Gaul mit dem Hufe, tritt er den Menschen mit einer späten Hitzewelle ins Gesicht. Noch ein Traktor fährt vorbei, auch *Steyr.* Aber andere Trauben. Grüner Veltliner.

Ein Flugzeug zieht in nur ein paar hundert Metern Höhe über das Leithagebirge.

Boeing 777-200ER, höre ich meine Schwester den Flugzeugtyp bestimmen, bevor wir ins Auto steigen.

Natürlich kommen wir zu spät zum Begräbnis. Es sind erstaunlich viele Leute da, aber eigentlich sollte mich das nicht wundern. Es ist die letzte Ferienwoche, und die Menschen hier im Ort haben selten Gelegenheit, in größerer Anzahl zusammenzukommen. Anlässe wie dieser werden gerne dazu genutzt, um sich ein bisschen herauszuputzen, vernachlässigte Bekanntschaften wieder aufzufrischen, und natürlich, um sich über aktuelle gesellschaftliche Ereignisse (Scheidungen, Teenager-Schwangerschaft, Wahl zur Kirschenkönigin) auszutauschen. Noch dazu können Familien, die, wie meine, eher zurückgezogen leben und nur selten auf der öden Bildfläche des Dorfalltags erscheinen, mit misstrauischen Blicken bedacht werden.

Die Zeremonie scheint eben erst begonnen zu haben. Man hat damit nicht auf uns gewartet, was nur recht scheint, schließlich sind wir ja keine Blutsverwandten. Die meisten der Anwesenden sind schwarz oder zumindest dunkel gekleidet. Aber ein paar Bauern, ihrer grünen oder blauen Arbeitskleidung nach zu schließen, müssen wohl direkt aus dem Weingarten gekommen sein. Wir finden keinen besseren Platz und fügen uns in die hinterste Reihe ein, zwischen einem alten Mann, der auf seinem Rollator sitzt, und einer jungen Frau, die mit beeindruckender Ruhe versucht, drei jammernde Kleinkinder in Schach zu halten.

Ich kann sehen, wie der Pfarrer den Sarg mit Weihwasser besprenkelt. Dann öffnet er den Mund und spricht. Einige heisere Kehlen stimmen mehr oder weniger unisono ein. Ich glaube, diesen Teil des anachronistischen Spektakels nennt man Oration. Im obligatorischen Religionsunterricht der Grundschule hatte mir die Lehrerin einmal eine Bibel gegen den Kopf geschlagen, vermutlich unzufrieden mit meiner Lernleistung. Mittels dieser beherzten Maßnahme sollte mir wohl das Wissen buchstäblich eingehämmert werden. Es hat nicht funktioniert.

Im Anschluss spricht der Seelenhirte. Allerdings ist seine Stimme zu leise, um die Worte verständlich bis in die letzte Reihe vordringen zu lassen. Ich muss innerlich kichern. Der

Pfarrer gilt als sogenannter Lebemann und erfüllt dabei so manches Klischee. Er pafft bei jeder Gelegenheit stinkende Zigarren, hat eine Schwäche für sündteuren Whisky und auch ein Faible für die USA, wo er jedes Jahr seinen Urlaub verbringt. Sein Dienstwagen ist eine viel zu lange Limousine amerikanischen Fabrikats, und Rosi, die altgediente Köchin im Pfarrhaus, klagt immer darüber, wenn sie die ausgefallensten Zutaten besorgen muss, deren Zubereitung der Herr Pfarrer dann auch noch selbst in die Hand nimmt. All das lässt ihn durchaus menschlich erscheinen. Vielleicht ist das der Grund dafür, warum er in der Gemeinde bei vielen sehr beliebt ist. Das war nicht immer so.

Sein Vorgänger war ein richtiger Fanatiker. Eines Tages platzte ihm dann beim Verrichten der Notdurft ein Blutgefäß im Kopf. Die schon damals nicht mehr ganz junge Rosi fand den bewusstlosen Pfarrer mit heruntergelassenen Unterhosen und nach oben gezogener Soutane auf dem Fliesenboden. Er überlebte, aber war ab dem Zeitpunkt halbseitig gelähmt und auf einem Auge so gut wie blind, was ihn allerdings nicht davon abhielt, von nun an bei jeder Gelegenheit nuschelnd zu verkünden, dass der Heilige Geist in ihn gefahren sei.

«Habemus papam, habemus papam! Worauf wartet ihr, ihr Narren? Bringt mich nach Rom!», soll er angeblich die beiden Abgesandten des Bistums angebrüllt haben, die gekommen waren, um sich einen Eindruck über seinen geistigen Zustand zu verschaffen. Kurz darauf brachte man ihn zur Pflege in ein rumänisches Kloster.

Nach großen Mühen fand die Diözese endlich einen Ersatz. Es war ein Mann aus Niederösterreich, der seine besten Jahre bereits hinter sich hatte und über den man munkelte, dass er hierher zwangsversetzt worden sei, weil er bei seinem Bistum in Ungunst gefallen war. Genaueres wusste aber niemand. Sein

Name war Willibald Egger, und seine Predigten waren lieblos, aber konform. Die Leute waren also für das Erste zufrieden.

Der Neue richtete sich im Pfarrhaus ein. Zur selben Zeit kehrte Frida aus den USA zurück. Sie hatte dort, in Phoenix, Arizona, ihr Training zur Pilotin abgeschlossen, am *ATCA*. Konnte mir nie merken, wofür das steht. Ein paar Monate später sollte sie eine Stelle als First Officer bei einer österreichischen Airline antreten. Aber bis dahin wollte sie wieder zu Hause wohnen. Dieser Wunsch währte nicht allzu lang. Sie hatte die Welt gesehen und wollte so schnell wie möglich wieder dahin zurück, Frida langweilte sich unendlich. Umso neugieriger war sie darauf, den neuen Pfarrer kennenzulernen, der ein angeblich so weltmännisches Gebaren pflegte.

Sie besuchte den Gottesdienst und besah ihn sich, fand ihn sehr sympathisch. Als er sich, wie nach jeder Predigt, am Hinterausgang der Sakristei eine Zigarre gönnte, sprach sie ihn an.

«Servas, Willibald, ich bin die Frida.»

Der frühere Pfarrer hätte sie nach diesem Sakrileg von Anrede wohl zuerst bewusstlos gewatscht und ohne Umschweife den Hexenkessel vorheizen lassen. Aber Willibald war einfach nur verblüfft über die junge Frau mit den riesigen blauen Augen und der Tätowierung am Oberarm. Er konnte sich nicht mehr erinnern, wann ihn das letzte Mal jemand beim Vornamen genannt hatte.

Um ihn weiter zu testen, stellte sie ihm die unverhohlensten Fragen: Ob er denn wirklich an den ganzen Schnickschnack glaube. Ob er schon einmal überlegt habe, zum Buddhismus zu konvertieren. Wie es um sein Zölibat bestellt sei. Willibald antwortete geduldig und sachlich, und es wurde zu einer Gewohnheit, dass ihm Frida bei seinen Zigarren hinter der Kirche Gesellschaft leistete, sie im Pfarrhaus gemeinsam Whisky tranken und bis spät in die Nacht redeten. Rosi fand es ungeheuerlich, dass jetzt sogar noch junge Frauen im Pfarrhaus ein und aus gingen, bis in die unchristlichsten Uhrzeiten hinein blieben und zu allem Überdruss auch noch mit dem Herrn Pfarrer soffen. Als wäre die oberste Sünderin Maria Magdalena höchstpersönlich zu Gast!

Die Leute begannen natürlich zu reden, doch das war Willibald egal und Frida erst recht. Bis sie einmal so viel Whisky erwischte, dass sie am Ende kaum mehr gehen konnte und sich auf dem Sofa langmachte. Der nicht minder unter Einfluss stehende Willibald warf ihr eine Decke über und schaffte es gerade noch so, sein eigenes Bett zu erreichen.

Als Frida am nächsten Morgen das Pfarrhaus verließ und dabei gesehen wurde, war der Skandal perfekt: Man hatte sich ja bis jetzt zurückgehalten, aber das war nun zu viel! Die junge Navratil übernachtet beim Pfarrer! Wo gibt es dennsowas?

Ein Sturm brach los, und Willibald wurde in die Diözese zitiert. Hätte sich nicht ausgerechnet Rosi vehement für ihn eingesetzt – sie hatte im Zuge einer Erstürmung des bischöflichen Büros auf das eindringlichste versichert, dass die Beziehung zwischen der jungen Frau und dem Priester, wenn auch zugegebenermaßen mehr als unüblich, immer eine rein spirituelle gewesen sei, was sie, wenn nötig, auch beim Leib Jesu Christi dem Erlöser schwören würde – es wäre wohl schlecht bestellt gewesen um Willibalds Anstellung.

Aber so erhielt er lediglich eine ordentliche Rüge und durfte das Pfarramt behalten. Auch das Dorf beruhigte sich wieder, nachdem sich die ehrenwerte Köchin für den Pfarrer verbürgt hatte und jedem, der Unwahrheiten über ihn verbreitete, mit dem Nudelwalker drohte.

Das Verhältnis zwischen Willibald und Frida litt indessen.

Willibald zog sich zurück und meine Schwester nach Wien. Schon bald kam sie nur noch selten zu Besuch, und das eben erst geknüpfte Band ihrer Freundschaft riss irgendwann.

Willibald verliest nun mit monotoner Stimme ein Schriftwort aus dem heiligen Buch. Es klingt, als würde ein Übersetzungsprogramm sprechen.

«Also mitreißender ist er nicht gerade geworden», flüstert mir Frida ins Ohr.

Der alte Mann ist auf seinem Rollator sitzend eingenickt. Trotz des Schattens, den die Blätter der mächtigen Kastanien gnadenvoll auf die Trauergemeinde werfen, fühlt es sich so an, als stiege die Temperatur immer weiter. Einer experimentellen Choreographie gleichend, werden zwischen den Schwüngen von zu Fächern umfunktionierten Partezetteln immer wieder kleine Tücher aus den Taschen gezogen, mit deren Hilfe vergeblich versucht wird, dem Fluss des Schweißes Einhalt zu gebieten. Wangen, Stirnen, Ohren, Hälse und Dekolletés werden getupft und gewischt, und die klammen Tücher anschließend in die Tasche zurückgesteckt, nur um im nächsten Moment schon wieder hervorgeholt zu werden.

Willibald hält den Kopf geneigt und liest ab. Der Ansatz seiner Haare ist über die Jahre immer weiter nach hinten gerückt. Neben ihm stehen zwei schwarz gekleidete Frauen. Soweit ich das zwischen all den Hinterköpfen hindurchblickend erkennen kann, ist die eine ungefähr in meinem Alter, die andere wohl deutlich älter. Schwer zu sagen, sie trägt eine Sonnenbrille. Beide blicken zu Boden.

«Mama», flüstere ich. «Wer ist das?»

«Hab ich mich auch schon gefragt.» Sie unterdrückt ein Gähnen. «Sicher Verwandte, wenn sie neben dem Herrn Pfarrer stehen.»

Ich werfe Frida einen kurzen Blick zu. Sie zuckt die Schultern.

Willibald reckt mechanisch seine Arme zum Himmel, hebt seine Stimme und kündigt die Einsenkung des Sarges an. Es klingt, als spräche die Telefonansage eines Internetproviders.

«Wir übergeben diesen Leib der Erde. Christus, der von den Toten auferstanden ist, wird auch unseren Bruder Beppo wieder zum Leben erwecken.»

Der Sarg wird mit Hilfe einer elektrischen Winde, die bei jeder vollen Umdrehung ein hässliches Jaulen von sich gibt, langsam in das Grab hinabgelassen.

«Ich bin die Auferstehung und das Leben», sagt die Telefonansage. «Wer an mich glaubt, wird leben, auch im Tod, und alle, die leben und an mich glauben, werden in Ewigkeit nicht sterben.»

In der Kastanie über uns kräht eine aufgebrachte Dohle. Die Zeit, bis der Sarg schließlich auf dem Grund des Grabes angekommen ist und ein Friedhofsangestellter die Winde abschaltet, fühlt sich endlos an.

Nun wird mit einer kleinen Gartenschaufel Erde in die Grube geworfen. Die beiden unbekannten Frauen machen den Anfang. Hölzern und dumpf klingt der Aufschlag des Materials, aus dem wir alle entspringen und zu dem wir am Ende wieder werden. So wurde es mir zumindest im Religionsunterricht beigebracht.

Es dauert eine halbe Ewigkeit, bis wir dran sind. Willibald wird knallrot, als er Frida gegenübersteht. Die beiden haben sich bestimmt seit fünfzehn Jahren nicht mehr gesehen.

«Servas, Willibald», grüßt ihn meine Schwester im Vorübergehen, nachdem sie den beiden Frauen die Hand gedrückt hat.

Jetzt bin ich dran. Die Erde fällt und schlägt lautlos auf, der Deckel des Sarges ist schon fast vollständig bedeckt. Dann trete ich an die ältere der vermeintlich verwandten Frauen heran. Ihr Gesicht wirkt hinter der Sonnenbrille absolut ausdruckslos. Ich reiche ihr die Hand und sage vorschriftsgemäß: «Mein aufrichtiges Beileid.» Wie wohl schon fünfzig Mal zuvor nickt sie zur Antwort schwach mit dem Kopf. Dann trete ich vor die jüngere der beiden Unbekannten. Ich reiche auch ihr meine Hand und noch bevor sich die Phrase von meinen Lippen lösen kann, sagt sie zu mir: «Mein Beileid, Hugo.»

Diese unerwarteten Worte bringen mich für einen Moment aus dem Konzept. Woher kennt sie meinen Namen? Doch dann schiebt mir schon der alte Mann ungeduldig seinen Rollator in die Waden. Ich lasse die Hand der jungen Frau los und gehe zu meiner Familie.

Willibald spricht jetzt das sogenannte Glaubensbekenntnis, und fast alle Trauergäste stimmen mit ein. Die beiden Frauen enthalten sich überraschenderweise. Wer sind sie nur? Die eine könnte dem Alter nach vielleicht eine Nichte sein. Ist die jüngere ihre Tochter? Onkel Beppo hat nie über etwaige Verwandtschaft gesprochen. Wenn ich ihn diesbezüglich gefragt habe, ließ er mich immer grummelnd verstehen, dass er froh wäre, alleine zu sein. Umso eigenartiger, dass die anscheinend existierende Verwandtschaft offenbar sehr wohl weiß, wer ich bin.

Da es keine Fürbitten gibt, geht Willibald direkt zum Vaterunser über. Im Kopf spreche ich die Worte mit, ich kann nichts dagegen tun.

Nach dem gemeinschaftlichen Beten hat wieder Willibald alleine das Wort. Jetzt, wo sich die Zeremonie dem Ende zuneigt, scheint er ein bisschen aufzutauen. «Herr, gib ihm und allen Verstorbenen die ewige Ruhe, und das ewige Licht leuchte ihnen.» Er macht sogar eine kleine Kunstpause. Dann fährt er salbungsvoll fort.

«Lass sie ruhen in Frieden. Amen.»

«Amen!», hört man die Menge. Es klingt wie ein kollektives Seufzen. Obwohl Willibald noch den Segen spricht, kommt bereits ein bisschen Bewegung in die Menge. Taschenriemen werden über Schultern gelegt, Handys gezückt, von da und dort hört man Getuschel. Der alte Mann setzt seine verbeulte Mütze wieder auf den Kopf, die er anstandshalber abgenommen hatte. Ich selbst ziehe mein Sakko mal wieder aus und kremple die Hemdsärmel hoch.

Plötzlich beginnt Willibald zu singen, und die Menschenmenge erstarrt wie ein Sprung verdutzter Rehe. Seine Augen sind geschlossen, und seine Stimme ist laut und kräftig, die Töne verlassen seine Kehle in einem beeindruckend sicheren Countertenor.

«Ich wusste gar nicht, dass er so schön singen kann», wispert mir Frida erstaunt zu, ohne dabei den Blick von Willibald zu lösen. Im nächsten Moment erkenne ich die Melodie, und mir fällt das Sakko aus der Hand: *Gegrüßet seiest du, Königin!* Es war das Lieblingslied von Onkel Beppo.

Kein Mensch rührt sich, und sogar die Kastanie scheint innezuhalten, als Willibald zum Refrain ansetzt.

Freut euch, ihr Cherubim,
Lobsinget, ihr Serafim,
Grüßet eure Königin.
Salve, salve, salve, Regina!

Früher, noch vor seiner Krankheit, hatte Onkel Beppo gerne Kassetten in sein vorsintflutliches Abspielgerät geschoben, sobald ich zur Tür reinkam. Am liebsten mochte er die Chöre aus dem Süden Österreichs, die auch slowenisch sangen. Wohl um mich zu beeindrucken, behauptete er immer, slowenisch zu sprechen und wollte es mir beweisen, indem er mitsang, aber ich wusste, dass er die Lieder schlicht auswendig konnte. Er brachte mich jedes Mal zum Lachen, wenn er den Chor begleitete und dabei wie eine singende Säge klang.

Dein mildes Auge zu uns wend,
Oh, Maria,
Und sei die Königin nach dem End,
Oh, Maria.

Willibald stimmt den letzten Refrain an. Nicht wenige Menschen scheint der himmlische Gesang zu Tränen gerührt zu haben. Frida prustet in ein Taschentuch. Selbst der alte Mann mit der blauen Schürze trocknet sich die Augenwinkel. Nur ich kann nicht um Onkel Beppo weinen, nicht einmal jetzt. Dabei habe ich ihn so gerngehabt. Ich blicke zu den beiden unbekannten Frauen, sie wirken gefasst.

Nachdem das letzte *Maria* die Lippen des Pfarrers verlassen hat, bleibt er stumm und mit geschlossenen Lidern stehen. Niemand wagt, sich zu rühren. «Gehet hin in Frieden», hört man Willibald irgendwann in gewohnter Gleichförmigkeit sagen, und gleich darauf beginnen sich viele kleine Grüppchen zu bilden.

Mir geht das alles viel zu schnell, und auch meine Eltern sehen so aus, als müssten sie sich noch einen Moment sammeln.

Es ist zum Leichenschmaus geladen, aber meine Pläne sehen anders aus. Ich muss ein Erbstück sichern und erkläre, dass ich nicht mitkommen werde.

«Wir sehen uns dann zu Hause.»

Meine Familie schaut ein bisschen enttäuscht, ich verabschiede mich trotzdem, auch von Willbald. «Oh! Hugo, sei gegrüßt!», sagt er leicht angestrengt. «Dich hat der Herr ja eine halbe Ewigkeit nicht mehr hergezeigt!» Er reicht mir die Hand.

Ich mache ihm noch ein Kompliment für seinen wunderschönen Gesang. «Was soll ich sagen?», antwortet Willibald, während er zu Boden blickt und versucht, Asche von seinem Schuh zu tippen. Der Rauch einer Zigarre, die von seinen Eckzähnen gehalten wird, wabert zwischen uns.

«Ich möchte dir noch mein ausdrückliches Beileid kundtun. Beppo war ein außergewöhnlicher Mensch, es muss ein schwerer Verlust sein für euch!»

Ich bedanke mich. Er schenkt mir ein schweigendes Lächeln. Frida sagt nichts.

«Darf ich noch fragen, warum gerade dieses Lied?»

«Es war der ausdrückliche Wunsch der Angehörigen.»

«Ja, wo sind die beiden eigentlich hin?»

«Ich denke, die Damen sind bereits vorausgeeilt, um die Leute beim Leichenschmaus zu begrüßen», sagt Willibald.

Er scheint es kaum eilig zu haben, wir tauschen noch ein paar Höflichkeiten aus, dann verabschiede ich mich endgültig.

Ich verlasse das Friedhofsgelände und auch den Schatten der mächtigen Kastanien. Der Straßenbelag strahlt eine kosmische Hitze ab. Bei einigen Autos sind die Türen geöffnet, sie wirken wie große Tiere, die alle viere von sich strecken. Ein Traktor zieht langsam und laut an uns vorüber. Sein schwerbeladener Anhänger scheppert, als er über die kleine Unebenheit bei der Bushaltestelle fährt, die dort ist, seit ich denken kann. Der alte Mann hinter dem Steuer sieht mich im Vorbeifahren an, ohne Misstrauen, Wohlwollen oder Verwunderung, nicht einmal Neugier. Sein Overall hat die gleiche Farbe wie die Trauben im Anhänger. Blaufränkisch.

Ich mache einen Schritt und trete auf Kastanien, die noch in ihrer weich-stacheligen Hülle stecken. Es sind Rosskastanien, sie sind ungenießbar. Ich schieße sie mit der Schuhspitze dem Traktor hinterher und mache mich auf den Weg.

Zur Erinnerung

Ich laufe die grausam gestalteten Fassaden der Neubauten an der Wiener Straße ab. Diese Straße heißt so, weil sie über das sogenannte Leithagebirge – eine Landschaftsformation aus wein- und baumbewachsenen Hügeln – bis nach Wien führt. Ich selbst habe es aber noch nie geschafft, dieser Route fehlerfrei zu folgen und nehme deshalb in der Regel die Autobahn. Mein Vater schwört auf die Wiener Straße. Er behauptet, einen Straßenabschnitt zu kennen, dessen Pflastersteine noch aus der Zeit der römischen Besatzung stammen.

Ich passiere die Kirche im Dorfzentrum, am kleinen Platz davor ist eine große Marmortafel angebracht, die den gefallenen Soldaten Hitlers gedenken soll. Darauf ist zu lesen:

Eure Aufgabe war Kampf,
euer Streben war Friede,
euer Leben war Opfer,
euer Tod war Sieg.

Mir entkommt ein bitteres Lachen, und ich biege in die sogenannte Hauptstraße ein, vorbei am *Café Flair*, der Buschenschank Kovacs und dem Musikverein. Ich passiere die Stelle, an der ich mir mal den Knöchel gebrochen habe. Ich gehe vorbei an der Baumschule, dem Winterapfelbaum, der Jesus-

Skulptur, auf der ich als Kind gerne geritten bin, dem Brunnen, den sie vor langer Zeit zugeschüttet haben, nachdem ein kleiner Bursch hineingefallen war. Es sieht noch immer alles aus wie zu der Zeit meiner Kindheit. Zuletzt passiere ich ein graues Fertigteilhaus mit Rauputz.

Hier hat Onkel Beppo gelebt.

Das kleine Tor zum Hof ist verschlossen. Sehr gut, keiner da. Ich hatte bis zuletzt die Befürchtung, dass die beiden Frauen hier auftauchen würden. Keine Kraft für den Austausch postzeremonieller Worthülsen. Sie werden wohl beim Leichenschmaus sein.

Ich greife ans obere Ende zweier Holzlatten und blicke die Straße hinunter. Keine Menschenseele. Würde ich es nicht besser wissen, könnte ich meinen, dass dieses Dorf unbewohnt ist, ein Geisterdorf am Nachmittag. Aber ich weiß auch, dass man hier nie unbeobachtet ist. Hinter den Vorhängen verstecken sich zu jeder Tageszeit neugierige Augenpaare, hungrig auf jedes noch so kleine Zeichen Leben, jeder Schiss, den eine vorbeischwirrende Fliege vor der Fensterscheibe fallen lässt, ein Ereignis.

Ich ziehe mich am Tor hoch und lande im nächsten Augenblick mit beiden Beinen auf der anderen Seite. Klappt also noch. Onkel Beppo hatte es nicht so gerne, wenn Fremde ihn besuchten. Sein Tor war immer abgeschlossen. Ich sehe mich kurz im Hof um. Es hat sich nicht viel verändert. Das Gras ist wild und hoch, die Goldflieder-Sträucher sind dicht und voll mit Spatzennestern, die dicken blauen Weintrauben, die ich als Kind so gerne genascht habe, sind reif. Marillen liegen braun und voller Würmer auf dem Boden. Ein Festbuffet für die Spatzen. Unter dem Wein, der rings um die Terrasse emporwächst, stehen, zum Teil kaum noch sichtbar, verschiedene Gartenfiguren aus bemaltem Ton. Eine Zwergenbande, deren Mitglieder verschiedene Gartenwerkzeuge in den Händen halten. Fliegenpilze mit Augen, die dem Betrachter freche Blicke entgegenwerfen. Die Jagdgöttin Diana mit ihrem großen Bogen. Aber auch diverse Bewohner des Waldes, ein Rehkitz, zwei weise Füchse in Lauerposition, ein übellauniger Dachs. Und, größer als die anderen Figuren und eindeutig Herrscherin über die Szenerie, eine schwarze Bache mit ihren vier Frischlingen. Ich trete an die Figuren heran. Um die darüberhängenden Trauben erreichen zu können, muss ich mich ein wenig strecken. Ich pflücke eine der prallen Trauben, die so intensiv dunkelblau sind wie Tinte, und stecke sie mir in den Mund. Sie schmeckt gut, aber nicht so traumhaft, wie in meiner Erinnerung. Ich spucke die Kerne aus und gehe in die Hocke. Der Dachs sieht mich nun noch grimmiger an, die Jagdgöttin Diana spannt ihren Bogen. Gut, dass die Bache nur aus Ton ist. Ich hebe einen der Frischlinge hoch. Darunter liegt ein Schlüssel. Immer noch da. Ich nehme den Schlüssel, stelle die Figur zurück und gehe zur Haustür.

Im Haus ist es stickig und heiß, es ist schlecht isoliert. Im Sommer hat Onkel Beppo die meiste Zeit im kühlen Wald oder auf seiner Terrasse aus Waschbeton verbracht. Und im Winter, wenn es richtig kalt war, hat es sein Holzofen kaum geschafft, die Raumtemperatur über achtzehn Grad zu halten. Ich habe manchmal, wenn ich bei ihm war, gefroren, aber Onkel Beppo selbst war es gewöhnt und hat mich einfach mit einer Decke vor den prasselnden Ofen gesetzt, sobald er merkte, dass mir kalt war.

Ich betrete die Wohnstube. Hier steht das froschgrüne Sofa, auf dem er die letzten Monate verbracht hat. Nachdem er die vierte Heimhilfe auch noch vergrault hatte, musste er alleine zurechtkommen. Nur meine Mutter sah einmal am Tag nach ihm. Irgendwann hat sie ihn gefunden, bewusstlos am Boden vor seinem Bett, einen Stiefel am Bein, den anderen aufgeschnürt daneben. Ein Wagen des Samariterbundes hat ihn dann ins Krankenhaus gebracht. Von dort wurde er ins Pflegeheim verlegt, in ein gutes angeblich. Auf Veranlassung der Verwandten. Wer auch immer das war. Wir, meine Familie und ich, haben nichts dagegen unternommen. Meine Eltern waren der Überzeugung, das sei nicht unsere Sache, da dürfe man sich nicht einmischen.

Ich setze mich auf das Sofa, in die Mitte, wo er auch immer gesessen hat. Ich kann das Alter der Polsterung spüren. Das Material ist rissig. Ich lege mein Sakko ab und streiche mit den Fingern über das raue und abgewetzte Leder. Mit meiner rechten Hand fasse ich in einen Spalt und ziehe ein Holster aus robustem Leder hervor. Auch immer noch da. Als ich Onkel Beppo als Kind einmal fragte, warum er den Revolver immer griffbereit in der Sofaritze stecken habe, führte er mir eine kleine Theaterszene vor. Er legte sich auf das Sofa und tat so, als würde er sein Schläfchen halten.

«Und wenn plötzlich einer durch die Tür kommt …»

Währenddessen fummelte er umständlich nach der Waffe und richtete sich anschließend schwerfällig auf, mit dem Revolver in der Hand in Richtung Tür zielend. Als Kind fand ich diese Vorstellung beeindruckend, wie alles, was Onkel Beppo machte. Jetzt muss ich beim Gedanken daran ein bisschen lachen, Ich ziehe den Revolver aus dem Holster und öffne die Trommel. Er ist geladen. Komisch, das ist neu. Onkel Beppo hatte immer betont, dass die Waffe nicht scharf sei, sondern nur zur Abschreckung dienen solle. Angesichts der sechs Patronen, die mir jetzt ihren Hintern entgegenstrecken, wundere ich mich schon. Zum Spaß versetze ich, wie ein Cowboy im Western, der Trommel eine Drehung und lasse sie durch eine ruckartige Bewegung zur Seite wieder in die Waffe einrasten. Ich stecke sie zurück und lege mich auf das Sofa. Für einen Moment starre ich an die Decke. Spinnweben hängen schlaff herab. Wann wurde hier zum letzten Mal gestrichen? In der Decke ist ein Loch, durch das ich die Holzlatten des spitzen Dachstuhls sehe. Fällt das Haus bereits in sich zusammen?

Mein Blick wandert die gegenüberliegende Wand entlang. Eine Fototapete zeigt das saftige Grün einer Waldlichtung. An der Kante zur Decke hat sich der Kleister gelöst und gibt den Blick auf das darunterliegende Grau frei. Das war also der Ausblick seiner letzten Lebensmonate. Ein gutes Drittel der Wand ist mit einem Schrank aus dunklem Holz verstellt. Es ist die Art von billigem Fünfziger-Jahre-Möbel, für das man in Berlin auf einem der einschlägigen Flohmärkte eine Unsumme verlangen kann. Daneben hängen Fotos in einfachen Rahmen. Fast alle zeigen Frida oder mich, in verschiedenen Stadien unserer körperlichen Entwicklung. Ein Rahmen, der mit den kleinen Hörnern eines Rehbocks geschmückt ist, fasst ein Foto von Hexi, die neben einem erlegten Hirsch in die Kamera hechelt. Ein anderes Bild zeigt einen Beagle, Wastl, Hexis Nachfolger.

Zeit meines Lebens war ich alleine, und das war auch besser so, Wutzlibär, merk dir das. Es wäre mir auch unmöglich gewesen, es mir nicht zu merken, so oft, wie ich diesen Satz von ihm zu hören bekam. Früher hat ihn manchmal jemand besucht, behaupten meine Eltern, die auch immer schon mehr in ihrer eigenen Welt gelebt haben – eine Halbschwester oder Verschwägerte, man weiß es nicht mehr so genau. Kann gut sein, dass mal jemand da war.

Über den Fotos hängen Jagdtrophäen, hauptsächlich Schädel von Rehböcken und diverse Wildschweinhauer. Ganz oben ein Sechsender, worauf mein Großvater besonders stolz war. Bis in unser Haus hinein kroch der bestialische Gestank, als er den Schädel auf seiner Terrasse ausgekocht hat. Ich kann mich noch genau erinnern, weil ich damals zu einem Rendezvous gefahren bin und das Rendezvous mich irgendwann verhalten fragte, ob meine Eltern eine Fleischerei betreiben.

Und neben dem Sechsender hängt – unheimlich in seiner geisterhaften Lebendigkeit, respekteinflößend mit seinen riesigen Waffen – das Haupt eines Keilers. *Wenn ich einmal nicht mehr bin, dann bekommst du ihn, Wutzlibär.*

Rechts vom Sofa steht der Esstisch aus massivem Buchenholz. Grob geschnitzte Weinreben ranken sich um seine Beine. Über dem Tisch hängt ein Luster, der aus ineinandergefügten Hirschgeweihen besteht. Den hat er sich selbst gebaut.

Ich stehe auf, gehe zur Sitztruhe und öffne sie. Sie ist bis obenhin voll mit Tageszeitungen. Ich schnappe mir ein Exemplar und schaue auf das Datum. 2008. Ich schüttle den Kopf, werfe die Zeitung zurück und nehme eine weitere Ausgabe in die Hand. 1993. Ich fange an zu wühlen. 1988. Warum zum Teufel bewahrt man jahrzehntealte Zeitungen auf? Plötzlich höre ich den Motor eines Autos. Ist der Schmaus etwa schon vorbei? Ich werfe einen Blick auf die alte Kuckucksuhr. Sie zeigt eine Uhrzeit, die unmöglich stimmen kann.

Schnell laufe ich zum Fenster, das zur Straße hinausgeht, und sehe einen luxuriösen schwarzen Geländewagen, der gerade vor dem Haus einparkt. Das Kennzeichen kann ich nicht erkennen. Scheiße, bestimmt die beiden Frauen. Ich möchte mich hier nicht beim Stöbern erwischen lassen. Ich haste zum Tisch, die Zeitungen stopfe ich eilig zurück und schließe den Deckel, während draußen zufallende Autotüren zu hören sind. Jetzt aber flott. Ich schnappe mir einen Stuhl und laufe damit rüber zur Trophäen-Wand. Der Keiler sieht aus, als würde er schnauben. Ich klemme ihn unter meinen Arm. Danach verlasse ich das Haus über die Waschbetonterrasse. Im Laufen fällt mir ein, dass ich vergessen habe, wieder abzuschließen, sie werden merken, dass jemand da war, aber jetzt ist es zu spät. Macht nichts. Vorbei an der Grabstätte von Hexi, der Stelle zwischen Altpapiertonne und mittlerweile meterhohen Fichten. In der Mauer gibt es eine Lücke. Als Kind benutzte ich sie immer als Abkürzung. Mittlerweile ist der Durchgang fast zugewachsen, ich muss mich mit dem Wildschweinkopf im Arm unter dem Goldflieder hindurchmühen. Die Spatzen in den Ästen über mir sind empört über den Eindringling und schimpfen auf mich herab. Ich komme auf der anderen Seite raus und stehe vor einem sanierungsbedürftigen Bauernhaus aus dem achtzehnten Jahrhundert. Es ist das zweitälteste Gebäude im Dorf. Hier bin ich aufgewachsen.

Die Probe

2018

Beppo saß auf dem grünen Sofa. Vor ihm auf dem Tisch eine Schachtel Patronen. Es fühlte sich gut an, einmal nicht nur die Fototapete anzustarren. Wobei: Ob *gut* wirklich das richtig Wort war, um das Gefühl in seinem Bauch zu beschreiben, wusste er nicht. Sie waren ihm schon immer recht undurchsichtig dahergekommen, die Gefühle. Er entschloss sich für *richtig.* Es fühlte sich *richtig* an. Zu handeln. Etwas zu tun. Zu reagieren.

Sein Blutdruck, den zu fühlen ihm alles andere als schwerfiel, war noch immer etwas hoch. Aber die anfängliche Wut hatte sich in Entschlossenheit verwandelt, vielleicht sogar in so etwas wie Zuversicht. Das war auch so ein Wort der Onkologin gewesen. *Das Wichtigste ist jetzt Zuversicht, Herr Josef.* Er hasste es, wenn ihn jemand so nannte. Zuversichtlich, dass ich bald krepieren werde, wie eine schwitzende Sau? Nein, diese Person konnte noch so mitfühlend dreinschaun, er würde sich bestimmt nicht mit Gift vollpumpen lassen, das ihn vermutlich noch eher und elendiger ins Grab befördern würde als der Krebs. *Unterleib*, hatte sie immer gesagt. Wenigstens war sie diskret gewesen, die Blunzen. Am Ende hatte sie ihm ein Rezept für Fentanylpflaster rübergeschoben. *Für alle Fälle.* Wieder draußen im Wartezimmer, warf er es in den Mülleimer.

Natürlich hatte er keine Angst vor dem Tod, aber dieses Ende hätte er sich so nicht unbedingt ausgesucht. Er nahm eine Patrone aus der Schachtel. Kleinkaliber, .22 lfB, für die Jagd auf Hasen oder Federvieh. Billig, aber nur sehr geringe Durchschlagskraft. Neben der Schachtel lagen ein Jagdmesser und ein kleiner Hammer. Und am Rand des Tisches, wie eine Reihe neugieriger Zuschauer, sechs Flaschen Underberg. Vier waren bereits leer, bei zweien war das braune Papier um den Hals noch versiegelt. Beppo schnappte sich eine der beiden. Nach vielen Jahren Übung war es für ihn schon lange kein Problem mehr, das bescheidene Kunststück zu vollbringen, Papier und Verschlusskappe in einer einzigen Umdrehung gemeinsam zu entfernen. Er prostete in Richtung des Keilers, dessen Maul aus der Wand gegenüber wuchs. In der Mitte des Raumes, auf seinem Lieblingsplatz, dort wo am Nachmittag die Sonne den Linoleumboden wärmte, lag Falko und hob neugierig seinen Kopf. Als der alte Rauhaardackel jedoch bemerkte, dass die Aufmerksamkeit seines Herrn nicht ihm galt, legte er die feuchte Schnauze wieder zwischen seine Vorderpfoten. Auf dem Tisch war nur mehr ein volles Fläschchen übrig. Es sollte ein besonderes sein.

Beppo zog eine Patrone aus der Schachtel, stellte sie aufrecht auf die Tischplatte, so behutsam es seine zitternde Hand zuließ. Dann griff er zu Hammer und Messer. Er setzte die Klinge auf die Spitze der Kugel, ganz vorsichtig. Es war Feinarbeit, und es fiel ihm schwer, aber es ging. Mit dem Hammer schlug er auf die Rückseite der Klinge, nur einmal, nicht zu stark, aber auch nicht zu schwach. Er tat das Gleiche noch einmal, nur diesmal um neunzig Grad versetzt. Nun befanden sich zwei Kerben in der Kugel, die ein Kreuz formten. Den Trick hatte er von einer sowjetischen Scharfschützin gelernt, kurz nach dem Krieg, als er fast noch ein Kind gewesen war. Die echte Durchschlagskraft der Kugel konnte man so nicht erhöhen, aber die sogenannte Mannstoppwirkung, das Maß an Zerstörung, das sie im getroffenen Körper anrichtete. Sobald eine derart präparierte Kugel auf ein Hindernis traf, spaltete sie sich auf wie ein heißes Maiskorn. Beppo staunte nicht schlecht, als ihm die Soldatin den Effekt an einem Schaf vorgeführt hatte. Die Eintrittswunde war winzig, ein roter Punkt, der im Weiß der Wolle zu verschwinden schien. Auf der anderen Seite war die Austrittswunde, ein tiefer rotschwarzer Krater von mehreren Zentimetern Durchmesser, aus dem stinkender Dampf entwich.

Beppo wiederholte den Vorgang an vier weiteren Patronen. Er ließ sich damit Zeit. Aus seinem alten Kassettenradio tönte mit mäßiger Lautstärke Musik. Sein Lieblingschor aus dem Südburgenland sang religiöse Volkslieder. Als er mit der fünften Patrone fertig war, zog er den Revolver aus der Sofaritze, ließ die Trommel rausspringen und führte die Patronen ein, eine nach der anderen. Nur die sechste Kammer der vorbildlich gepflegten Waffe ließ er leer. Dann drehte er die Trommel und ließ sie mit einer Seitwärtsbewegung wieder einrasten.

Vor ihm auf dem Tisch lag nun der geladene Revolver. Gleich daneben stand das letzte Fläschchen Underberg.

Falko hob seine Schlappohren, als Beppo den Hahn spannte. Den Kopf weit zurücklehnen, die Mündung des Laufs musste den Gaumen berühren, am besten stellte man sich vor, genau auf der Mitte des Schädels, dort wo es bei Babys noch weich ist, säße ein Vogel, den es runterzuschießen galt. So wurde es gemacht.

Die letzte Heimhilfe, die resolute Jelena, war wesentlich geschickter und härter im Nehmen gewesen als ihre Vorgängerinnen (alles Agentinnen des Ordens, daran bestand für ihn kein Zweifel). Im selben Maß, wie Beppo wütend wurde, schien sie besonnener zu werden. Je gröber sein Umgang mit ihr wurde, desto höflicher begegnete sie ihm. Jeder noch so engagierte Versuch, sie zu vergraulen, scheiterte, wurde gar in sein Gegenteil verkehrt. Wie schmutziges Wasser an weißer Keramik schien jedes böse Wort an ihr abzuperlen, er fühlte sich zunehmend ratlos, machtlos, wie ein Kind. Als die Pflegerin mit einem Kamm seine verfilzten Haare zu entwirren versuchte, wurde Beppo klar, dass er die Notbremse ziehen musste. Bisher hatte er sich erfolgreich gegen jede Form von Berührung gewehrt – wen interessierte es, wenn er stank? Sollte die Ärztin recht behalten, er also ohnehin in spätestens sechs Wochen unter der Erde verwesen, konnte er ebenso gut schon einmal damit anfangen. Nun fand er sich aber mitten in einer Pflegemaßnahme wieder, zu der er seines Wissens nach nie sein Einverständnis gegeben hatte. Jelena kündigte an, dass sie seine Haare kürzen werde. Er sähe schon aus wie eine Bergziege. Daraufhin bat Beppo höflich darum, kurz aufstehen zu dürfen, er wäre gleich wieder da. Schwerfällig ging er ins Schlafzimmer. Das Quietschen einer Metalltüre war zu hören, das Klimpern von Metall, ein bisschen wie Kleingeld, ein Klacken, noch mal, dann ein mechanisches Einschnappen von irgendetwas. Was trieb der alte Mann nur? Beppo kam zurück in die Stube, das Schrotgewehr in der Hand.

Als er die Ladung in die Decke feuerte, rührte sich Falko kaum, er war schon lange schussfest.

«Schleich dich», sagte er mit ruhiger Stimme, während es noch Verputz regnete. Wie gesagt, Notbremse eben. Jelena war seitdem nicht mehr aufgetaucht, und auch ansonsten hatten sie ihn in Ruhe gelassen. Das wäre auch als gutes Zeichen zu deuten gewesen. Doch Beppo wusste es besser.

Jetzt legte er den Kopf in den Nacken, besah sich das Loch in der Decke. Die Brocken Verputz lagen immer noch am Linoleum verteilt. Der Lauf des Revolvers schmeckte nach Waffenöl.

Dann drückte er ab.

Ein Klicken.

Beppo konnte nicht anders. Er musste lachen. Sofort fuhr ihm ein Schmerz durch den Körper und drückte ihn in die schon lange durchgesessene Polsterung.

Gut, sagte er zu sich, als er sich wieder gefangen hatte, so schnell wurde er also nicht vom Haken gelassen. Damit wäre klar, was zu machen war. Die Büchse war gut versteckt, sie würden sie niemals finden. Aber sollten sie es aus ihm rausquetschen wollen, musste er vorbereitet sein. Er stand auf und begann die Gewehre im Nebenraum zu prüfen. Abzug, Repetierverschluss, Kammerstengel, Magazinverriegelung. Visier. Alles einwandfrei. Dann lud er sie, eines nach dem anderen. Die Einläufige. Die Doppelte. Den Drilling. Den Henry-Stutzen. Den kleinen Bruder. Und den Bärentöter.

Auf dem Weg zurück zum Sofa blieb er unvermittelt stehen. Die Musik aus dem Kassettenradio zog ihn in ihren Bann. Er schloss die Augen und lauschte. *Salve, salve, salve, Regina* sang der Chor in berührendster Mehrstimmigkeit. Das Band leierte ein wenig, so oft war es schon abgespielt worden, aber das tat der Schönheit keinen Abbruch, im Gegenteil. Beppo öffnete die Augen. Er ging zum Kassettenradio und ließ das Deck aufschnappen, zog die Kassette heraus und besah sie sich einen Moment lang. Dann ließ er sie auf den Boden fallen und trat darauf, mit der Ferse des schweren Jagdstiefels, die er sich noch immer jeden Morgen überzog.

Er ließ sich wieder auf das grüne Sofa fallen. Zog eine Patrone aus der Schachtel, schlug zwei Kerben in die Kugelspitze und steckte sie in den Revolver, dessen Trommel nun voll war. Dann steckte er die Waffe wieder in die Sofaritze.

Er köpfte das letzte Fläschchen Underberg.

Seit dem letzten Anruf waren schon über zwei Wochen vergangen. Das bedeutete nichts Gutes. Aber sollten sie nur kommen. Kampflos würde er nicht hergeben, was rechtmäßig sein war. Er würde ihnen zeigen, wer er war.

Grillen

Mein Vater hat unser Haus in den siebziger Jahren gekauft und selbst hergerichtet. Davor war der Grund als kleiner landwirtschaftlicher Hof geführt worden. Der Bauer hatte sich in eine finanzielle Sackgasse manövriert und in weiterer Folge am Querbalken der Scheune erhängt. Mein Vater, der als waschechter Wiener schon immer von einem Bauernhaus im Nordburgenland geträumt hatte, war froh, endlich eine entsprechende Immobilie gefunden zu haben.

Das Gebäude ist ein sogenannter Streckhof und in seiner Bauweise typisch für das Nordburgenland, einer idyllischen Gegend, die, zwar arm an geistigem Kapital, umso reicher ist an Wein und Kirschen. Ein Streckhof wird dadurch charakterisiert, dass das längliche Gebäude mit der Giebelseite im rechten Winkel zur Straße steht und die Wohneinheiten hintereinander angeordnet sind. Alle Räume bis auf den vordersten und hintersten sind Durchgangszimmer. Als Teenager mussten meine Schwester und ich also damit leben, dass ständig jemand durchs Zimmer lief. Das Gemäuer besteht aus ungebranntem Lehm, der mit gehacktem Stroh vermischt wurde, und ist bereits über zweihundertfünfzig Jahre alt. Wegen der Anfälligkeit für Feuchteschäden wird diese Bautechnik heutzutage nicht mehr eingesetzt. Auch das Risiko, dass ein solcher Bau in Brand gerät, ist nicht unerheblich, aber bis jetzt ist nichts passiert. Die Mauern sind feucht, und hie und da kommt Schimmel durch den Verputz, die Wände sind jedoch nach einem Vierteljahrtausend noch immer nicht eingestürzt. Frida weist mich regelmäßig darauf hin, dass derartige Höfe angeblich wahre Goldnuggets auf dem Immobilienmarkt seien. Den dummen reichen Wapplern aus Wien, die sich nach *Authentizität* und *Ursprünglichkeit* sehnen, könne man heutzutage solch einen Streckhof für ein absurdes Vermögen andrehen. Ich kenne mich nicht so gut damit aus, aber ich glaube meiner großen Schwester. Das Haus gehört ohnehin bereits ihr. Mein Vater war eine Zeit lang hoch verschuldet und geriet in eine existenzielle Notlage, aber er ist kein Bauer, und statt sich in der Scheune zu erhängen, überschrieb er das Haus mitsamt Grund einfach Frida, bevor die Bank es einkassieren konnte.

Im hinteren Teil des Grundstücks befindet sich ein großer Grill, den meine Mutter damals eigenhändig gemauert hat und auf dem ein Feuer lodert, das ich vorher entfacht habe. Es ist ratsam, die Holzscheite kegelförmig gegeneinander gelehnt aufzustellen, damit das Unterzündholz genug Sauerstoff bekommt und später ein dichter Gluthaufen in der Mitte entsteht. Das wurde mir früh beigebracht. Auf dem Land aufzuwachsen hat wohl auch sein Gutes. Im Alter von drei Jahren konnte ich bereits sicher und effizient ein Feuer entfachen, kleinere Holzstücke mit der kurzen Axt teilen und die Jagdgewehre von Onkel Beppo warten und schussbereit machen. Meine Mutter erzählt mir heute noch oft davon, wie sie mich einmal von ihm abgeholt hat. Er passte wie gewöhnlich auf mich auf, während meine Eltern arbeiten waren. Ich selbst kann mich nicht erinnern, aber sie erzählt, er habe mit einem Fläschchen Underberg an den Lippen auf dem Sofa gesessen, vor ihm auf dem Boden ihr drei Jahre alter Sohn, mit einer wuchtigen Waffe in den winzigen Händchen. Kaliber .416 Remington Magnum, *der Bärentöter,* wie er es nannte. Ich polierte angeblich gerade den Lauf. «Schau, wie sauber!», soll Onkel Beppo stolz zu meiner Mutter gesagt haben, mit dem geleerten Fläschchen Underberg in Richtung zweier blitzblank glänzender Schrotflinten deutend, die an der Wand neben ihm lehnten. Meine Mutter war verständlicherweise außer sich, aber Onkel Beppo verstand gar nicht, was er falsch gemacht haben sollte. Später wurde das zu unserem gemeinsamen Hobby. Er mit einem oder zwei Underberg auf dem Sofa und ich mit einem seiner großkalibrigen Jagdgewehre auf dem Boden. Nur vor meiner Mutter mussten wir das verheimlichen.

Ich stehe mit Frida beim Grill, und wir beobachten still die Flammen. Der Tag steht bereits an der Schwelle zum Abend, aber die Luft ist noch genauso heiß wie am Nachmittag. Das Feuer trägt sein Übriges bei.

Die Insekten wollen sich zu dieser Tageszeit noch einmal wichtigmachen, unser ganzer Garten ist ein einziges Gesumme und Gesurre, ständig muss ich Fleischfliegen und Pferdebremsen wegscheuchen.

Mit Einsetzen der Dämmerung wird dieses unruhige Theater in den zweiten Akt wechseln, das bunt gemischte Zweiflügler-Ensemble abgehen, die Bühne den Gelsen überlassen. Nur durch die subtile Begleitmusik der zirpenden Grillen unterstützt wird die Szenerie dann ganz allein ihre sein.

Gelsen. Maßlose Geschöpfe, deren Heimtücke nur noch vom Menschen übertroffen wird. Sie brüten vorwiegend in den Pfützen und Tümpeln am Rande des Neusiedler Sees, aber auch in den Tonnen, in denen mein Vater das Regenwasser sammelt. Die meiste Zeit über ruhen sie in den Büschen, um dann bei Sonnenuntergang zuzuschlagen. Ausgeschlafen und ausgehungert fallen sie in Schwadronen über uns her, mit einem einzigen Ziel: unbemerkt auf unserer Haut zu landen und den Stechrüssel darin zu versenken, um an unser köstlich süßes Blut zu gelangen. Die Gelse injiziert dabei ein Protein, das die Blutgerinnung verhindert. Durch die Linse der Biologie betrachtet ein eigentlich recht beeindruckender Vorgang, dennoch möchte ich lieber verhindern, gestochen zu werden. Ich persönlich verwende kein Moskito-Spray, sondern einen ganz simplen Trick: duschen. Diese Quälgeister orientieren sich nämlich am Körpergeruch. Möchte man also erreichen, dass sie ihren kleinen Stechrüssel in ein anderes Opfer bohren, sollte man dafür sorgen, möglichst wenig nach Säugetier zu riechen. Das habe ich mittlerweile schon ganz gut drauf. Kombiniert mit ordentlicher Kleidung bin ich ausreichend geschützt. Aber noch ist es nicht so weit, und ich trage den Schweiß des Tages auf meiner Haut.

Die Eltern gesellen sich zu uns. Meine Mutter balanciert viel zu viele Schüsseln mit verschiedenen Salaten auf ihren Händen, es wirkt wie ein Zirkus-Kunststück. Mein Vater geht neben ihr her und trägt, außer einer einzelnen Bierflasche, nichts. Der Clown neben der Artistin.

Während er sich schwerfällig auf den Gartenstuhl fallen lässt, stellt meine Mutter in einem weiteren kunstvollen Akt der Balance die Schüsseln auf dem Tisch ab. Ich stehe auf und hole von drinnen drei Flaschen Bier aus dem Kühlschrank. Zurück am Tisch prosten wir uns zu. Das kalte Bier tut gut. Nach ein paar Schlucken stehe ich wieder auf.

«Wo gehst du denn jetzt schon wieder hin?», fragt mich Frida verwundert. Um ihren blonden Haarschopf schwirrt eine erste Gelse.

«Ich komme gleich wieder, ich dusche nur noch schnell.»

Später sitzen wir alle am Tisch und genießen das auf dem

Grill zubereitete Abendessen. Über das Begräbnis wird nicht gesprochen.

«Und wie schaut es aus drüben?»

Ein Stück grüne Paprikahaut klebt auf dem Schneidezahn meiner Mutter. Ihre Frage überrascht mich.

«Woher weißt du, dass ich bei ihm im Haus war?»

«Die Frau Pokorny.» Meine Mutter schiebt sich ein großes Salatblatt in den Mund und spricht weiter. «Hat mir erzählt, dass sie dich gesehen hat, wie du über das Tor geklettert bist. Macht man so was noch mit deinen fast dreißig Jahren?»

Auf die Frage einzugehen wäre sinnlos. Stattdessen hebe ich wortlos meinen Zeigefinger, um Geduld zu gebieten. Von den verwunderten Augen meiner Familie verfolgt, gehe ich weg und kehre wieder mit einem Gegenstand unter dem Arm, lege ihn auf den freien Platz neben meiner Schwester ab.

Mein Vater hört kurz damit auf, an seinem Knochen zu nagen. Sein Mund ist ganz rot gefärbt von der Ripperl-Marinade. Er schlägt nach einer Gelse, die soeben auf seinem Handrücken gelandet ist.

«Geh bitte, was ist denn das Grausliches?», stößt meine Mutter hervor.

«Das ist der Keiler», erkläre ich, «der damals die Hexi aufgeschlitzt hat. Onkel Beppo hat immer gesagt, er möchte, dass ich ihn einmal bekomme.»

«Ach ja, ich erinnere mich», sagt meine Mutter, während sie zuerst nach einer Gelse in ihrem Nacken, dann nach einer auf ihrem linken Knie schlägt. «Die Wildsau hat er sich danach ausstopfen lassen, soll ein Vermögen gekostet haben! Und den lieben Hund irgendwo im Garten entsorgt.»

«Was ist eigentlich mit Falko passiert?»

Falko war Hund Nummer drei.

Ein trocken klatschendes Geräusch. Frida verfehlt die Gelse auf ihrem Oberschenkel mit der eingerollten Zeitung nur knapp.

«Keine Ahnung.» Meine Mutter breitet ihre Arme ratlos aus. «Nachdem Onkel Beppo ins Krankenhaus gekommen ist, hab ich mich um Falkos Futter gekümmert. Du weißt ja, ich und Hunde. Aber was hätte ich sonst tun sollen? Jeden Tag bin ich rüber. Irgendwann war er plötzlich weg. Wahrscheinlich davongelaufen, das arme Viech. Oder hast du mitbekommen, dass den Falko jemand geholt hätte, Rudi?»

Der Blick meines Vaters folgt dem Flug einer Gelse. Er bemerkt nicht, dass meine Mutter ihn angesprochen hat.

«Rudi», sagt meine Mutter mit etwas Ungeduld in der Stimme.

Das Gesicht meines Vaters ist hochkonzentriert, die Gelse fliegt ganz knapp an seiner Nase vorbei.

«Papa!», rufen Frida und ich fast gleichzeitig.

Er klatscht die Hände zusammen. Erwischt.

«Was denn?»

Er sieht verwundert aus.

Meine Mutter schüttelt den Kopf.

«Wie haltet ihr das hier eigentlich aus, mit diesen Gelsen?», fragt Frida. Sie schwingt die eingerollte Zeitschrift wie eine Keule durch die Luft.

«Dich scheinen sie aus irgendeinem Grund in Ruhe zu lassen. Vielleicht schmeckst du ihnen nicht?»

«Kann sein», erwidere ich.

Drei Stunden später ist von dem Feuer nur mehr ein grauer Aschehaufen übrig. Die Nacht ist so klar wie der vorhergehende Tag, der kipferlförmige Mond nicht voll, aber nahe. Aus einem der geöffneten Fenster dringt ganz leise Mamas Schnarchen zu uns. Irgendwo sind Katzen, die miteinander kämpfen. Ich halte meine Hand über den Aschehaufen und spüre deutlich die Wärme. Ich weiß, dass die Glut im Inneren noch lebendig ist.

Frida ist gerade dabei, die dritte Flasche Rotwein zu entkorken. Unsere Eltern haben sich bereits vor zwei Stunden zur Nachtruhe begeben, die Gelsen taten es ihnen gleich. Ihre Verluste waren verschwindend gering. Zufrieden und satt ruhen sie nun in den Büschen, der warme Wind vom Balkan streichelt sanft ihre zarten Flügel, während sie mit prallen Bäuchen langsam entschlummern und von saftigen Blutgefäßen und paradiesischen Tümpeln träumen.

Ich höre das Quietschen des Korkens, während ich vorsichtig einen Kegel aus kleinem Unterzündholz auf dem heißen Aschehaufen errichte. Kurz darauf das Geplätscher des Weines. Es ist tiefe Nacht, neben dem Mond spendet nur das jetzt glimmende Feuer eine bescheidene Menge Licht. Doch unsere Augen haben sich längst an die Dunkelheit gewöhnt.

«Er hatte solche Schmerzen. Aber nie hat er Medikamente genommen», sagt Frida irgendwann in die Stille hinein. Sie lallt ein bisschen. Nimmt einen weiteren Schluck.

Ein köstlicher Nebel umgibt meinen Kopf. Ich nehme noch einen Schluck. Bis jetzt hatten wir das Thema vermieden. Das Thema Onkel Beppo.

Fridas Blick ist aufs Feuer gerichtet. Im schwachen Schein kann ich ihre glasigen Augen erkennen. Weint sie etwa? Wahrscheinlich ist es einfach nur der Alkohol. Oder beides. Sie zieht Rotz hoch. Doch, sie weint.

Ich stelle mein Glas ab und lehne drei große Holzscheite über den Flammen aneinander. Würde ich sie nur hineinlegen, könnte ich dabei das Unterzündholz ersticken. Ich fülle meine Lungen mit Luft und blase sie gezielt wieder hinaus, kräftig und gleichmäßig, hinein in die Glut. Das Feuer leuchtet gierig auf. Ich wiederhole diesen Vorgang, bis mir schwindelig wird, was nicht lange dauert.

Ich würde gerne mitweinen.

«Er wollte es wohl so», sage ich stattdessen, ein bisschen außer Atem, und lasse mich wieder in den Stuhl fallen. «Weiß der Teufel, warum.»

Das Feuer lodert auf, ein kleines Stück Glut springt aus den Flammen und landet vor uns. Ich trete es aus.

Frida wischt sich die Augen.

«Sei ehrlich, Hugo.» Ihre Stimme klingt müde. «Woher willst du wissen, was er gewollt hat?»

«Was meinst du damit?»

Ich höre, wie sie sich ein neues Glas Rotwein einschenkt und einen Schluck nimmt, bevor sie mir antwortet.

«Ich meine nur … Es gibt so vieles, das du nicht über ihn weißt.»

«Du scheinst wohl die Expertin zu sein. Warum erzählst du mir dann nicht was über ihn, wenn du so gut Bescheid weißt?»

Ich merke, wie giftig ich klinge, und schon im nächsten Moment tut es mir leid. Eigentlich. Aber ich sage nichts. Meine Schwester auch nicht mehr. Sie starrt wieder abwesend in die Flammen. Ich auch, überlege dabei, ob ich mich vielleicht bei ihr entschuldigen sollte, sie hat es ja bestimmt nicht so gemeint. Nach einer halben Ewigkeit sehe ich im Augenwinkel, wie sich ihre Lippen bewegen.

«Hugo …» Aber dann kommt nichts hinterher.

«Was?»

«Ach, vergiss es», sagt sie schließlich. Sie leert ihr Glas und steht auf. Ich schaue überrascht zu ihr hinauf. Sie ist so groß, meine große Schwester.

«Ich bin müde», sagt sie. «Ich muss jetzt schlafen. Bis morgen, Bruder.»

Fridas Waidmannsehrenwort
2017

Eine Stimme, die seinen Namen permanent wiederholte, weckte ihn. Wer zum Geier schepperte ihn so durch und warum? Er war noch nicht wieder bei sich. Hätte Beppo gleich mitgekriegt, was Sache war, sein alter Körper wäre wohl hochgefahren wie ein Rechen, auf den man tritt.

So schön hatte er gerade eben noch geträumt. Er war durch den Wald gestapft, hatte dessen erdigen Atem tief in seine Lunge gezogen. Von Anfang an war ihm bewusst gewesen, dass er nur träumte, denn er kannte keinen einzigen der wundersamen Bäume bei seinem Namen. Vor einem Teppich aus Moos hatte er irgendwann angehalten, um für einen Moment zu rasten. Er hatte seinen Kopf gehoben, hinaufgeblickt zu dem kilometerhohen Dach aus dunklem Grün. Und da erspähte er ein Licht. Sollte es ein Glühwürmchen sein? Wenn ja, war es wohl so groß wie ein Steinadler. Ein beherzter Satz, und schon war er aufgestiegen vom laubbedeckten Erdboden, mit einem seltenen Lächeln im Gesicht emporgeschwebt zwischen Ästen, die in der Unendlichkeit endeten, durch Baumkronen hindurch, deren Gabeln die ganze Welt umspannt hielten, hinauf und weiter hinauf, des Unglücks der Erde vergessend, während ihm weiche Blätter sanft über das alte Gesicht strichen, immer dem Licht entgegen, das dort oben nach ihm schickte. Doch da erscholl eine Stimme, und plötzlich schien es wieder abwärts zu gehen, er konnte noch so sehr strampeln, er fiel zurück in den Schatten der Welt, auf den harten, kalten Boden des Lebens.

Was hatten sie denn, wieso schüttelte man ihn so grob, er war doch schon ein alter Mann! Und warum – Scheiße noch mal beim heiligen Hubertus! – tat ihm der Schädel so weh?

Blinzelnd schlug er die Augen auf. Was er im ersten, unklaren Moment sah, war Fridas Gesicht. Das freute ihn. Wie schön, das letzte Mal war schon so lange her. Doch dann wurde er dem Ausdruck der jungen Frau erst richtig gewahr, den zusammengekniffenen Augenbrauen, dem Schrecken in ihrem Gesicht.

Beppo versuchte sich aufzurichten, aber Frida hielt ihn zurück. Er solle noch einen Moment zu sich kommen, sprach sie. Er sei bewusstlos gewesen.

Hurerei, nicht schon wieder. Das war ihm jetzt schon ein paar Mal passiert, einfach so, wie aus dem Nichts. Vielleicht wäre es doch besser, sich einmal vom Doktor anschauen zu lassen.

Im nächsten Moment schon löste sich dieser Gedanke in Luft auf, denn er bemerkte, dass er komplett nackt war. Panik stieg in ihm auf, er konnte nichts dagegen tun. Frida schien sein Unbehagen zu bemerken, sie griff nach einem Badetuch und warf es über seinen Körper, versuchte ihn zu beruhigen. Es sei alles gut.

«Frida …», begann er. Er zog das Badetuch fest an seinen Körper. «Weißt du, ich … ich …» Beppo hatte Schwierigkeiten, die richtigen Worte zu finden. Er spürte, wie ihm heiß wurde auf dem kalten Fliesenboden.

«Du musst nichts sagen, Onkel Beppo. Alles ist gut. Ich weiß Bescheid.»

Der Schreck – nein, ein Schreck war es eigentlich nicht, die … Überraschung! – ließ ihn einen weiteren Versuch machen, sich aufzurichten. Frida half ihm. Beppo schaffte es.

«Was meinst du damit, Mädel, du weißt Bescheid?», fragte er aufgeregt. Seine Stimme war alles andere als leise.

Frida zögerte. Ihr Gesicht wurde ernst, bevor sie sich ein Herz nahm.

«Sie hat es mir erzählt.»

Beppo hielt unwillkürlich seinen Atem an. Dann verstand er. Alles war klar. Mit dem nächsten Luftstoß fuhr die heiße Aufregung aus ihm heraus, und an ihre Stelle trat kalte Resignation. Er wusste, wann er die Runde verloren hatte. Aber natürlich.

«Seit wann kennst du sie?», fragte er nur.

Frida setzte sich, lehnte sich neben Beppo an die Wand.

«Weißt du noch, damals in den USA? Ich hab sie während eines Charterflugs kennengelernt.»

«Gib mir bitte mein Gewand», forderte er sie schmallippig auf.

Er deutete in Richtung der Waschmaschine, auf der ein Haufen erdfarbener Kleidung lag. Frida reichte sie ihm.

«Ich warte so lange in der Stube, ja?»

Er nickte stumm, sein Gesicht war finster. Sie machte Anstalten, das Badezimmer zu verlassen.

«Frida.» Er sprach ihren Namen mit einer beinahe befremdlichen Sanftheit aus. Sie blieb im Türstock stehen und drehte sich noch einmal um.

«Ja?»

«Danke, dass du nichts gesagt hast. Ich habe Angst, dass mir der Bub nicht mehr in die Augen schauen kann. Bitte behalte es für dich. Zumindest, solange ich noch da bin. Waidmannsehrenwort?»

Passagier Navratil

Am nächsten Tag sitze ich verkatert in einer Filiale der Bäckerei-Kette *Anker* in der Ankunftshalle des internationalen Flughafens Wien-Schwechat und nehme einen Schluck von meinem schwarzen Verlängerten. Er schmeckt mir. Der Kaffee wurde richtig zubereitet, zuerst der Espresso, dann heißes Wasser obendrauf, nicht einfach durchlaufen gelassen, bis nur mehr bitteres Koffeinwasser in der Tasse schwimmt. Die Crema ist solide, und der Preis für eine Tasse absolut vernünftig. Ich nehme einen weiteren Schluck von dem belebenden Getränk.

Von meinem Tisch aus kann ich die ankommenden Passagiere beobachten und sehe viele rührende Szenen der Wiedervereinigung sich liebender oder zumindest voneinander abhängiger Menschen. Ich beobachte auch den ein oder anderen Hund, der vor lauter Freude über die Wiederkehr seiner Besitzerin eine kleine Lache auf den gebohnerten Boden hinterlässt. Es sind Bilder, die mich aufheitern, und deshalb nehme ich mir vor jedem Abflug aus Wien immer genügend Zeit, um von meinem Beobachtungsposten aus das scheue Tier namens Menschlichkeit studieren zu können. Manchmal, wenn ich in Wien zu Besuch und niedergeschlagen bin, fahre ich einfach nur so zum Anker am Flughafen.

Ich nehme einen letzten Schluck vom Verlängerten, trage

das kleine silberne Tablett zurück und verlasse die Bäckerei. In meiner linken Hand trage ich einen Shopper aus braunem Leder, unter den rechten Arm habe ich den Wildschweinkopf geklemmt. Ich gehe an zwei Polizisten vorbei, die in diesem Land Kiberer genannt werden. Der eine, müde vom vielen Patrouillieren, stützt das Sturmgewehr auf seinem hervorstehenden Bauch ab und sieht mich misstrauisch an, der andere beißt gerade selig von einer Leberkäs-Semmel ab. Derart friedliche und gemächliche Exemplare findet man fast nur mehr in Wien-Schwechat.

«Live and let live», sage ich leise vor mich hin, als ich an den beiden vorbeigehe.

Beim Sicherheitscheck ist kein Andrang, vor mir sind nur zwei ältere Männer. Sie machen gerade beide die Gürtel los und geben in Richtung der jungen Sicherheitsbeamtin ein paar dumme Sprüche von sich. Sie begegnet dem Ganzen mit bewundernswerter Gelassenheit. Vermutlich hört sie so was auch nicht zum ersten Mal.

«Bitte weitergehen, Sie halten den Betrieb auf.»

«Jawohl, Frau General!», spottet der eine, der andere salutiert. Dann bin ich an der Reihe.

«Guten Tag, Flüssigkeiten oder – Ja, was ist das denn bitte!?»

Die Beamtin mustert den Wildschweinkopf mit einer Mischung aus Abscheu und Erheiterung.

«Ein Erbstück.»

Sie schaut mich einen Augenblick lang ungläubig an. Ihr entkommt ein kurzer Lacher.

«Geht das, kann ich den mit hineinnehmen, oder ist das ein Problem?»

Ich versuche, die schönsten, kleinen Prinzenaugen zu machen, so gut es in meinem elendig verkaterten Zustand eben geht. Ob ich wohl noch nach Alkohol stinke?

«Nur wenn Sie versprechen, dass Sie mir niemanden zu Tode erschrecken.»

«Abgemacht», sage ich erleichtert.

Am Gate kündigt eine Durchsage an, dass der Flug LH 6379 nach Berlin-Tegel in Kürze zum Einsteigen bereit sein wird. Viele Menschen erheben sich bereits und stellen sich beim Schalter an. Ich bleibe sitzen.

Beim Blick nach draußen kann ich eine Maschine sehen, die den Namen des Landes trägt, in dem ich seit über zehn Jahren nicht mehr lebe. Im Minuten-Takt heben die Flugzeuge ab und bringen Menschen an die verschiedensten Orte. Werden sie nach Hause geflogen oder von ihrem Zuhause weg? Haben sie überhaupt ein Zuhause? Haben sie ein Land, zu dem sie sich zugehörig fühlen? Wenn nein: warum nicht? Wenn sie kein Zuhause oder Land haben, wohin fliegen sie dann und von wo weg? Warum fliegen wir? Und wie lange noch? Werden während des Fluges Snacks ausgeteilt?

Eine weitere Durchsage kündigt an, dass alle noch verbleibenden Passagiere gebucht für den Flug LH 6379 nach Berlin-Tegel gebeten werden, sich auf schnellstem Weg zum Gate F21 zu begeben. Aber auf mich können sie lange warten, kenne ich doch die Tricks beim Boarding. Ich sehe mich um: Am Schalter stehen nur mehr eine Handvoll Passagiere, außer mir sitzt noch ein offensichtlich gebrechlicher Mann in den durchaus komfortablen Sesseln. Während ich auf den Bildschirm meines Telefons starre und überlege, welchen meiner Social-Media-Feeds ich innerhalb der letzten fünf Minuten noch nicht dreimal neu geladen habe, wird der alte Mann von einer Flughafenmitarbeiterin abgeholt, die ihn in einen Rollstuhl setzt und zum Schlauch des Gates bringt. Ich bin nun der einzige noch nicht geboardete Passagier. Die Mitarbeiterin am Schalter sieht mich, hält kurz inne und führt langsam den

Hörer zu ihrem Mund, dabei wendet sie ihren Blick nicht von mir ab.

«Wir bitten Passagier Navratil unverzüglich zum Gate F21. Sie verzögern den Abflug.»

Ich stehe bedächtig auf und mache mich mit Tasche und Sau ohne Hast auf den Weg zum Schalter. Als sie mein ungewöhnliches Handgepäckstück registriert, sieht sie mich an, als hätte sie es mit einem Wahnsinnigen zu tun. Ich kann es ihr nicht verübeln.

«Ein Erbstück», sage ich und versuche zu lächeln.

Sie erwidert darauf nichts, und ich lege mein Telefon auf den Scanner. Die Absperrung öffnet sich, und ich trete hindurch.

Im Schlauch der Gangway steht noch ungefähr die Hälfte der Passagiere an. In den Ablagefächern finde ich keinen Platz mehr, also bin ich gezwungen, eine Flugbegleiterin um Hilfe zu bitten. Ich halte ihr die Wildsau entgegen. Entweder ist sie Derartiges bereits gewöhnt, oder sie lässt sich nichts anmerken.

«Ich glaube, weiter hinten ist noch Platz, geben Sie mal her.»

Sie verschwindet mit der Trophäe in Richtung Heck, die Augen der Passagiere folgen ihr. Dann richten sie sich sämtlich auf mich. Peinlich berührt senke ich den Blick und suche meinen Sitzplatz. Als ich ihn finde, zögere ich. Das kann nicht sein. Ich überprüfe noch einmal, ob die Nummer über dem Sitz mit der auf meinem Boarding Pass übereinstimmt. Ja, es ist mein Platz. Die beiden alten Säcke vom Sicherheitscheck sitzen in meiner Reihe und reden unangenehm laut miteinander.

«Hallo, ich sitze hier in der Mitte. Darf ich kurz?»

Der Mann am Gangplatz sagt nichts, er sieht mich nicht einmal an und steht auch nicht auf, sondern setzt das Gespräch mit seinem Begleiter fort, schiebt nur die verschwitzten Beine ein wenig in Richtung Gang, ich muss mehr oder weniger über ihn drüberklettern.

Als ich gerade mein Telefon in den Flugmodus schalten will läutet es. *Frida*, steht auf dem Display. Ich hebe ab.

«Hugo!» Sie klingt aufgeregt, ungewohnt. «Die Mama ist –»

Ich kann sie kaum verstehen.

«Hallo? Wie bitte, Frida? Ich verstehe dich kaum, ich sitze schon im Flugzeug.»

Der Mann am Gang legt empört die Stirn in Falten.

Das könne ja nicht wahr sein, ob man das überhaupt dürfe im Flugzeug, möchte er von der Flugbegleiterin wissen.

«Hugo, hör zu! Die Mama ist im Krankenhaus. Ihr geht es gar nicht gut.»

Jetzt habe ich sie verstanden.

«Was? Im Krankenhaus? Wieso?»

«Der Papa hat auf sie geschossen.»

II

Nicht der Bärentöter

Meine Mutter meint immer, ihr Vater hätte eine Riesenfreude an mir gehabt, wenn er mich noch kennengelernt hätte. Er war auch ein Jäger. Am liebsten ging er auf die schwierige Murmeltierjagd, hoch oben auf dem *Greim.* Aber das machte er nur nebenbei. Die Eltern meiner Mutter betrieben eine kleine Getreidemühle in einem winzigen Nest in der Steiermark. Die Mühlsteine, die von Wasserrädern angetrieben wurden, lagen direkt unter der Küche, und angeblich vibrierte die Milch in der Tasse immer ein bisschen, wenn man morgens am Frühstückstisch saß. Vor dem Haus waren Kanäle aus Holz errichtet, die den nahe gelegenen Fluss auf die Wasserräder leiteten. Dort wusch sich die Familie, denn Badezimmer oder gar fließendes Wasser gab es im Haus nicht. Während des Winters, dessen Härte in jenem Teil Österreichs berüchtigt ist, musste meine Mutter oft morgens mit einem dafür vorgesehenen Dreschflegel die zugefrorene Wasseroberfläche aufbrechen, bevor sie sich das Gesicht waschen konnte.

Neben der Getreidemühle wurde auch eine kleine Landwirtschaft mit Rindern und Schweinen betrieben. Eines Tages ereignete sich eine tragische Geschichte, die mir meine Mutter schon mehrmals erzählt hat. Sie war zu dem Zeitpunkt sieben Jahre alt. Es war kurz nach Weihnachten, und sie hatte schulfrei. In der Nacht zuvor waren die Temperatur auf minus vierundzwanzig Grad gesunken. Die Wasserkanäle waren bis zum Grund durchgefroren, und die Mühlsteine standen schon seit Tagen still. Auf dem stählernen Holzofen wurde Schnee in einem riesigen Topf zu Trinkwasser geschmolzen. Es war schon lange nicht mehr so kalt gewesen. Der Vater befürchtete, dass das Vieh im Stall erfrieren könnte, sollte es so bleiben. Er ging durch den Schnee, in dem seine Beine bei jedem Schritt bis zu den Knien verschwanden, zu ihnen hinüber. Die Schweine und Kühe standen bewegungslos aneinandergepresst in den Abteilungen. Sogar der sonst so nervöse, missmutige Stier harrte steif in einer Ecke und starrte teilnahmslos vor sich hin. Der Vater schaute auf das Thermometer, das an der mistbefleckten Wand hing. Es zeigte minus zwölf Grad.

Daraufhin liefen der Knecht und er den ganzen Tag zwischen Küche und Stall hin und her, um die verschiedenen Kessel, die er im Mittelgang zwischen den Futtertrögen aufgestellt hatte, mit glühender Kohle zu füllen. Am Abend hatte sich das Thermometer im Stall in Richtung null bewegt, und der erschöpfte Vater gönnte sich ein paar Stunden Schlaf.

Am nächsten Morgen, als die Sonne über den Ostalpen aufging, trat er mit einer Blechtasse heißer Milch vor die Haustür. In der Ferne konnte er die nadelbewachsenen Hänge des *Greims* sehen. Der Tag versprach, wärmer zu werden.

Er ging rüber zum Vieh. Als er das Tor öffnete, stieg ihm Qualm entgegen. Bevor die glühenden Kohlen erloschen waren, hatten sie eine nicht unerhebliche Menge Rauch freigesetzt. Daran hatte er nicht gedacht. Panik ergriff ihn. Mit einer Hand vor dem Mund betrat er den Stall. Die Tiere lagen steif auf dem verdreckten Boden. Acht Säue mit ihren Ferkeln, sechs Mutterkühe und der Stier. Alle waren tot.

Der Vater stand für einen Moment regungslos da. Dann machte er auf dem Absatz kehrt und ging entschlossenen

Schrittes Richtung Küche, wo die Familie gerade am Frühstückstisch saß. Meine kleine Mutter schob sich gerade einen Löffel Sterz in den Mund, der ihr vor Schreck auf den Boden fiel, als der Vater die Tür aufstieß und mit schneebehafteten Stiefeln in die angrenzende Kammer polterte. Als der Vater wieder in die Küche stürmte, hatte er sein Jagdgewehr in der Hand, die Schachtel mit den Patronen in der anderen.

«Was ist denn los?», fragte ihn seine Frau unruhig.

«Gehst du Murmeltiere schießen?», fragte meine siebenjährige Mutter.

Mein Großvater schob eine Kugel in den Lauf.

«Die Viecher sind alle hin. Es ist vorbei. Ich geh mich erschießen, lebt wohl.»

Er hob seine Hand zum Gruße, schulterte die Waffe und verschwand. Meine Großmutter stand wie gelähmt. Die Kinder sahen aus dem Fenster und konnten beobachten, wie der Vater mit angelegten Schneeschuhen in Richtung Waldrand davonstapfte. Als die Mutter endlich wieder zu sich kam, lief sie vor die Tür. Sie wollte ihn aufhalten, aber er war schon zwischen den Zirben verschwunden.

Sie fanden ihn erst kurz vor Sonnenuntergang, tief im Wald. Der Knecht hatte noch ein paar Mann aus den umliegenden Höfen zusammengetrommelt, mit deren Hilfe er den ganzen Tag lang den Tann durchkämmte. Als sie schon aufgeben wollten, die Füße taub und die Finger starr, erinnerte sich der verzweifelte Knecht, dass der Herr manchmal von einer besonderen Stelle gesprochen hatte. Und tatsächlich fanden sie ihn dort, neben einem gewaltigen Findling. Die allerletzten Sonnenstrahlen drangen blass zwischen Schnee und Nadeln hindurch. Der Vater meiner Mutter saß auf einem umgefallenen Baumstamm, er ließ den Kopf hängen, das Gewehr in der Hand. Er zitterte und war unterkühlt, aber ansonsten unversehrt. Der Knecht trat an ihn heran, die anderen Männer hielten Abstand. Es war für einen Moment so still, wie es nur tief in einem schneebeladenen steirischen Wald, mitten im Winter, kurz vor Sonnenuntergang, still sein kann. Dann sagte der Vater:

«Was bin ich für ein Mann, Maxl? Mit so einer Schand kann doch keiner leben.»

Maxl, der Knecht, sah, dass die Wangen seines Herren nass vom Weinen waren. Die Situation war ihm äußerst unangenehm. Er wusste zuerst nicht, was er sagen sollte. In spätestens einer halben Stunde würde es stockfinster sein. Der Knecht gab sich einen Ruck.

«Mein Herr …» Er räusperte sich. «Gehen S', mein Herr. Im Krieg waren S' in Russland. In die Hand ist Ihnen geschossen worden. Und das haben S' auch überlebt. Jetzt werden S' sich doch nicht wegen so ein paar toten Viechern umbringen.»

Auf dem Heimweg erzählte der Vater dem mehr als erleichterten Maxl mit leiser Stimme, dass der Lauf von seinem Gewehr zu lang gewesen sei und er den Abzug nicht hätte erreichen können.

Die Familie hat sich von dem Schock und dem schweren wirtschaftlichen Verlust überraschend schnell wieder erholt. Der Vater meiner Mutter wurde noch alt genug, um meine Schwester als Säugling auf dem Arm halten zu können.

«Du hast ihn leider nie kennengelernt, aber er hätte eine Riesenfreude an dir gehabt.»

Sie liegt auf einem weiß bezogenen Krankenhausbett. Daneben stehen ein paar Geräte, die piepsende Geräusche von sich geben. Ein Schlauch transportiert Blut in eine ihrer Venen. Meine Mutter sei in einem erstaunlich stabilen Zustand, hatte vorher am Gang die Ärztin zu mir gesagt. Wenn sie ehrlich sein dürfe, es wäre ihr rätselhaft, dass sie überhaupt bei Bewusstsein sei. Und dann, eindringlich und mit gedämpfter Stimme: «Ach ja, mit Verlaub, was mir noch ein Rätsel ist: Sie sieht von einer Anzeige ab.»

Ich sitze in einem Stuhl am Bettrand. Es ist ein Zweierzimmer, im anderen Bett liegt mit geschlossenen Augen eine reglose Frau, die künstlich beatmet wird. Gegenüber von mir sitzt Frida und hält Mamas Hand. Ich will vorschlagen, dass wir uns einen Kaffee aus der Kantine holen, da meine Mutter nach der Erzählung über ihren Vater doch sicherlich ein wenig ausruhen möchte. Abgesehen davon bin ich selbst wie erschlagen, nach all der Aufregung. Mein Kater hat sich noch immer nicht verabschiedet. Gerade als ich den Mund öffne, sagt meine Mutter: «Kinder, euer Vater ist so ein Trottel.»

Meine Eltern waren heute Morgen bei Onkel Beppo. Die jüngere der beiden Frauen vom Begräbnis hatte zuvor angerufen und um Zugang zu Beppos Waffenschrank gebeten. Er hätte einmal erwähnt, dass meine Eltern einen Zweitschlüssel besäßen. Es tue ihr leid, meine Mutter überhaupt mit dieser Sache belästigen zu müssen, aber Beppos Schlüssel sei nirgendwo auffindbar.

Vielleicht war es die Vorfreude darauf, die ihr verhassten Waffen endlich fortzuhaben. Oder weiß der Teufel, warum sich meine Mutter bemüßigt fühlte, die Gewehre schon einmal bereitzulegen. Sie ging also zu Onkel Beppo ins Haus, mein Vater aus Neugierde und Langeweile hinterher. «Komm, Rudi, mach dich nützlich!», hatte sie zu meinem Vater gesagt und ihm einen Putzlappen in die Hand gedrückt. Als ihm meine Mutter Öl reichen wollte, löste sich aus dem Gewehr, das mein Vater eben begonnen hatte zu wischen, ein Schuss. Die Kugel traf aus nächster Nähe ihren Oberschenkel. Das Projektil verfehlte den Knochen und ging glatt hindurch, es verletzte zum Glück keine großen Blutgefäße. Ich weiß, dass es eines der kleineren Jagdgewehre für junge Rehe und dergleichen gewesen sein muss, und nicht *der Bärentöter*, denn sonst würde meiner Mutter jetzt vermutlich der halbe Oberschenkel fehlen. Sie war mit dem Helikopter in das Krankenhaus nach Eisenstadt geflogen worden.

«Vielleicht ruft ihr einmal an bei der Polizei und sagt denen das.»

Mein Vater saß noch immer zur Einvernahme auf der Wache.

«Was meinst du, Mama», fragt Frida, liebevoll und besorgt. «Was sollen wir der Polizei sagen?»

«Na, dass euer Vater ein Trottel ist.»

Neues aus dem Westen

2008

Beppo saß auf der Terrasse. Neben ihm, auf der Platte des uralten Gussofens, köchelte es.

Er hatte Jahre gebraucht, bis er endlich herausfand, wie man das Gehirn am besten entfernte. Der Trick war, die Hirnhaut in möglichst große Säckchen zu zerteilen und die Gehirnmasse mehr oder weniger darin einzupacken, bevor man sie rauszog. Dafür verwendete er ein selbst angefertigtes Werkzeug, ein dünnes, aber sehr steifes Metallstäbchen, eine Art Spieß, der am Ende zu einem Widerhaken gebogen war. Diesen führte er in den Schädel ein. Wenn es sein musste, ging er auch über die Ohrlöcher. Sein Gefühl sagte ihm inzwischen, wann er es wie drehen und wenden musste, um möglichst viel Gehirnmasse auf einmal durch die enge Öffnung zu bekommen. Er wunderte sich noch jedes Mal darüber, wie wenig fest Gehirn war. Man stellte es sich immer als zwei stabile Hälften vor, aber sobald man einmal die Hirnhaut geöffnet hatte, lief die ganze Scheiße aus wie Rotz. Bekamen immer die Hunde. Zuerst Hexi, dann Wastl und jetzt Falko, der gefräßige Flohbeutel. Na ja, er war noch fast ein Welpe. Schließlich wurde der enthirnte Schädel ausgekocht, was erbärmlich stank, weshalb er diesen Schritt der Präparierung stets im Freien erledigte. Den ganzen Aufwand tat er sich natürlich nur an, wenn der Abschuss eine Trophäe hergab.

Er genehmigte sich einen Schluck vom kühlen Bier. Es erfrischte ihn, die Sonne schien, es war warm, und er ruhte sich aus von der schweren Arbeit. Er war umgeben von schmutzigen Eimern. Alles war an seinem Platz. Das Blut, das Gedärm, die Haut samt Fell. Die genießbaren Organe wie Herz, Weidsack, Niere, Leber, Hoden und Zwerchfell hatte er natürlich sofort im Eiskasten verstaut. Das nackte Fleisch des Hirsches hing im Keller an einem Haken.

Beppo öffnete einen Underberg. Über die Goldfliederbüsche konnte er klappernde Schritte auf den Wegpflastersteinen im benachbarten Garten hören. Das konnten nur seine Absätze sein. Der kleine, eitle Wiedehopf.

«Wutzlibär!»

Keine Antwort. Doch das jähe Verstummen des Klapperns war Antwort genug.

«Wutzlibär!», brüllte er noch einmal. «Komm rüber, ich zeig dir was!»

Weiterhin Stille. Offensichtlich überlegte der Bengel, ob er etwas antworten oder lieber weiter so tun sollte, als wäre er nicht da.

«Ich muss wohin!», rief Hugo schließlich.

«Sei nicht ungut. Nur ein paar Minuten.»

«Aber es stinkt so grauslich, Onkel Beppo. Außerdem klingst du schon wieder besoffen.»

Na, dann eben nicht. Er hörte das Hoftor, dann eine Autotüre, ein Motorgeräusch, das sich entfernte. Was hatte er nur falsch gemacht? Der Junge musste enttäuscht von ihm sein, anders konnte er es sich nicht erklären. Früher war er beinahe jeden Tag bei ihm gewesen, Onkel Beppo hier, Onkel Beppo da. Manchmal war ihm die Anhänglichkeit schon fast zu viel gewesen. Fast. Dann plötzlich immer seltener. In den letzten Jahren konnte er froh sein, wenn er ihn zweimal im Jahr für mehr als ein paar Minuten zu Gesicht bekam. Nächsten Monat würde er nach Berlin ziehen. Zum Studieren. Beppo konnte es sich nicht merken, die Bezeichnung des Studiums war wie eine Aneinanderreihung von Wörtern einer ihm unbekannten Sprache. Er seufzte. Eigentlich sollte er es ja gewohnt sein. Alle verließen sie ihn. Erst war Frida nach Wien gegangen. Und jetzt zog Hugo zu den Piefke. Ausgerechnet! Wieso konnte der Bursche nichts Anständiges lernen, fragte er sich, wie zum Beispiel Lehrer. Oder Kiberer. Ein sicherer Arbeitsplatz, man konnte sich aufführen, wie man wollte. Oft hatten Hugo und er schon darüber gestritten. Vielleicht hätte er nicht so drängen sollen, dachte sich Beppo. Oder was wäre eigentlich so verkehrt daran gewesen, Jäger zu werden? Die großen Augen, die der Bub im Wald gemacht hatte, jedes Mal. Wie ihm die Wangen rosig wurden. Sein sicherer Schritt auf dem schwammigen Erdreich. Nie war er hingefallen, kein einziges Mal. Der Bursch wäre ein ausgezeichneter Jäger gewesen.

Er nahm noch einen Schluck vom Bier. Falko lag dösend im Schatten. Er musste sich ordentlich den Bauch vollgeschlagen haben, dass er so zufrieden ruhte, ansonsten war er kaum zu bändigen. Beppo kraulte ihn hinter den Schlappohren. Nein, er würde ihn sicher nicht kastrieren lassen. Vielleicht konnte er ihn ab und zu einmal verkuppeln.

In den Goldfliederbüschen zwitscherten die Spatzen. Die Natur sah eben noch aus wie der Frühling, duftete aber schon längst nach Sommer.

Beppo griff nach der Zeitung und schlug sie auf. Immer der gleiche Dreck. Er blätterte wild, las kaum einen Satz. Aber auf Seite dreizehn hielt er inne. Es war ein kleiner Artikel im Regionalteil. *Shake-Hands mit dem mächtigsten Mann der Welt.* Er begann zu lesen. Es war die Rede von einer Exilburgenländerin in Amerika, Selfmade-Millionärin, unter Wirtschaftsinsidern eine regelrechte Legende. Einer breiteren Öffentlichkeit entzog sie sich aber seit jeher. Für ein Interview nicht verfügbar. Daneben zeigte ein Foto den Präsidenten der Vereinigten Staaten, wie er einer älteren Dame freudig lächelnd die Hand schüttelte. Sie trug eine elegante Abendrobe, deren Spitzenärmel in stilisierten Blüten endeten.

Da schau her, dachte sich Beppo nicht ohne Bitterkeit. Jetzt war der Spinne sogar schon der mächtigste Mann der Welt ins Netz gegangen.

In der Stube öffnete er den Deckel der Sitztruhe. Darin befand sich ein beachtlicher Stapel alter Zeitungen. Er legte das aktuelle Exemplar sorgfältig dazu und schloss den Deckel wieder.

Draußen ließ sich Beppo ächzend in den Klappstuhl nieder und fasste nach dem Bier. Falko war inzwischen aufgewacht, er kraulte dem Tier das verdreckte Mäulchen.

«Gleich», sprach Beppo. «Gleich.»

Eine Aufgabe

Der Tag nach dem Unfall. Ich habe fürchterlich geschlafen. Mein altes Zimmer ist jetzt ein Lagerraum, deshalb musste ich die Nacht wieder auf der Matratze im Wohnzimmer verbringen. Bis vorgestern habe ich nicht mehr im Haus meiner Eltern übernachtet, seitdem ich mit neunzehn Jahren von zu Hause ausgezogen bin. Dafür gibt es verschiedene Gründe. Ich verstehe mich mit ihnen mal schlechter, mal besser, aber wenn ich hier mehr als ein paar Stunden zubringe, wird mir die Brust eng. Ich weiß nicht, woran das liegt, ich hatte eine sogenannte glückliche Kindheit. Bei anderen würden vielleicht nostalgische Gefühle aufsteigen statt der Befürchtung, demnächst zu ersticken. Möglicherweise liegt es daran, dass ich mich an diesem Ort wie zurückgeworfen fühle. Wie bei *Mensch ärgere Dich nicht.* Wer hasst nicht das Gefühl, wenn das Figürchen zurück zum Start muss?

Ein weiterer, wenn auch weitaus banalerer Grund ist das Gemäuer des Hauses. Es besteht ja zu einem großen Teil aus Lehm, der durch den Verputz stetig Feuchtigkeit ins Innere des Hauses abgibt. Dies sorgt zwar im Sommer für eine angenehme Raumtemperatur, aber auch dafür, dass es immer ganz leicht nach Moder riecht. Doch das Schlimmste ist, dass sich Matratze und Bettwäsche permanent klamm anfühlen. Solange ich noch bei meinen Eltern wohnte, ist mir das nie aufgefallen. Aber seit meinem Auszug frage ich mich bei jedem Besuch, wie man das auf Dauer überhaupt aushält.

Vor dem Wohnzimmerfenster poltert ein Traktor vorbei. Ich werfe das feuchte Bettzeug von mir und starre die Decke des alten Hauses an. Um den Luster herum sind braune Flecken, die Farbe bröckelt stellenweise ab. Wenn Frida dieses Haus eines Tages übernimmt, wird sie es aufwendig renovieren müssen. Vielleicht sollten wir es einfach abreißen und einen modernen Flachbau hinstellen. Mit viel Glas und Beton. Die alten Holzböden wird man vielleicht in das Design einbinden können, eine schicke Symbiose aus Tradition und Moderne.

Ich bin gerade aus einem langen Schlaf erwacht, aber fühle mich müde und erschlagen. Vielleicht liegt es nicht nur am Raumklima und dem dringenden, gemäß den Umständen jedoch unterdrückten Bedürfnis, so schnell wie möglich zu fliehen, sondern auch an den zehrenden Ereignissen der letzten Tage. Zuerst der Tod von Onkel Beppo, die Reise ins Burgenland, dann der Unfall meiner Mutter. Ich reibe mir die Augen und erhebe mich umständlich von meiner provisorischen Schlafstätte.

Die Küchenuhr zeigt fünf nach elf. Das bedeutet, es ist Punkt elf Uhr. Meine Mutter stellt die Uhr immer genau fünf Minuten vor. So habe sie mehr Zeit, sagt sie.

Mein Vater sitzt am Küchentisch und liest ein Buch. Er trägt zerknitterte Funktionskleidung, der Kranz seiner noch verbliebenen Haare ist ordentlich gekämmt. Er lässt von dem Kriminalroman in seinen Händen ab, schiebt seine große Brille hoch und begrüßt mich freundlich und sanft, mit seiner basslastigen Stimme. Ob sein Bub gut geschlafen habe, möchte er wissen.

«Geht so. Hast du noch gar nichts gegessen?»

Mein Vater ist Frühaufsteher. Der Tisch ist bis auf das Buch leer. Während ich beginne, in den maroden Küchenschränken nach Tee zu suchen, wendet sich mein Vater wieder dem Buch zu. Irgendwann werde ich fündig. Als das Wasser kocht, nehme ich den Topf vom alten Elektroherd und hänge den Beutel Earl Grey hinein.

«Ach so, hoppla», höre ich meinen Vater hinter mir vom Tisch aus sagen. «Den im Beutel mag ich nicht so gern. Schau, dort steht so eine Dose, da ist der Gute drin. Sei so lieb.»

Ich fülle ein Tee-Ei, das ich in einer der klapprigen Schubladen finde, mit *dem Guten* und lege es ins heiße Wasser. Den Beutel schmeiße ich weg. Danach laufe ich wiederholt zwischen Esstisch und Küchenzeile hin und her und decke den Tisch. Mein Vater ist weiter in sein Buch vertieft.

Als ich fertig gedeckt habe, schneide ich mir eine Scheibe Brot ab und setze mich damit an den Tisch. Mein Vater legt das Buch weg und sieht mich an. Eigentlich habe ich gar keinen Hunger. Ich gieße mir Tee in die Tasse. Mein Vater sieht mich noch immer an. Habe ich etwas vergessen? Mit verschlafenen Augen blicke ich zurück. Für ein paar Sekunden starren wir uns an. Sein Blick fixiert jetzt meine Brotscheibe. Dann sieht er mich lächelnd an und fragt mit lieblicher Stimme: «Bekomme ich auch eine?»

Ich möchte ihn fragen, ob er sich denn nicht einmal selber eine Scheibe Brot abschneiden kann, wenn er schon für alles andere zu bequem ist. Schreien möchte ich diese Frage.

«Du kannst meine haben», sage ich verkrampft. «Ich habe keinen Hunger.»

Im Garten höre ich die zahllosen Spatzen zwitschern. Ich kann nicht sagen, ob sie schimpfen, warnen oder einfach plaudern. Die verschiedenen Insekten-Schwadrone bilden zusammen ein Grundbrummen, das an einen Dieselmotor erinnert. Libellen kreisen wie kleine Helikopter über mir. Ihre Körper schimmern in einem außerirdischen Lila. Sie sollten aufpassen, dass sie nicht einem Vogel zum Opfer fallen.

Mit der halbvollen Tasse Schwarztee in der einen und meinem Telefon in der anderen Hand lasse ich mich stöhnend in einen der weißen Plastikstühle fallen. Es ist noch nicht mal ein Tag! Wie lange werde ich noch hierbleiben können, ohne den Verstand zu verlieren?

Ich betrachte den wolkenlosen Himmel. Das perfekte Blau wird hin und wieder von einem weißen Strich durchbrochen, den eine der Maschinen beim Anflug auf Wien-Schwechat malt. Eine *Bombardier Q400*? Vielleicht. Als Kind hatte ich oft Angst, dass eines der Flugzeuge auf uns herabstürzen könnte. Jetzt wirken sie auf mich wie rettende Engel, die leider über mich hinwegziehen.

Ich winke zum Himmel hoch. Hier bin ich, nehmt mich doch mit!

Eine schwarze Amsel zischt aus dem Gebüsch und schnappt sich mit ihrem gelben Schnabel zielsicher eine der Libellen. Der perfekte Himmel erdrückt mich. Ich möchte aufstehen, zum Gartentor rüber, auf die Straße raus, zum Bahnhof hinunter, in den Zug hinein, zum Flughafen hinaus, über Niederösterreich, Tschechien, Sachsen, und Brandenburg drüber, raus aus der Vergangenheit und zurück in die Gegenwart.

Heute tut mein Vater schon so, als wäre nichts, aber ich weiß, dass er fix und fertig wegen des Unfalls ist. Wie sollte es auch anders sein. Gestern habe ich ihn von der Polizeiinspektion abgeholt. Alleine, dass er mich ohne Diskussion hatte fahren lassen, war schon seltsam. Auf der Fahrt nach Hause hat er kaum ein Wort gesprochen, versuchte, beherrscht zu wirken. Vor der Einfahrt eines Kreisverkehrs fielen mir dann einzelne Tränen auf, die ihm an den dicken Wangen hinunterliefen. Ich kann mich nicht erinnern, wann ich meinen Vater das letzte Mal weinen gesehen habe.

Die Ärztin hatte gesagt, dass Mama noch einige Zeit würde

bleiben müssen. Die Kugel wäre sauber durchs Bein gegangen, Glück im Unglück, aber jetzt müsse man noch auf diverse Testergebnisse warten, schauen, ob auch keine Nerven in Mitleidenschaft gezogen worden seien. Mama wirkte verblüffend gelassen. Sie sagte, sie freue sich sogar über ein paar entspannte Tage, in denen sie nichts als essen und lesen würde. Nur der Gedanke an meinen Vater, alleine zu Hause, schien ihr ganz und gar nicht zu behagen.

Ein pastellgelber Zitronenfalter landet auf einer violetten Glockenblume, die Haustür öffnet sich, mein Vater tritt heraus und macht sich an der Wasserleitung zu schaffen. Auf seinem Kopf sitzt ein Strohhut. Ich stelle fest, dass er sein T-Shirt verkehrt herum trägt.

Ich stehe auf.

Ich muss mich jetzt erden, und ich weiß auch, wie.

Mit Kraft lasse ich die Axt auf den Hackstock niedersausen. Der Hieb schickt eine druckvolle Schallwelle über die umliegenden Höfe. Ich habe genau getroffen, die beiden Hälften fallen auf den mit Holzsplittern übersäten Boden. Die Nachbarn fragen sich bestimmt, warum in aller Welt der junge Navratil Anfang September Holz hackt. Meine Mutter hat es mir beigebracht. Es ist sehr wichtig, möglichst breitbeinig dazustehen. Sonst kann es leicht passieren, dass einem, wenn man nicht richtig trifft und die Klinge abrutscht, die Axt ins Bein fährt.

Ich stehe also breitbeinig da und wische mir den Schweiß von der Stirn. Holzhacken wirkte schon immer entladend auf mich. Wenn ich zum Beispiel von der Schule nach Hause kam, und mich der Lehrer einmal mehr innerlich tobend gemacht hatte, war mein erster Weg durch das Hoftor zum Hackstock. Die herabschnellende Axt und das befriedigende Auseinanderknallen zweier Holzstücke hat etwas Kathartisches.

Nach einer guten Stunde liegt ein kompakter Haufen sauber gespaltener Scheite um mich herum. Ich bringe sie in den kleinen Schuppen und lege sie einen nach dem anderen auf den wachsenden Stapel.

Danach fühle ich mich etwas besser, aber nach wie vor ist da diese Enge in meiner Brust. Ich entschließe mich zu einem Spaziergang. Die frische Luft wird mich entspannen und die Bewegung beim Nachdenken helfen. Ich muss mir eine Strategie überlegen, um die unbestimmte Dauer meines Aufenthalts einigermaßen gut zu überstehen. Ich gehe den Hof entlang. Mein Vater hat ein Fenster seines Zimmers geöffnet. Er ist Mitglied in der *Bags and Pipes*-Band des Schottenvereins und übt gerade Dudelsack. Ich beschleunige meinen Schritt, zielgerichtet, am Grill vorbei, dorthin, wo das Grundstück steil zu werden beginnt.

Die sogenannte Hauptstraße des Ortes zieht sich durch die Spalte zweier Hügel des Leithagebirges. Wie gewaltige Pobacken recken sie ihre baumbewachsenen Rundungen in die burgenländische Landschaft. Genau zwischen diesen Pobacken, in der Falte, wenn man so will, steht unser Haus. Das steile hintere Ende des Grundstücks, der obere Garten, grenzt direkt an den Wald.

Ich erklimme die serpentinenförmig angeordneten Stufen, die Rudi damals aus ausrangierten Bahnschwellen angelegt hat.

Am Rande des Waldes schützt ein Zaun den Gemüsegarten vor tierischen Dieben, mehr oder weniger effizient. Wenn die Rehe oder Wildschweine aber hungrig genug sind, finden sie immer einen Weg zu den mickrigen Pflanzen. Das Gemüse will nicht so richtig, trotz aller Bemühungen meines Vaters. Er meint, es sei zu trocken, das Wasser laufe an der schrägen unteren Gesteinsschicht einfach ab. Meine Mutter war es irgendwann leid, stets den mühsamen Weg hinauf zurückzulegen, und stellte erste vorsichtige Versuche an, Gemüse direkt vor dem Küchenfenster anzupflanzen. Ihre Tomaten und der Mais gedeihen prächtig.

Ich gehe vorbei an der Reihe Salatköpfe, deren Blätter wie kleine Tüchlein schlapp auf der rissigen Erde liegen. Danach an den überreifen, knorrigen Kohlrabipflanzen, klein wie Golfbälle, dann an den Brombeersträuchern. Ich öffne das kleine, quietschende, schiefe Tor und betrete den Wald.

Ein schmaler, matschiger Trampelpfad führt mich bergauf durch das Unterholz zur unbefestigten Forststraße. Sie verläuft in einem ausladenden Halbkreis um den gesamten hinteren Teil des Dorfes herum. Als Kind bin ich hier auch oft entlangspaziert, aber selten alleine. Die Sträucher und kleinen Bäume stehen so dicht am Rand des Pfades, dass die Blätter und Äste über mir fast zu einem Dach werden. Es kommt mir ein wenig so vor, als ginge ich durch einen Tunnel. Ich schüttle den Gedanken schnell ab, ein Mann in meinem Alter hat doch keine Angst mehr, wenn er am helllichten Tage durch den Wald geht, in dem ausschließlich harmloses Getier wohnt. Wildschweine können theoretisch gefährlich werden, sind aber für gewöhnlich scheu wie Rehe.

Die Luft ist herrlich und füllt meine Lunge mit Kraft. Das Engegefühl in meiner Brust wird schwächer. Gelockert trotte ich vor mich hin und konzentriere mich auf die Geräusche des Waldes. Immer wieder legt sich über den allgegenwärtigen Teppich aus Singvogelstimmen der laute Warnschrei eines Eichelhähers. Das maschinelle Hämmern eines Spechts zwischen dem Rascheln der Blätter, die im warmen Wind auf und ab wogen, als atmeten die Bäume ein und aus. Es ist, als befände ich mich im Inneren eines gigantischen Organismus, der meiner Existenz mit unglaublicher Gleichgültigkeit begegnet und gleichzeitig ihre unverzichtbare Grundlage ist.

Ich muss eine Ewigkeit wie ferngesteuert vor mich hingelaufen sein, denn irgendwann bemerke ich, dass es bereits zu dämmern beginnt. Desorientiert blicke ich umher, weiß aber nach einem Moment, wohin es mich verschlagen hat. Ich bin im Teufelsgraben. Gleich neben dem Weg plätschert der vertraute Wildbach vor sich hin. Ich stehe an der Weggabelung, an der ich vor nunmehr fast fünfundzwanzig Jahren aus dem Geländewagen von Onkel Beppo gestiegen bin. Ich bemerke meinen Durst. Ich habe nicht damit gerechnet, so lange unterwegs zu sein, also steige ich die Böschung hinab. Ich knie mich hin und schöpfe mit meinen Händen Wasser. Es ist eiskalt und klar. Gierig trinke ich, dann wasche ich mir das Gesicht und den Nacken. Erst jetzt merke ich, dass ich vollkommen nassgeschwitzt bin. Meine Beine tun weh. Es ist wohl an der Zeit, nach Hause zu gehen. Ich steige die Böschung wieder hinauf. Oben angekommen, werfe ich einen kurzen Blick auf die Weggabelung. Ich bin von rechts gekommen, der linke Weg führt zum einstigen Schauplatz des Fiaskos, hinter mir liegt das Dorf. Die Linde an der Spitze der Gabelung ist in meiner Erinnerung gewaltiger gewesen. Ich überlege kurz. Schließlich gehe ich los, links an der Linde vorbei, ich muss für ungefähr hundert Meter den Weg entlang, dann links rein ins Gestrüpp.

Ich finde die Stelle auf Anhieb.

Ich habe schon befürchtet, jemanden bei der Jagd zu stören, immerhin ist gerade Schusszeit, aber niemand ist da. Es sieht alles aus wie früher, nur der Schlehdorn zwischen den Stehern ist damals noch ein Holunderstrauch gewesen. Vorsichtig klettere ich die Leiter hoch – man lässt die Rinde an den mitteldicken Stämmen, die für die Sprossen verwendet werden, das gibt Trittsicherheit. Das Holz ächzt, gibt unter den Sohlen meiner lehmbepackten Stiefel ein wenig nach, hält aber.

Das Innere des Hochstands ist relativ neu, zumindest teilweise, jemand hat irgendwann eine gepolsterte Sitzbank eingebaut. Es ist auch ein richtiges Fenster eingesetzt worden. Mit der Sauberkeit scheinen es die Jägerinnen und Jäger hingegen nicht so genau zu nehmen. Die bereits niedrig stehende Sonne schickt einen fast zinnoberroten Lichtstrahl durch das Glas und beleuchtet die unzähligen Staubpartikel, die, aufgescheucht von meinem plötzlichen Eindringen, wild durch die Luft wirbeln.

Den Futterplatz, fünfzig Meter weiter, kann ich kaum erkennen. Ich stütze den Kopf auf meine Hände, atme abwechselnd Staub und feuchte Waldluft ein. Ich liebe den Wald. Hätte ich vielleicht doch Jäger werden sollen? Aber Tiere erschießen? Nein. Na gut, Federvieh vielleicht. Einmal habe ich einen Spatz erschossen, mit Onkel Beppos Luftgewehr. Er war danach wochenlang böse auf mich. Ich habe das arme Tier dann einen Meter neben Hexi begraben und schämte mich. Schäme mich immer noch.

Wieso kann ich um einen dummen Vogel trauern, und jetzt, bei Onkel Beppo, nicht?

Ich horche in mich hinein, während ich der Sonne beim Untergehen zusehe. Doch irgendwie ist da nichts, nur eine flache Traurigkeit. Aber Onkel Beppo ist doch ein Mensch gewesen, verdammt noch mal, ein Mensch, den ich gernhatte, der mir wichtig gewesen ist, noch immer wichtig ist, mit dem ich aufgewachsen bin, mein Großvater. Ja, natürlich denke ich mit einem Ziehen im Bauch daran, wie selten ich in den letzten Jahren bei ihm gewesen bin. Je älter ich wurde, desto schwerer ist es mir gefallen, mit ihm zu sprechen.

Er selbst war kein großer Erzähler, außer wenn es sich um die Jagd oder den Wald drehte. Als Kind hatte er mir immer die verrücktesten Geschichten erzählt, zum Beispiel von Wilderern, die sich einen Jäger vorknöpften, ihn mit dem Kopf voran in einen Waldameisenhaufen steckten, bis kurz vorm Ersticken, Ohren, Nase und Mund gefüllt mit schwarzer Erde und prallen, roten Insekten, die sich mit spitzen Zangen verteidigten. Oder von Dachskiefern, die, einmal im Daumengelenk versenkt, fest verschlossen blieben, sodass einem dann keine andere Wahl blieb, als den Kopf abzutrennen, und ihn, an der Hand baumelnd, die spitzen Dachszähne im Mittelhandknochen steckend, nach Hause zu schleppen. Erst der Meißel im Werkstattschuppen konnte die störrischen Kiefer bezwingen. Ich habe mich bei diesen Erzählungen geschüttelt vor Grauen und gejauchzt vor Begeisterung.

Aber mit zunehmenden Jahren wurden die Geschichten weniger, und irgendwann saßen wir eigentlich nur noch herum, wenn ich ihn besuchte, ich am Tisch mit den geschnitzten Verzierungen, er auf dem grünen Sofa. Immer öfter kam es auch vor, dass er schwer besoffen war. Dann war er unerträglich, schien von unendlicher Traurigkeit erfüllt, untröstbar, verschlossen und bitter. Wenn man was Falsches sagte, und das konnte alles sein, fing er an zu brüllen. Keine Wut auf mich, auf etwas anderes, etwas Bestimmtes, aber es schien unmöglich, darüber zu sprechen, unmöglich für uns beide. Alter Säufer, habe ich einmal entgegnet, was schreist du mich an.

Ich habe mit Beppo, wenn ich so darüber nachdenke, nie ein richtiges Gespräch geführt. Ich hab ihn nicht gekannt. Ich habe keine Ahnung, wer mein Großvater war. Ist das nicht traurig? Ist das nicht zum Weinen? Ein Mensch ist für immer weg, und ich werde ihn nicht mehr kennenlernen können. Ist das kein Grund zum Trauern?

Ich stoße einen langen Schrei aus, bis mir der Hals weh tut, ein paar Vögel flüchten aus einer Baumkrone, ich lasse die Stirn auf meinen Arm sinken und verharre für ein paar Minuten in dieser Position. In meinem Gehirn herrscht jetzt völlige Leere, ich fühle aber, dass ich nichts losgeworden bin, sondern nur etwas komprimiert habe.

Ich schaue aus dem Fenster, die Sonne ist hinter dem Hügel verschwunden. Gleich wird es dunkel sein. Jetzt ist die beste Zeit zum Schießen. Verdammt, ich sollte zusehen, dass ich nach Hause komme. Ich verabschiede mich von der Kreuzspinne, die noch immer in aller Ruhe am Rande ihres Netzes auf Beute wartet, lasse für sie das Fenster einen Spalt offen, und klettere die wackeligen Sprossen hinab.

Nach nur wenigen Minuten bin ich zurück auf dem Forstweg. Ich beschleunige meinen Schritt, mache zur Sicherheit die Lampe meines Telefons an, um nicht zu stolpern. Dort, wo der Weg eine Kurve beschreibt, bleibe ich stehen, gelähmt vor Schreck. Nur drei Meter von mir entfernt steht ein beachtliches Wildschwein. Im schwachen Licht der Lampe ist es schwer zu erkennen, aber es muss ein junges Männchen sein. Die spitzen Hauer ragen noch nicht weit aus dem Kiefer hervor. Das Tier scheint ebenso überrascht zu sein wie ich. Reglos fixiert es mich mit seinen großen Augen, die das Licht meiner Lampe reflektieren. Ich starre das Tier an. Der kräftige Rücken ist bereits beeindruckend gewölbt, ich schätze das Gewicht auf mindestens hundert Kilo. Als ich eine unüberlegte Bewegung mache, grunzt es und geht in Angriffstellung. Ich erinnere mich an die Ratschläge meines Großvaters: Ruhe bewahren, keine schnellen Bewegungen, dem Tier niemals den Rücken zuwenden und sich langsam rückwärtsgehend entfernen. Ich schlucke und mache einen ersten Schritt, so vorsichtig und langsam, als würde ich auf einem Seil balancieren. Dann einen zweiten. Der Keiler fixiert mich weiterhin, das Haupt gesenkt. Ich mache einen dritten Schritt. Plötzlich schnaubt das Tier und stiebt vor, nur um nach einem Meter schlagartig wieder anzuhalten. Die Drohgebärde lässt einen Adrenalinstoß in mein Blut fahren, ich kann den Puls im Hals spüren. Keinen Schritt wage ich mehr. Und so stehe ich da, bewegungslos, mit dem Keiler in Blickkontakt. Ich suche mein Sichtfeld nach Ästen ab, die ich vielleicht als Keule benutzen könnte. Aber bis ich einen geeigneten Prügel in die Hände bekäme, wäre es schon längst zu spät. Soll ich es doch wagen und einfach loslaufen? In der Schule war ich immer der Schnellste. Das Tier ist groß und wirkt behäbig, vielleicht kann ich entkommen. Überraschend umdrehen, ins Unterholz zurück, rauf auf einen Baum? Ja, das könnte ich versuchen. Okay. Meine Atmung wird schneller, ich spanne meinen ganzen Körper an. Innerlich zähle ich runter.

Drei.

Ich verlagere mein Gewicht auf das Vorderbein.

Zwei.

Irgendwo heult ein Uhu. Onkel Beppo hat oft gesagt, er habe schon alle Tiere des Waldes gesehen, auch die seltenen, Kolkrabe, Marderhund, Bekassine, Turteltaube, einmal sogar – das schwöre er bei der heiligen Diana – den Luchs, *ein Manderl*, einfach so, döste auf einem Stein inmitten einer Lichtung und ließ sich die spitzen Ohren von der Sonne bescheinen, hatte hier im Leithagebirge eigentlich gar nichts zu suchen. Alle schon gesehen, aber den Uhu, den habe er in über vierzig Jahren fix-noch-einmal nie gesehen.

Eins.

Im allerletzten Moment, bevor ich lossprinten will, setzt sich der Keiler plötzlich auf sein breites Hinterteil. Ich rühre mich nicht vom Fleck. Und bin überrascht. Jetzt, da mir das Tier seinen Bauch zuwendet, kann ich im Schein der Handylampe zehn Zitzen erkennen. Es muss ein Weibchen sein, eine Bache. Die kurzen Hauer haben mich fälschlicherweise sofort auf ein Männchen schließen lassen. Es ist eher selten, dass weibliche Wildschweine verlängerte Eckzähne entwickeln, aber gerade bei älteren Exemplaren kann es durchaus vorkommen. Das Vieh grunzt mich erneut an, aber diesmal klingt es nicht bedrohlich. Es löst seinen wachsamen Blick von mir und beginnt, sich umzusehen. Ich nutze den Moment, um einen weiteren vorsichtigen Schritt rückwärts zu machen. Sofort fixiert mich die Bache wieder. Aber sie wirkt jetzt eher neugierig als argwöhnisch. Ich mache noch einen winzigen Schritt. Und noch einen. Entspanne mich ein wenig. Die Bache auch. Sie wendet sich ab und taucht in das Gestrüpp am Rand des Weges ein. Aber im nächsten Moment erscheinen auf der anderen Seite zwei weitere Wildschweine, nicht ganz so groß, aber groß genug, dicht gefolgt von einem weiteren, gewaltiger, als es die Bache gewesen ist. Mein gesamter Körper wird wieder steif, ich schalte die Lampe meines Telefons aus und verharre reglos. Die Schweine scheinen mich aber ohnehin zu ignorieren. Plötzlich springen lauter Frischlinge aus dem Dickicht, aufgeregt grunzend, einer nach dem anderen, es müssen mindestens zehn sein. Und immer wieder ausgewachsene Schweine. Das hier ist eine ganze Rotte, die ihrer Leitbache folgt! Jetzt mehr fasziniert als verängstigt schaue ich zu, wie Tier für Tier den Weg überquert und auf der anderen Seite wieder im Unterholz verschwindet. Ein Trio Bassen – alte Männchen, sollte ich es richtig erkennen – bildet die Nachhut. Ihre räudigen Hinterläufe verschwinden zwischen Blättern und Zweigen. Ich warte ab, bis das Knacken und Rascheln ganz verklungen ist. Dann beuge ich mich vornüber und stütze meine Arme auf die Knie, atme mehrmals tief durch. Nun ist es wirklich an der Zeit, ins Dorf zurückzukehren. Ich bringe meine müden Beine in Bewegung.

Mein Heimweg führt an der Buschenschank Kovacs vorbei. *Surbratentag* steht auf einer Tafel vor dem Lokal. Ich merke erst jetzt, wie hungrig ich bin. Doch ich habe kein Geld dabei und auch keine Lust, den Abend mit besoffenen Weinbauern zu verbringen. In der Stube sitzt außerdem sicher auch der ein oder andere junge Mann, der mich früher regelmäßig und mit großer Leidenschaft verhauen hat. Von der Sorte gibt es einige im Dorf, und ich halte es für eher unwahrscheinlich, dass sie mittlerweile weggezogen sind.

Der Wald lebt, das Dorf ist tot.

Der Wald lebt, Onkel Beppo ist tot.

Der Wald wird leben, und ich werde tot sein.

Während ich Kieselsteine vom Gehsteig kicke, kommt mir eine Idee, meinem müßigen Aufenthalt hier vielleicht einen Sinn zu geben: Onkel Beppo. Ich weiß kaum etwas über ihn. Vielleicht lässt sich das ändern. Er hat mein Leben hier an diesem öden Ort schon einmal erträglicher gemacht, mir Sinn und Beschäftigung geboten. Vielleicht schafft er das auch aus dem Jenseits heraus.

Ein Reparaturversuch

1993

Die Sonne schien herab auf den Wein, der sich rings um die Waschbetonterrasse rankte. Seine Trauben waren bereits prall und blau, aber einige Wochen würden sie schon noch brauchen. Wenige Meter davon entfernt, auf dem Streifen wild wachsender Wiese, stand ein Automobil. Zahlreiche Kleeblätter, Hain-Veilchen und Schafgarben waren ihm bei seiner Einfahrt in den Hof zum Opfer gefallen, aber es gab ja genug davon. Unter dem Motorraum lugten zwei Beine hervor, an deren Enden jeweils ein schwerer Jagdstiefel hing. Der *Puch* hatte während der letzten Fahrt immer wieder komische Geräusche von sich gegeben. Beppo nahm so etwas nicht auf die leichte Schulter. Er kannte seinen alten Freund gut genug, um zu wissen, wenn er ihm etwas mitteilen wollte. Beppo schwitzte. Hurerei, wenn es nicht das Stützlager war, woran lag es dann? Erschöpft ließ er seinen Rücken auf das weiche Wiesenbett sinken. Dabei machte er einem vollen Dutzend Löwenzahn den Garaus, doch das bemerkte er nicht. Für eine Weile starrte er den mit eingetrocknetem Waldmorast verkrusteten Unterboden an. Er war ein wenig ratlos. Das mochte er gar nicht. *Ohne Rat* bedeutete *ohne Kontrolle.*

Da tauchten neben dem Wagen plötzlich zwei vornehme Schuhe auf. Sie schienen dem saftigen Gras wie aus dem Nichts entwachsen zu sein. Beppo fuhr vor Schreck auf und stieß sich den Kopf heftig an der Ölwanne.

«Was zum …», knurrte Beppo, während er sich den Kopf hielt und gleichzeitig versuchte, unter dem *Puch* hervorzukriechen.

«Hast du dir weh getan?», fragte die Person, zu der die Schuhe gehörten.

Er hielt auf halbem Wege inne. Wenig in seinem Leben war ihm so vertraut wie diese Stimme. Konnte das wirklich sein? Sie hatten sich zuletzt vor Jahren gesprochen. Er kämpfte sich unter dem Wagen hervor. Sie war es tatsächlich. Da scheiß einer die Wand an. Frisch wie der Morgentau sah sie aus. Wie war sie hineingekommen, das Hoftor war doch verschlossen!? Und wieso hatte das vermaledeite Hundevieh nicht Laut gegeben? Obwohl es schon Wochen her war, vergaß er es immer noch ab und zu. Dass Hexi, das vermaledeite Hundevieh, keinen Laut mehr geben konnte, in der Erde zwischen den kleinen Fichten und der Altpapiertonne.

«Bitte entschuldige, ich wollte dich nicht erschrecken.»

«Was willst du?»

«Wollen wir nicht reingehen? Du blutest.»

Im Haus betrat Beppo das Badezimmer, nahm einen Wattebausch und das Wunddesinfektionsmittel aus dem Allibert. Er drückte ein paar Tropfen der tieforangen Flüssigkeit in die Watte. Als er das Türchen wieder schloss, sah er ihr Spiegelbild. Sie waren ungefähr im gleichen Alter, schon lange nicht mehr jung. Jedoch, das musste er sich eingestehen, die Person, die da im Türstock lehnte, sah halb so alt aus wie er. Kein Kunststück, wenn man sich so feinen Zwirn leisten konnte, dachte er abschätzig. Sie musste es ihm wohl unbedingt in sein faltiges, ölverschmiertes Gesicht reiben, wie fit und erfolgreich sie war.

«Ich habe eine neue Scheibe einsetzen lassen. Eine halbe Staren-Kolonie hatte sich im Salon eingerichtet, bevor Willibald es bemerkte. Du kannst dir nicht vorstellen, wie –» Sie verstummte, als sie seinen Gesichtsausdruck sah. Dann, nach einer kurzen Pause, in versöhnlicherem Ton: «Aber wenigstens hast du dieses Mal nichts mitgehen lassen.»

Er schwieg. Darauf würde er sich bestimmt nicht einlassen. Mit einem Pflaster klebte er die kleine Platzwunde ab, aus der noch immer ein bisschen Blut trat.

«Meinst du nicht, dass das genäht werden muss?»

Beppo stieß einen bitteren Lacher aus.

«Seit wann interessiert dich mein Wohlergehen?»

Drüben in der Wohnstube ließ sich Beppo erschöpft auf die Sitztruhe fallen. Die Person nahm gegenüber Platz, auf einem Stuhl mit herzförmigem Ausschnitt in der Lehne. Über ihnen der Luster aus Hirschgeweihen. Ohne ihr ebenfalls etwas anzubieten, stürzte er den Underberg hinunter.

«Du säufst also immer noch.»

«Und du hältst dich immer noch für was Besseres.»

Mit einem lauten Knall stellte er das Fläschchen auf der Tischplatte ab. Die Person wollte etwas sagen, ließ es dann aber bleiben. Sie schwiegen sich eine Weile an. Er schielte zur Seite, zum froschgrünen Sofa, auf die Stelle, wo der Revolver steckte. Kruzifix, es wäre schlauer gewesen, dort Platz zu nehmen.

«Beppo», begann die Person irgendwann. «Lass uns nicht wieder str–»

«Was willst du?», unterbrach er sie scharf. «Was machst du überhaupt hier? Hab gehört, du hast alle Hände voll zu tun in deinem Land der unbegrenzten Möglichkeiten.»

Die Person stieß langsam Luft aus.

«Also gut.»

Sie beugte sich ein wenig nach vorne, legte die Arme auf den Tisch und schlug einen anderen Ton an.

«Dann lass uns eben zur Sache kommen, wenn du es so wünschst. Nun, warum bin ich hier? Die Organisation möchte, dass du Europa übernimmst, sobald es so weit ist.»

Hatte er sich verhört? Beppo konnte seinen eigenen Ohren nicht glauben. Das musste ein Witz sein.

Nachdem er nur eisern schwieg, fuhr die Person fort: «Die Organisation ist der Überzeugung, dass es an der Zeit ist, zurückzukehren, um auch hier stabile Strukturen aufzubauen. Die Operation muss ihren Start und Angelpunkt hier haben, im Dorf, am Ort, wo alles seinen Anfang nahm. Der Organisation wäre es eine Ehre, diese vertrauensvolle Aufgabe in deine Hände legen zu dürfen. Ich selbst werde weiterhin in den Staaten gebraucht.»

Er wusste nicht, ob er lachen oder schreien sollte. Aber es schien wirklich ihr Ernst zu sein.

«Warum bietest du mir das an?» Die Wut versuchte sich aus ihm herauszukämpfen, aber das konnte er nicht zulassen. Nach außen blieb er ruhig. «Etwa aus Mitleid?»

Die Person sah ihm in die Augen, ihre Züge wirkten entspannt. Er konnte ihrem Blick nicht länger standhalten.

«Aus Respekt, Beppo», hörte er sie mit ruhiger Stimme sagen. «Aus Respekt vor deinem Stand. Die Organisation ist sich in der Frage absolut einig. Trotz allem, was geschehen ist, bist und bleibst du die –»

«Nein», unterbrach er die Person wieder. Er löste seinen Blick von der Schnitzerei am Rande der Tischplatte. Bisher hatte er es kaum geschafft, ihr länger als eine Sekunde in die Augen zu schauen. Aber jetzt starrte er sie an. Ihr Gesichtsausdruck wirkte nach wie vor gelassen. Er sprach sehr leise, aber seine Stimmbänder bebten. «Das können sich du und deine sogenannte Organisation merken: Solange ich am Leben bin, werde ich alles tun, um euch einen Strich durch die Rechnung zu machen.»

Im Gesicht der Person tauchte ein mattes Lächeln auf, das Beppo nicht zu deuten wusste.

«Du hast dich kein bisschen verändert», sagte sie, jetzt wieder in dem altvertrauten Ton. «*Nur der gerechte Aufstand führt aus der Knechtschaft.* Ich weiß nicht, wie oft ich diesen Satz von dir gehört habe. Gegen wen führst du deinen Aufstand? Gegen dich selbst, Beppo.» Jetzt lehnte sie sich über den Tisch und sprach mit Nachdruck auf ihn ein. «Sieh dich doch einmal um –»

«Genug!», brüllte er.

Er ließ zwei geballte Fäuste auf die Tischplatte niedersausen und stand ruckartig auf. Der Luster wackelte. Beppo schluckte.

«Ich muss mich jetzt wieder um den *Puch* kümmern.»

Als er ihr die Haustüre öffnete, fuhr er vor Schreck zusammen. Eine weitere Person stand plötzlich vor ihm. Aus einem von dichten, pechschwarzen Locken umrahmten Gesicht, dem jeglicher Ausdruck fehlte, starrte sie ihn unverwandt an. Auf einen Wink der anderen machte sie den Weg frei.

«Hab ich's mir doch gedacht, dass deine Schergen nicht weit sein können.»

«Beppo», sagte die Person. «Du weißt doch selbst am besten, wie du manchmal sein kannst.»

Die Person berührte ihn an der Schulter, reflexhaft zuckte er zurück.

«Leb wohl. Hat mich trotzdem gefreut, dich wiederzusehen.»

Seine Augen folgten ihr. Ihre Schritte durch die Wiese waren langsam, sie schien sehr genau darauf zu achten, auf keine der vielen Blumen zu treten. Von der Straße her hörte er, wie bereits der Motor der Limousine ansprang. Da blieb sie noch einmal stehen und drehte sich um.

«Übrigens», rief sie ihm zu. «Sei unbesorgt. Würden wir es dir mit Gewalt wegnehmen wollen, meinst du nicht, wir hätten das längst getan? Nach altem Recht gehört es dir. Bis zu deinem Tod.»

Die erfahrene Trinkerin

Als ich aufwache, ist es bereits Mittag. Diese Nacht habe ich besser geschlafen. Vermutlich lag es an meinem ausgiebigen Marsch durch den Wald, den ich gestern zurückgelegt habe. Ich lasse mir Zeit mit dem Aufstehen, ziehe das Frühstück in die Länge, verbringe eine halbe Ewigkeit im Bad, bevor ich in den Hof trete und die Axt aus dem Hackstock befreie. Bis zum späten Nachmittag schaffe ich beinahe einen halben Meter Holz. Danach fühle ich mich mental gewappnet, das väterliche Chaos in der Küche zu beseitigen. Meine Hände zittern, sie sind überlastet vom Holzhacken, mir fällt eine Tasse auf den Boden. Sie zerbricht, Magica De Spells aufgemalter Körper ist nun gevierteilt. Frida hat die Tasse selbst bemalt und mir zum ersten Schultag geschenkt.

Ich will meinen Vater nach Porzellankleber fragen, doch im Haus ist er nicht. Ich gehe hinaus.

«Rudi!»

«Bin oben!», schallt es ein paar Sekunden später.

Im oberen Garten angekommen, sehe ich ihn, wie er mit dem grünen Gartenschlauch hantiert. Auf seiner Halbglatze sitzt der Strohhut. Rudi hat viel zu kurze Hosen an. Oder sind sie ihm einfach zu klein?

Er beginnt, die traurigen Pflänzchen zu gießen. Ich sehe ihm eine Weile wortlos zu, wie er Wasser über die verschiedenen Beete regnen lässt. Angeblich sind die Hokkaido-Kürbisse zuerst prächtig gewachsen, vor kurzem hat sich aber leider ein Reh daran gütlich getan. Die meisten der orangefarbenen Früchte sind angeknabbert und viele Blätter von Hufen zertreten. Der Mais fiel einem ähnlichen Schicksal zum Opfer. Über die Gurken ist eine Schneckenhorde hergefallen. Die Radieschen hat der falsche Mehltau dahingerafft. Der Petersilie jedoch scheint es recht gut zu gehen. Sie wuchert wie Unkraut.

«Haben wir irgendwo Porzellankleber?»

Keine Reaktion. Er steht zwei Meter von mir entfernt. Hört der alte Mann schon schwer? Ich beobachte, wie er zehn Sekunden lang dieselbe Stelle im Beet gießt. Er steht bewegungslos da, während der Gartenschlauch immer mehr Wasser in den kleinen Tümpel pumpt, der sich bereits gebildet hat.

«Rudi …», probiere ich es vorsichtig. «Meinst du nicht, dass es noch ein bisschen früh ist zum Gießen? Die Sonne brennt ja noch runter.»

Keine Antwort. Ich berühre ihn an der Schulter.

«Papa?» Ich bin beunruhigt. Schließlich dreht er sich zu mir um. Tränen laufen ihm über die Wangen.

«Papa, was hast du denn?», frage ich völlig ratlos.

Nur ein Schniefen bekomme ich zur Antwort. Er wendet die nassen Augen wieder von mir ab und blickt still auf die traurigen Gemüsebeete. Weint er deswegen etwa? Er lässt sich den Gartenschlauch ohne Gegenwehr aus der Hand nehmen. Ich schließe das Ventil der Düse.

«Das ist doch nicht so schlimm mit dem Garten, nächstes Jahr wächst sicher alles besser!», versuche ich ihn zu trösten.

Er wischt sich den Rotz mit dem Unterarm ab. Dann sagt er, sehr leise: «Was ist, wenn sie ihr das Bein abnehmen müssen?»

«Aber Papa, die Ärztin hat doch gesagt, dass alles gut ausschaut. In ein paar Tagen ist sie wieder zu Hause.»

Mama hat darum gebeten, dass wir erstmal von Besuchen absehen. Offensichtlich war es ihr ganz recht, einmal Zeit für sich zu haben. Rudi gefällt das natürlich ganz und gar nicht.

Über uns brütet die späte Nachmittagssonne. Der leichte Stoff meines schwarzen Hemdes klebt mir am Rücken. Auch bei meinem Vater bildet sich am Kragen des babyblauen T-Shirts, auf dem sich die Worte *Schachunion Nordburgenland* um die Spielfigur der Dame biegen, ein dunkler Ring aus Schweiß. Es ist nur mehr eine Frage der Zeit, bis sich der Ring mit den Flecken unter den Achseln vereinen wird.

Als wäre die nächste Frage an die Schnecke gerichtet, die sich gerade an einer kleinen Gurke labt, lässt mein Vater jetzt den Kopf hängen und sagt noch leiser, fast flüsternd:

«Was wäre gewesen, wenn ich sie umgebracht hätte?» Er nimmt den dreckigen Strohhut ab und streicht sich mit der Hand über die nasse Halbglatze.

Ein paar Grundstücke weiter heult eine Motorsäge auf. Mir fällt nichts darauf ein. Eine Zeit lang beobachte ich die Schnecke, die sich langsam, aber stetig durch das Grün arbeitet.

Mein Vater setzt den Strohhut wieder auf und räuspert sich.

«Im Wohnzimmer, im Schreibtisch. Zweite Lade von oben.»

Zuerst verstehe ich nicht. Dann fällt mir wieder ein, weshalb ich überhaupt raufgekommen bin. Der Kleber. Ich werfe einen letzten Blick auf meinen Vater. Mir fällt noch immer keine Antwort auf seine Frage ein. Ich streichle ihm die Schulter. Er öffnet das Ventil der Gartenschlauchdüse. Über die Stufen aus alten Bahnschwellen verlasse ich den oberen Garten.

Ich finde den Porzellankleber später in der ersten Lade von unten. In der zweiten von oben sind lose, kleinformatige Fotos. Ich ziehe wahllos ein paar heraus und betrachte sie. Es sind verschiedene Porträts von Onkel Beppo. Nicht viele, insgesamt fünf. Ich halte die Fotos aufgefächert wie Schnapskarten in der Hand. Jedes zeigt einen Mann fortgeschrittenen Alters, und immer ist seinem Gesicht eine Art Widerwille abzulesen. Ich weiß, dass er es immer gehasst hat, fotografiert zu werden. Eines der Porträts erkenne ich wieder, es ist das gleiche wie auf dem Partezettel. Wie seltsam es ist, dass man so wenig über ihn weiß. Er war kein Blutsverwandter, aber immerhin ein Freund der Familie. Oder? Vielleicht überschätze ich das. Als ich älter wurde und keiner mehr auf mich aufpassen musste, hatten meine Eltern und er eigentlich nur mehr wenig Kontakt. Zu Ostern oder Weihnachten konnte ich Onkel Beppo manchmal durch stundenlanges Überreden einen Besuch bei uns abringen. Doch gerade diese sehr familiären Anlässe schienen ihm immer großes Unbehagen zu bereiten. Er beteiligte sich kaum an der Unterhaltung, rutschte auf seinem Stuhl hin und her, trank viel und schnell und verließ uns bald wieder mit irgendeiner Ausflucht: Die Klappe des Ofens wäre offen, oder er hätte vergessen, den Hund zu füttern, oder ein Fenster wäre nicht geschlossen. Meine Eltern akzeptierten das, und man lebte ab einem gewissen Zeitpunkt so nebeneinanderher. Sie wissen nicht mehr über ihn als ich.

Ich lege die Fotos zurück in die Schublade und schließe sie. Mit dem Porzellankleber in der Hand gehe ich rüber in die Küche, setze mich an den Tisch und widme mich der zerbrochenen Tasse. In diesem verschnarchten Dorf muss es doch jemanden geben, der Onkel Beppo näher kannte. Wenn ich später hier fertig bin, ziehe ich mir ein frisches Hemd an und gehe auf die Suche.

Wenn eine Buschenschank-Saison begonnen hat, hängt über dem Eingang, so will es die Tradition, ein Büschel Nadelholzzweige, der *Buschen.* Für den Betrieb einer Buschenschank muss die Wirtin oder der Wirt im Besitz einer Obst- oder Weinanbaufläche sein, oder eine solche zumindest gepachtet haben. Es dürfen selbst hergestellte Getränke feilgeboten werden, wie zum Beispiel Wein, Traubensaft, Most oder auch Hochprozentiges. Am Ende der Saison wird gerne die lokale Spezialität *Sturm* angeboten. Hierbei handelt es sich um einen noch in der Gärung befindlichen Wein, der aber bereits eine beachtliche Menge Alkohol enthält. Dieses Getränk kann bei übermäßigem Genuss schwere Störungen im Verdauungstrakt hervorrufen und sollte deshalb nur in Maßen genossen werden. Neben den Getränken dürfen auch kalte Gerichte wie die klassische *Brettljausn,* eine gefällig angerichtete Variation verarbeiteter Fleischspezialitäten, und hausgemachte Mehlspeisen serviert werden. Möchte die Wirtin oder der Wirt auch warme Speisen anbieten, ist dies prinzipiell möglich. Der Betrieb muss dann aber als *Heuriger* weitergeführt werden, und darf die Bezeichnung Buschenschank nicht mehr tragen. Genau genommen ist also die *Buschenschank Kovacs* keine Buschenschank, sondern ein Heuriger. Aber in beiden Fällen steckt man zum Zeichen des laufenden Betriebs den Buschen in eine Halterung über dem Eingang. Es ist somit *ausgesteckt.*

Über der Tür der Buschenschank Kovacs, wie man die Buschenschank, die genau genommen ein Heuriger ist, der Einfachheit halber nennt, prangt ein dicker Bund aus Föhren-Ästen. Bunte Glühbirnen ranken sich um ihn. Sie sehen heiter und einladend aus. Über dem Buschen ist ein flackerndes Leuchtschild mit den Worten *ausg'steckt is'* angebracht.

In der Gaststube ist es heiß und verraucht, als ich eintrete. Viele der Tische sind besetzt, obwohl sich im Hinterhof ein schöner und kühler Gastgarten befindet. Ich kenne niemanden. Leicht amüsiert stelle ich fest, dass alle Gäste Männer sind, die meisten von ihnen im Herbst des Lebens. Bei manchen ist bereits Dezember, die wenigen Büschel verbliebenen Haares erinnern an das Fell eines todkranken Angorakaninchens. Viele tragen blaue oder grüne Arbeitskleidung, einige haben trotz der Hitze Gummistiefel an. Mir fällt auf, dass an allen Tischen *geschnapst* wird, ein einfaches Spiel mit doppeldeutschen Karten. Dazu wird literweise Landwein getrunken, die beiden jungen Kellnerinnen eilen jeden Augenblick zwischen Ausschank und Tischen hin und her. Ich versuche, ihnen kein Hindernis zu sein. Das Geschwätz und Gelächter der Gäste erzeugt einen Lärmteppich, der in seiner Intensität und Penetranz den Sirenen der Berliner Krankenwagen um nichts nachsteht. Ich zucke zusammen, als ein Gast am Tisch direkt neben mir sein Gegenüber anbrüllt und gleichzeitig mit der Faust so fest auf den Tisch schlägt, dass die Gläser klirren.

«Du geselchte Saufut!»

Der alte Kerl trägt ein löchriges Hemd, dessen Knöpfe offen stehen. Darunter ist er nackt, die fleckige Haut leuchtet wie Rost, sein lichtes Brusthaar hat die Farbe von schmutzigem Schnee. Vor ihm auf dem Tisch liegt das Kartenpaar seines Gegners: König und Dame. Trumpf. Das bedeutet satte vierzig Punkte und war vermutlich der Auslöser für die wütende Reaktion. Doch ich scheine der Einzige zu sein, der den Ausbruch überhaupt wahrgenommen hat, an den übrigen Tischen werden unbeirrt weiter Karten gemischt und Gehässigkeiten ausgetauscht.

«Bitte Vorsicht, der junge Herr!»

Die Kellnerin balanciert ein Tablett mit Weinkrügen dicht an mir vorbei. Ich möchte nicht länger im Weg herumstehen, und außerdem machen mir diese rauen Gesellen Angst. Ich durchquere die Gaststube.

Im Garten ist es angenehm kühl und ruhig. Ich setze mich

an einen freien Biertisch, der in dieser Region *Heurigentisch* heißt, und sehe mich um. Auch hier sind fast alle Tische besetzt, aber die Gäste sind viel ruhiger und etwas durchmischter. Frauen und Männer mittleren bis fortgeschrittenen Alters in Trekkingkluft verspeisen ihre üppige Brettljausn, heiße Blunzen oder Surbraten, ohne dabei viele Worte miteinander zu wechseln. Ein paar Gruppen Einheimischer sind auch da, das ein oder andere Gesicht kommt mir sogar vage bekannt vor. Erstmal eine Stärkung.

Der Sturm schmeckt süß wie eine überreife Marille und gleichzeitig sauer wie eine junge Rhabarberstange. Wie ein Jockey peitscht der Fruchtzucker den Alkohol mit rekordverdächtiger Geschwindigkeit durch die Rennbahn meiner Blutgefäße ins Ziel: mein Gehirn. Dort lassen die beiden Kumpaninnen Gelassenheit und Euphorie die Korken knallen. Ich scheine auf den richtigen Gaul gesetzt zu haben.

Das Glas ist schnell leer. Ich bestelle ein zweites. Und bald darauf ein drittes. Dazu saure Wurst mit Essig und Öl. Sie schmeckt vorzüglich. Ich tunke ein Stück Gebäck in das herrlich nussige Kürbiskernöl. Nach dem vierten Glas wird es im Gastgarten ruhiger. Viele Tische sind bereits leer. Kauend blicke ich zum Himmel und sehe Mond und Sterne. Das Universum ist die Ansammlung einer unendlichen Zahl an Geheimnissen. Fast nichts ist dort gewiss. Aber dass es keinen Mann im Mond gibt, das weiß mittlerweile auch ich.

Aus der Gaststube dringt der Lärm von zerspringendem Glas, worauf eine abgenutzte Männerstimme einen Schwall bizarrer Flüche absondert, die allesamt mit den geräucherten Geschlechtsorganen weiblicher Masttiere zu tun haben. Danach ist es wieder still im Hof.

Plötzlich fällt mir der eigentliche Grund für meinen Besuch hier ein, beinahe hätte ich schon nicht mehr daran gedacht, so ein angenehmes Nest hat mir der Sturm hier unter dem wilden Wein bereitet. Auch wenn er noch so gern getrunken hat, in der Buschenschank war Onkel Beppo so gut wie nie. Er mied den Kontakt zu anderen Leuten. Wie war das, bevor er hierhergekommen ist? Und warum ist er hier her gekommen? Wie ist Onkel Beppo aufgewachsen? Wo ist er geboren? Meine Eltern sagen, er stamme aus einem namenlosen Nest im Südburgenland, sei erst als Mann in seinen besten Jahren hier ins Dorf gezogen. Warum war er alleine? Was war der Grund für seine zurückgezogene Lebensweise, unter der er doch offensichtlich so zu leiden hatte? Wieso tauchen Verwandte nur als geheimnisvolle Phantome auf, in Erzählungen, die mehr Fragen aufwarfen, als sie Antworten gaben? «Scheißerei», sagt eine Stimme.

Das Wort reißt mich aus den Gedanken. Ich blinzle, als wäre ich gerade aus einem Schlummer erwacht.

Wer hat das gesagt? Verwundert sehe ich mich um. Außer mir sind nur noch zwei deutsche Touristinnen anwesend, die sich leise miteinander unterhalten. Doch die Stimme kam aus einer ganz anderen Richtung. Ich lasse meinen Blick durch den Gastgarten kreisen und siehe da: In einer schwach beleuchteten Ecke des Hofes sitzt zurückgelehnt eine Gestalt, ihr Gesicht wird vom Schatten der Weinblätter verdunkelt. Wie lange sitzt dieser Mensch schon da? Mir ist er bis jetzt nicht aufgefallen. Plötzlich neigt er sich nach vorne, im schummrigen Licht erscheint ein Gesicht. Es ist sehr alt und ernst. Ich blicke es verdutzt an.

«Scheißerei, junger Mann. Von dem ganzen Sturm werden Sie die Scheißerei bekommen.»

Ich brauche einen Moment, bis ich die Situation verstehe. Dann muss ich lachen und sage: «Ich hoffe, Sie sind keine Hellseherin.»

Ihre Miene bleibt unverändert. Sie antwortet nicht, sondern greift nach der halbvollen Flasche Schnaps vor ihr. Sie hebt sie hoch und klopft den Flaschenboden dreimal auf die Tischplatte, langsam und mit Bedacht.

«Nein, aber eine erfahrene Trinkerin», sagt sie und bricht mit einem Mal in Gelächter aus, das durch Stimmbänder gepresst wird, die über die vielen Jahrzehnte wohl nie schwächer, nur rauer geworden sind. Ich bin etwas eingeschüchtert, aber schmunzle, um den Schein zu wahren. Dann verstummt das Lachen so unvermittelt, wie es ausgebrochen war.

«Sie sind kein Tourist, oder?»

«Nein. Ich heiße Navratil. Meine Eltern wohnen …»

«In der hinteren Hauptstraße», beendet die Person den Satz für mich.

«Richtig. Ich wohne aber schon längere Zeit in Berlin.» Weil sie nichts darauf erwidert, frage ich: «Und Sie sind von hier?»

Die Frau starrt mich wortlos an. Seit ich meinen Namen genannt hatte, war die Gleichgültigkeit, die vorher den Ernst ihrer Miene begleitet hatte, abrupt verschwunden.

Ohne den Blick von mir zu lösen, greift sie nach der Schnapsflasche, zieht den Korken heraus und macht ein robustes Glas voll, wobei sie ein paar Tropfen verschüttet. Sie führt es an die Lippen und schüttet sich die klare Flüssigkeit in die Kehle. Anschließend knallt sie das Glas auf den Tisch und steht auf. Mit der Schnapsflasche in der Hand kommt sie auf mich zu. Erst jetzt erkenne ich, dass sie ein dunkles Kopftuch mit Rosenmuster trägt. Das schwarze Kleid zeigt ebenfalls feine Blumen, könnten es Maiglöckchen sein? Sie ist mindestens siebzig und offensichtlich angetrunken, aber steht innerhalb so kurzer Zeit an meinem Tisch, dass meine Wirbelsäule für einen Moment so gerade wird, wie gestern bei der Begegnung mit dem Wildschwein. Jetzt bemerke ich erst, wie mondän ihre gesamte Erscheinung ist, viel zu elegant für eine alte Frau aus einem Bauerndorf.

«Frau Blum, was machen Sie schon wieder für einen Krawall», sagt die Kellnerin, die eben aus der Stube getreten ist, nun. Ihre Hände hat sie in die Seiten gestützt, aber ich kann an ihrem Blick erkennen, dass es eine spielerische Ermahnung ist.

«Daniela, zwei frische Gläser noch, bitte.»

Die Kellnerin nickt. «Und für dich?»

Ich freue mich über das Duzen. Es erinnert mich an Berlin.

«Noch ein Vierterl Sturm, bitte», sage ich zu ihr, die daraufhin wieder in Richtung Gaststube verschwindet. Die alte Frau schüttelt den Kopf.

«Ich habe Sie gewarnt.» Sie stellt die Schnapsflasche auf dem Tisch ab. Zwetschge, wie ich jetzt erkennen kann. «Mein Name ist Gina Blum. Erlauben Sie, dass ich mich für einen Augenblick zu Ihnen setze?»

Sie lässt sich auf die Bank fallen, bevor ich antworten kann. Die Kellnerin bringt zwei frische Schnapsgläser und ein Viertel-Liter-Glas Sturm. Die beiden deutschen Touristinnen bitten um die Rechnung. Frau Blum gießt den klaren Hochprozentigen in die beiden Gläser, schiebt mir eines hinüber und hält ihr eigenes zum Anstoßen hoch.

«Auf Beppo», sagt sie und stürzt den Zwetschgenschnaps hinunter.

Verwundert sitze ich mit dem Glas in der Hand da und beobachte, wie sich Frau Blum die Lippen trocken wischt, bevor sie das Glas wieder abstellt, diesmal ohne Knallen.

«Sie haben ihn gekannt?», frage ich.

Sie füllt ihr Glas wieder auf. Ich halte meines noch immer in der Hand.

«Na, junger Mann, worauf warten wir denn?», sagt sie spöttelnd, mit Blick auf mein Glas.

Ich trinke. Es brennt in der Speiseröhre. Frau Blum macht sofort wieder voll.

«Cheers», sagt sie und wartet diesmal darauf, dass ich mit ihr anstoße. Ich sehe ihr dabei in die Augen. Die Verbissenheit in ihrem Blick ist verschwunden. Wir leeren die Gläser gleichzeitig. Ich schütte schnell Sturm nach, um das Kratzen in meinem Rachen zu lindern. Ich vertrage nichts, habe ich noch nie, Trunkenheit macht sich in mir breit wie eine Nebelgranate. Frau Blum macht sich ihr Glas wieder voll, aber nimmt fürs Erste keinen Schluck davon.

«Sie sind der Bub, um den er sich immer gekümmert hat.»

«Ja, das stimmt.» Ich reiche ihr meine Hand über den Tisch. «Hugo.» Und obwohl ich weiß, dass es überflüssig ist, füge ich hinzu: «Navratil.»

Die Lippen der alten Frau formen sich kurz zu einem milden Lächeln, sie nippt an ihrem Glas. Sie lässt sich Zeit, bis sie meine Hand nimmt und schüttelt.

«Ich sage immer, dass er mein Großvater war. Technisch gesehen stimmt das nicht, aber …»

Ihr Nicken lässt mich verstummen.

«Als dein Großvater noch jünger war, hat er eine Weile für meinen Vater gearbeitet, als Revierförster im Tiergarten der Esterházys.»

Der fürstlichen Domäne Esterházy gehört noch heute etwa ein Zehntel der gesamten burgenländischen Landesfläche.

Frau Blum gibt ein Seufzen von sich. «Aber das ist ein ganzes Leben lang her.»

Ich kann mich nicht mehr halten. Der Schnaps macht mich übermütig.

«Haben Sie meinen Großvater gut gekannt? Wie war er früher?» Sie sieht mich aus großen Augen an. Ich bremse mich. «Bitte entschuldigen Sie. Es ist nur so … ich weiß kaum etwas über ihn.»

Mit einer Bewegung ihrer Hand deutet sie mir, dass ich mir keine Gedanken machen soll. Ich versuche, einen Gang zurückzuschalten.

«Sie sind also auch aus dem Dorf?»

«Ich wohne in der Berggasse. Aber erst wieder seit kurzer Zeit. Davor war ich lange weg. Sehr lange.»

«Wo waren Sie denn?»

Stumm nippt Frau Blum an ihrem Zwetschgenschnaps. Unter ihrem schicken Kopftuch spähen Strähnen von weißem Haar hervor, ihre dichten Augenbrauen sind jedoch von einem kräftigen und nahezu jugendlichen Braun. Sie dreht ihren Kopf und ruft in Richtung Stube: «Daniela! Zahlen bitte!»

Ich blicke sie überrascht an.

«Haben Sie schon auf die Uhrzeit gesehen? Ich bin eine alte Frau. Für heute habe ich genug getrunken.»

Die Kellnerin kommt, Frau Blum bezahlt und erhebt sich schwerfällig. Kurz schwankt sie. Als sie sich wieder gefangen hat, hebt sie die Hand zum Gruße. Sie duzt mich jetzt.

«Es war mir ein Vergnügen, dich kennenzulernen, Hugo Navratil.»

Mit jener Agilität, die mich vorhin schon so zum Staunen brachte, huscht sie mit der Schnapsflasche in der Hand durch die Tür in die Stube und ist weg.

Ich nehme noch einen Schluck vom Sturm. Gerne hätte ich noch länger mit der alten Frau geplaudert. Ich muss sie mit meiner forschen Fragerei vollkommen überrumpelt haben.

In der Stube ist es ruhig geworden. Ich kann hören, wie Stühle zurechtgerückt und Gläser gespült werden. Ein leichter Wind streift die Weinblätter, die an den Lauben entlangklettern. Er ist warm und riecht nach Süden. Ganz klar, diese Luft kommt, wie einst fast alles und jede und jeder hier, vom Balkan. Ich nehme noch einen großen Schluck.

Dann kommt eine Gestalt aus der Stube, deren Auftritt den ganzen dunklen Gastgarten erhellt: Es ist die Wirtin Kovacs höchstpersönlich.

«Hugo!», Sie schlägt die Hände über dem Kopf zusammen und gibt einen freudigen Laut von sich. «Jetzt dachte ich mir, dass ich selber nachschauen gehen muss. Ich hab der Daniela nicht geglaubt, dass du wirklich hier sitzt.»

Gut, dass es dunkel ist und sie nicht sehen kann, wie rot ich geworden bin.

«Hallo, Frau Kovacs!»

Ich mag Frau Kovacs, mochte sie schon immer. Sie hat nie geheiratet, keine Geschwister, die Mutter ist in Folge von Komplikationen kurz nach der Geburt gestorben. Sie wurde von der Großmutter großgezogen, der Vater immerzu beschäftigt mit der Führung der Buschenschank und den angeschlossenen landwirtschaftlichen Unternehmungen in Forstwirtschaft und Weinbau. Nach seinem so überraschenden wie tragischen Tode – er wurde im Weinkeller von einem herabfallenden Barrique erschlagen – sah sie sich dazu gezwungen, ihr Studium abzubrechen und zurückzukehren. Das ist schon über zwanzig Jahre her, trotzdem sagen noch immer alle *der Kovacs*, wenn sie vom Lokal sprechen. Im Dorf wird über sie gemunkelt, wie über alle unverheirateten Frauen. Oft, wenn ich mit meinen Eltern zu Besuch war, setzte sie sich für ein paar Minuten zu uns und man unterhielt sich ein bisschen. Ich weiß noch, wie sehr beeindruckt ich immer von ihrer Art zu sprechen war, ganz fein und bedacht, wie die Menschen in den Theaterstücken, die meine Schulklasse ab und zu in Wien besuchte, und so deplatziert an einem Ort, wo die Sprechweise der Menschen häufig an das Bellen großer Hunde erinnerte. Ich war immer ein bisschen verliebt in die eloquente, gebildete und unzerstörbar wirkende Frau mit den langen, dunklen Locken, die ständig so unendlich schlaue Sachen sagte, die ich nicht im Entferntesten verstand.

«Geh, sag doch bitte Christa zu mir, du bist doch jetzt schon ein richtiger Monsieur!» Sie kichert kurz und fügt, während sie mit der Hand meinen Oberarm tätschelt, hinzu: «Und, mit Verlaub, noch dazu einer von unerhörter Attraktivität, die jungen Damen müssen sich ja regelrecht balgen um dich!» Ich lächle dämlich. «Und auch die jungen Herren», fügt sie mit einem Augenzwinkern hinzu. Ich lächle noch dämlicher. «Na, ich freue mich jedenfalls, dass du wieder einmal hier bist.»

Sie neigt sich vor, ihr Blick wandelt sich, wirkt jetzt ein wenig bekümmert. Ihre Hand legt sich sachte auf meine Wange. Der schwache Geruch von einem fabelhaften Parfüm erreicht meine Nase.

«Auch wenn's natürlich ein wahrlich trauriger Anlass ist.» In ihrem Ausdruck liegt aufrichtiges Mitleid. «Du hast ihn gut gekannt, nicht wahr?»

«Nun … als Kind war ich täglich bei ihm.»

Die Situation ist mir unangenehm. Ich möchte einen großen Schluck nehmen, aber bemerke, dass ich ein leeres Glas an meine Lippen geführt habe. Frau Kovacs' Hand, Christas Hand, liegt dabei noch immer auf meiner Wange. Jetzt streichelt sie mir mit dem Daumen die Schläfe. Ich bekomme Gänsehaut.

«Mein aufrichtiges Beileid, Hugo.»

Sie sieht mich noch einen kurzen Moment teilnahmsvoll an, dann löst sie ihre Hand.

«Ich sperr das Etablissement gleich zu, aber darf ich dir vielleicht noch was bringen, mein lieber Hugo?»

In einem der benachbarten Höfe bellt ein Hund den Mond

an. Vom dunklen Nachthimmel haben sich vor zehn Sekunden die Schallwellen einer Flugzeugturbine gelöst. Sie erreichen uns erst jetzt.

«Bitte noch einen Sturm, Frau Kovacs, Christa, das wäre lieb.»

Sturm und Drang

Ich habe Bauchschmerzen. Nichts außer dem entfernten Heulen irgendeines Tieres zeugt von Leben. Eine Eule? Oder ist es Cerberus, der Höllenhund? Für einen kurzen Moment scheint es mir, als hätte ich eine Art Unterwelt betreten, einen mythischen Ort außerhalb der Existenz, wie wir sie kennen. Düster und ewig wie der Hades, an dem die Vergangenheit Dauerzustand und als solcher nicht mehr von der Gegenwart zu unterscheiden ist. Ich stelle mir vor, einen Ort betreten zu haben, an dem die quälende Einsamkeit nie endet, weil nichts hier endet.

Aber es ist nur die Hauptstraße. Die Buschenschank, die ich eben verlassen habe, sollte genau genommen Heuriger heißen. Und diese Straße eigentlich Gasse. Obwohl es Samstagabend ist und noch früh – zumindest vermutlich –, glimmt hinter den Fensterscheiben der eingeschossigen Häuser nirgends ein Licht, nicht einmal mehr der rastlose Schein irgendeines Fernsehbildschirms. Nur die diffuse Strahlung der Straßenlaternen, die letztes Jahr im Zuge eines Förderprogramms der Landesregierung Burgenland in Kooperation mit der Europäischen Union allesamt auf LED umgerüstet wurden, spendet noch Licht. Nebel hat sich aus dem Wald herabgeschlichen und kriecht nun durch die alten Straßen. Und Gassen. Der LED-Lichtschein gibt ihm einen glühenden Anstrich. Es ist so still, dass ich mir einbilde, das Geräusch meiner sich öffnenden und wieder schließenden Augenlider hören zu können. Ich bin mir sicher, im Moment der einzige Besucher dieser wundersamen Welt zu sein.

In meinen Eingeweiden tobt der Sturm. Es zieht und drückt. Vielleicht hätte ich vor dem Verlassen doch noch einmal auf die Toilette gehen sollen? Ich glaube, ich sehe nicht richtig. Die Ecken und Kanten der Häuser scheinen alle abgerundet zu sein. Über einem kann ich einen verschwommenen Fleck erkennen. Es muss der Mond sein. Es könnte sein, dass ich zu viel getrunken habe. Vielleicht liegt es aber auch einfach am Nebel. Hoppla, nicht umfallen.

Erneut ein alarmierendes Brodeln unter der Bauchdecke. Ich spüre es nicht nur, sondern höre es auch. Druck macht sich in meinem Unterleib breit. Sollte Frau Blum recht behalten mit der Scheißerei, wäre es wohl das Beste, auf dem schnellsten Wege nach Hause zurückzukehren.

Ich stehe aber nach wie vor auf dem Gehsteig vor der Gaststube, mein Blick folgt der Straße. An der Stelle, kurz bevor die Hauptstraße eine leichte Kurve beschreibt, steht ein Haus, das hässlichste von allen: Es ist der Musikverein. Folge ich dem Straßenverlauf für weitere vierhundert Meter, bin ich zu Hause. Ich blicke in die entgegengesetzte Richtung und sehe über den Dächern die scharfe Spitze der Dorfkirche. Am Fuße steht das sogenannte Kriegerdenkmal. Mein Bauch tut weh. Ich gehe los.

Der Schliff der dunklen Marmorplatte ist ohne Kratzer. Die glänzende Oberfläche ist so sauber, dass ich darin mein verzerrtes Spiegelbild erkennen kann. Die Buchstaben wurden durch den Einsatz von Goldlack feierlich hervorgehoben. Keine Spur von Witterung. Sie wird offensichtlich regelmäßig und mit größter Sorgfalt gepflegt.

Vor der Kirche mündet die Hauptstraße in besagte Wiener Straße, die dort eine Kurve macht und in beiden Richtungen aus dem Ort führt. Folgt man der einen, führt sie in den immerfeuchten Mischwald des Leithagebirges, das man überqueren muss, möchte man dem Dorf entfliehen. Nach einer knappen Stunde Fahrt durch die hoffnungslosesten Siedlungen dieses Landes passiert man ein verbeultes Ortsschild, auf dem Schwechat steht. In der anderen Richtung läuft die Straße entlang des Schilfgürtels, hinter dem sich ein riesiger Steppensee befindet, der Neusiedler See, dessen Wasser an verdünnten Kakao erinnert. An seiner tiefsten Stelle ist er zwei Meter tief und wird, einem regionalen Brauchtum folgend, von ambitionierten Individuen einmal im Jahr durchwandert. Vollkommen unberührt von der Schönheit der Landschaft frisst sich der Asphalt der Bundesstraße hochmütig durch Weinhügel und Wiesen, nur um sich nach wenigen Kilometern kniefällig der Königin der Straßen zu unterwerfen: der Autobahn. Taucht man ein in den Strom, der durch die vierspurigen Adern und Venen dieser blechblütigen Monarchin fließt, erreicht man Schwechat und damit den Flughafen nach ungefähr zwanzig Minuten.

Doch beide Wege sind im Moment für mich gesperrt. Mich interessiert nur, ob eventuell Autos auf der Wiener Straße unterwegs sind, deren Insassen mich bei meinem Vorhaben stören könnten. Aber der Ort zeigt auch hier das gleiche, regungslose Gesicht. In einem Sarg könnte die Ruhe nicht erdrückender sein als hier vor dem Denkmal, um das Nebelschwaden einen langsamen Tanz aufführen.

Ich lese mir die Namen durch, die in den Stein gemeißelt sind. Neben jedem steht das jeweilige Geburtsdatum. Die meisten, die sich entschieden hatten, für Völkermord und Terror in den Krieg zu ziehen, wurden keine zwanzig, ehe sie von den Ketten eines sowjetischen Panzers zermalmt wurden, wie ein Kuhfladen unter dem Traktor. Ist es das, was die Faschisten mit Blut und Boden meinen?

Mein Bauch rumort wieder, diesmal kräftig und schmerzhaft. So sehr, dass der vorher latente Druck jetzt zu einem heftigen Bedürfnis wird. Perfekt, genau darauf habe ich gewartet. Mir bleibt kaum mehr Zeit, mich umzusehen. Ich ziehe meine Hosen hinunter, lehne mein Steißbein gegen den Stein des Denkmals, der noch immer die Wärme der Sonne in sich gespeichert hat, und schon ergießt sich ein gewaltiger Schwall dünnflüssiger Scheiße über den polierten Marmor. Ich stoße einen lauten Seufzer der Erleichterung aus. Dann mache ich mit heruntergelassenen Hosen ein paar Trippelschritte nach vorne und blicke über die Schulter. Ich bin mehr als zufrieden. Es sieht fast so aus, als wäre genau an der Stelle, wo die alphabetisch geordneten Nachnamen zum Buchstaben H übergehen, eine mit Dünnschiss beladene Wasserbombe eingeschlagen. Froh greife ich nach meiner Hose. Doch plötzlich durchfährt mich eine furchtbare Erkenntnis: Ich habe keine Taschentücher dabei. Verdammt. Hilflos sehe ich mich um, ganz so, als ob vielleicht eine Rolle Klopapier hier am Straßenrand vor der Kirche angebracht sein könnte. Was soll ich nur tun? Zähne zusammenbeißen und die Hose einfach hochziehen? Bis nach Hause ist es ein knapper Kilometer, das entspricht tausend Metern in angeschissener Unterhose.

Plötzlich tauchen zwei leuchtende Punkte am Ende der Wiener Straße auf. Das müssen Autoscheinwerfer sein, und sie kommen auf mich zu. Ohne nachzudenken, ziehe ich die Lederstiefel aus und reiße mir die Socken von den Füßen. Die Scheinwerfer kommen näher, ich kann schon das Motorengeräusch hören. Mir wird heiß.

«Siehst du, ich hab's dir doch gesagt», höre ich plötzlich jemanden hinter mir sagen.

Vor Schreck will ich mich instinktiv umdrehen, aber sei es der viele Alkohol in meinem Blut oder die heruntergelassenen Hosen um meine Knöchel: Ich verliere das Gleichgewicht und lande in einer kleinen Pfütze noch körperwarmen Durchfalls. Kurz würgt es mich, aber ich habe keine Zeit zu kotzen. Hastig versuche ich, wieder aufzustehen, wobei ich mich mit der rechten Hand an der Marmorplatte abstütze. Ich zerre am Hosenbund, aber es will mir nicht gelingen, ihn wieder nach oben zu ziehen. Als ich es mit beiden Händen versuche, stürze ich fast noch ein Mal und klatsche im Reflex meine Hand erneut auf die polierte Steinplatte, um mich abzustützen. Die Handfläche landet genau zwischen Hoffmann und Huterer, beide gefallen am 4. Dezember 1942. Mir spritzt etwas ins Gesicht. Wieder ein kurzes Würgen. Dann schließe ich die Augen und atme tief durch. Ich muss mich zusammenreißen. Noch ein tiefer Atemzug. Dann öffne ich die Augen und drehe mich um.

Du meine Güte. Frau Blum. Warum gerade sie? Ich würde mich jetzt am liebsten in ein borstiges Wildschwein verwandeln und in den nahe gelegenen Wald davongaloppieren, um dort von nun an einsam, aber zufrieden in einem Erdloch zu hausen. An meiner rechten Hand, meinem Hintern und in meinem Gesicht klebt Scheiße. Ich habe weder Socken noch Schuhe an. Eine laue spätsommerliche Brise umspielt meine unbedeckten Geschlechtsteile. Im nächsten Moment fährt ein Wagen vorbei. Ich kann flüchtig das relativ junge Gesicht des Fahrers erkennen, in dem sich Entsetzen und Belustigung duellieren. Der Wagen wird langsamer. Ich weiß auch, wer das ist: Es ist Jürgen, der Tyrann meiner Kindheit und frühen Jugend. Er war der Schlimmste von allen. Einmal hat er mich auf dem Heimweg von der Schule abgepasst und in einen Restmüllcontainer geschmissen. Ich glaube, ich hasse ihn. Kurz befürchte ich, dass er anhalten wird, aber im nächsten Moment heult der

Motor auf, und schon sehe ich die roten Rücklichter, die sich in Richtung Schilfgürtel entfernen. Ich hoffe, er hat mich nicht erkannt. Oder hält alles für Einbildung.

«Hier.»

Ich drehe mich um und sehe, dass mir Frau Blum ein Stofftaschentuch entgegenstreckt. Mir ist das alles so peinlich, dass ich kein Wort herausbringe. Dankbar, aber schweigend nehme ich das Tuch entgegen und wische mir über das Gesicht; versuche dann, mir die Hände sauber zu machen. Das Tuch ist schnell verdreckt, aber ich wische mir trotzdem die Pobacken damit ab. Das ist ausgesprochen unangenehm. Kopflos halte ich der Frau das fast zur Gänze braun verfärbte Taschentuch hin. Ihr Blick wandert kurz auf das Tuch. Dann sieht sie wieder mich an, und mir wird bewusst, wie absurd meine Geste ist. Ich schmeiße das Tuch in einer plötzlichen Bewegung weg, es landet auf der oberen Kante des Denkmals und bleibt dort hängen. Für einen kurzen Moment betrachte ich den kotverfärbten Stoff, der jetzt, wie einst die Siegesflagge der Sowjets, im leichten Wind vor sich hin flattert. Dann fällt mir auf, dass ich noch immer unten ohne bin. Ich ziehe meine Hosen und Unterhosen wieder hoch. Als ich Frau Blum ansehe, was mir vor Scham fast nicht gelingen möchte, hält sie mir ihre Schnapsflasche hin.

«Danke, aber ich kann sie ja gar nicht angreifen. Meine … meine Hände sind noch immer ein bisschen dreckig.»

«Nicht zum Trinken, du Witzbold, zum Desinfizieren.»

Als ich nicht verstehe, sagt sie im Befehlston: «Hände ausstrecken!»

Ich höre auf ihre Anweisung. Die alte Frau leert mir ein bisschen von dem hochprozentigen Zwetschgenbrand über die Handflächen. Schade um das gute Destillat. Ich versuche, die Flüssigkeit, so gut es geht, zwischen meinen Fingern zu verteilen. Währenddessen macht Frau Blum einen kräftigen Schluck. Danach hält sie mir die Flasche wieder hin.

«So, jetzt darfst du.»

Ich zögere kurz und wische mir die Hände an den Oberschenkeln trocken. Dann greife ich nach der Flasche und setze sie an meine Lippen. Diesmal schmeckt der Brand milder und besser, nicht mehr so beißend. Ich spüre kein Brennen in der Kehle und mache in Anbetracht der Gegebenheiten gleich noch einen großen Schluck. Und noch einen.

«Danke», sage ich zu Frau Blum und reiche ihr die Flasche zurück. Sie steckt den Korken wieder in den Hals und atmet hörbar durch die Nase aus, es klingt wehmütig. Ich warte, aber sie sagt nichts.

«Es ist mir so unangenehm, bitte entschuldigen Sie.»

Kein Wort von ihr, sie sieht still die Wiener Straße hinauf. Zweihundert Meter weiter liegt dort am Friedhof Onkel Beppo begraben. Wir schweigen beide.

«Der war auch so einer», höre ich Frau Blum schließlich sagen, ohne dass sie ihren Blick wieder mir zugewandt hätte.

Der Zwetschgenschnaps lässt aus der Höllenglut meines Rausches beachtlich hohe Flammen schlagen. Alles wird noch verschwommener, diese ohnehin schon surreal anmutende Situation kommt mir endgültig phantastisch vor, absurd wie ein Fiebertraum. Der letzte Satz von Frau Blum erreicht mich nur mehr als ein Echo.

«W–, w–», stammle ich. Dann nehme ich meine ganze Kraft zusammen: «Wie bitte?»

Frau Blums Gestalt verschwimmt, als wäre sie eine Aquarell.

«Der Beppo. Dein Großvater, mein ich. Der war auch so ein Aufständischer. Er war überhaupt sehr besonders.»

Für einen kurzen Moment glaube ich wieder, mich übergeben zu müssen. Ich schließe die Augen, doch weil mich dabei augenblicklich das Gefühl übermannt, in ein dunkles Brunnenloch zu fallen, reiße ich sie sofort wieder auf. Ich klammere mich unter enormem Energieaufwand an den Versuch, eine Unterhaltung anzufangen.

«W-Wieso? Hat der auch vor die Kirche geschissen?», lalle ich Frau Blum entgegen.

Für einen Moment ist es wieder da. Dieses raue Lachen. Kurz und stoßartig. Zurückgeworfen von den Häuserwänden. Und schon ist es wieder vorbei.

«Komm», höre ich den verschwommenen Fleck sagen, ehe er mich an den Schultern packt.

Dann nur mehr Schwarz.

Schwarz wie die Nacht im Wald.

Schwarz wie das Fell eines Wildschweins.

Schwarz wie das Universum.

Schwarz wie die Geheimnisse, die darin verborgen liegen.

III

Leerstand
1993

Beppo war am Anfang öfter in die Buschenschank gegangen. Im Laufe der Jahre wurden seine Besuche jedoch seltener. Die meiste Zeit war er für sich, und das war in Ordnung für ihn. Aber nach dem Begräbnis von Hexi hatte er dringend Ablenkung gebraucht. Die jähe Einsamkeit und die Scham waren kaum zu ertragen. Als er in der Stube der Buschenschank saß, alleine und feindseligen Blicken ausgesetzt, merkte er, dass es ein Fehler gewesen war. Aber das ließ ihn nur schneller und maßloser trinken. Er ging erst, nachdem ihn der Wirt, der alte Kovacs, ausdrücklich darum bat. Zuvor hatte Beppo einen besonders goscherten Weinbauern mit einem Liter Grünen Veltliner übergossen, sein Gesicht auf den Boden gepresst und mehrmals durch die dreckige Pfütze gezogen, bis der vorlaute Tropf röchelnd nach Luft schnappte. Zum Abschied schnappte sich Beppo hinter dem Büffet noch eine der Schnapsflaschen. In einem hoffnungslos besoffenen Zustand, noch immer geladen wie eine Gewitterwolke, zog er durch die nächtlichen Gassen. Mal laut singend, mal leise vor sich hin schimpfend, ohne genau zu wissen, wohin. Vor dem herrschaftlichen Haus mit den schönen Spalieren, gleich hinter der Kirche, blieb er plötzlich stehen. Es war das älteste Haus des Dorfes, sogar noch älter als die Bruchbude seiner Nachbarn. Wankend und mit der bereits halbleeren Schnapsflasche in der Hand, betrachtete er es für einige Minuten. Es war eine ruhige Nacht. Im Pfarrhaus nebenan waren alle Lichter aus, aber was hätte es ihn gekümmert. Sollte ihn Willibald nur stellen. Er zwängte sich in die schmale Lücke, die das Gemäuer vom nächsten trennte. Es war gewiss nicht das erste Mal, dass er diesen Weg nahm. Er erreichte den Garten. Das Mondlicht schien durch die hohen, prächtigen Fenster und erhellte das Innere des Salons im Erdgeschoss gespenstisch. Beppo konnte die Formen der Möbel nur vage erkennen, sie waren mit weißen Tüchern bedeckt, aber das machte nichts: Er musste nur die Augen schließen und wusste sofort, wie es darunter aussah. Der bequeme Sessel. Das kleine Tischerl. Das Bücherregal, leer und wahrscheinlich verstaubt. Und natürlich das Sofa, mit dem komischen Muster drauf. Ob das Gemälde wohl noch hing, fragte er sich. Hier hatte alles begonnen.

Wie würde sein Leben jetzt aussehen, wenn er damals nicht hergekommen wäre? Wenn er daheim im Südburgenland geblieben wäre? Wenn Milena, die Scharfschützin aus Siebenbürgen, ihn damals, in den Jahren der Besatzung, als er noch ein Kind war, nicht von dem erbärmlichen Meierhof und dessen fürchterlichen Herren weggeholt und unter ihre Fittiche genommen hätte? Wenn er nicht in einer abgeschiedenen Waldsiedlung voller gestrandeter sowjetischer Ex-Soldatinnen und jugoslawischer Partisaninnen groß geworden wäre? Wo das Leben zwar auch entbehrungsreich, aber frei gewesen war. Wenn ihn Milena, kurz nach seinem dreizehnten Geburtstag, nicht noch als Anwärter beim hiesigen Wildmeister untergebracht hätte, bevor sie mit ihrer Einheit letztlich auf Nimmerwiedersehen verschwand?

Er nahm einen Schluck aus der Schnapsflasche. Dann noch einen. Dann noch einen. Dann packte er sie am Hals und schleuderte sie mit voller Kraft in eines der prächtigen Salonfenster. Es machte einen herrlichen Lärm, und über Beppos Gesicht huschte ein Lächeln. Doch anschließend machte er kehrt. Nein, dieses Haus barg nichts mehr für ihn.

Das Gehen fiel ihm schwer, er torkelte die Berggasse hinauf, auf eine Bank zu. Er wollte sich darauf ausruhen, nur für einen Moment. Um ihn drehte sich alles. Hinter sich hörte er Plätschern. Es war Wasser, das aus den Zitzen der *Weiboagoaß* plätscherte. Schade, dass er nichts Richtiges mehr zu trinken hatte. Erschöpft legte er den Kopf in den Nacken und steckte die Hände in die Hosentaschen. Da entdeckte er etwas. Ein Fläschchen Underberg. Diana sei gepriesen! Er trank es in einem gierigen Zuge aus. Das bittere Gebräu fühlte sich warm an im Magen. Er öffnete die Beinriemen seiner Lederhosen. Ja, so war es angenehmer. Beppo schloss die Augen. Für einen Moment. Nur für einen kurzen Moment.

Himmel hilf

Lärm. Hitze. Durst. Schmerzen. Ich öffne die Augen. Unerträgliche Helligkeit. Für einen Augenblick bin ich blind. Dann gewöhne ich mich an das Licht. Ich liege auf dem Bauch, eine Armlänge über dem Asphalt. Klitzekleine Ameisen betreiben eine Versorgungsstraße. Ich liege nicht gut. Worauf liege ich? Holz. Langes Holz. Grünes Holz. Grüne Holzlatten. Eine Holzbank. Ich liege auf einer grünen Holzbank. Warum?

Ich versuche mich zu bewegen, ein schreckliches Pochen geht durch meinen Kopf und wird noch schlimmer, als nur zwei Meter von mir entfernt ein riesiges Ungetüm vorbeidonnert. Es ist ein Traktor. Der Fahrer trägt eine blaue Schürze, und sein verwunderter Blick bleibt einige Sekunden lang an mir haften.

Noch lauter als der alte, ratternde Traktor sind die Kirchenglocken. Ich richte mich auf, und für einen Augenblick glaube ich, mich übergeben zu müssen. Als ich mir mit den Händen das Gesicht reibe, bemerke ich, dass etwas an meiner schmerzenden Backe klebt. Es ist grün und spröde. Abgeblätterter Lack. Verwirrt betrachte ich die Bank. *Gestiftet von der Urbarialgemeinde* steht auf einem Schild.

Wie bin ich hierhergekommen? Und wann zum Teufel hört dieses unerträgliche Gebimmel endlich auf? Es ist die reinste Folter. Sind die Inquisitoren zu Besuch?

Als hätte der Kirchturm mein innerliches Klagen gehört, erstirbt das Läuten im nächsten Moment. Das Metall schwingt noch etwas nach, dann ist es still. Ich reibe mir die Augen und sehe mich um.

Hinter mir plätschert es. Aus den Zitzen einer lebensgroßen, steinernen Ziege fließt Wasser. Ah, hier bin ich also. Auf dem kleinen, ruhigen Platz unweit der Kirche, wo die Fahrradtouristen mit den altersfleckigen Waden immer Pause machen. Teufel, was bin ich durstig.

Ich stehe auf, ignoriere das mächtige Schwindelgefühl, torkle ein paar Meter und knie mich unter die Ziege. Ich trinke ungeschickt wie ein neugeborenes Lamm. Es dauert lange, bis ich mich an dem schwachen Strahl satt getrunken habe.

Es ist die Weiboagoaß, die Weinbergziege, das Wahrzeichen des Dorfes. Statt Fell umhüllen sie Weinblätter und Trauben, das Wasser, das aus ihren Zitzen fließt, steht für den Wein.

«Na, Herr Jägersmann, haste jestern ordentlich zum Halali jeblasen?», fragt mich eine spröde Frauenstimme.

Vor Schreck stoße ich mir den Kopf an der steinernen Zitze. Auf einer der anderen Bänke, im Schatten einer Akazie, sitzt eine ältere Frau, die ich bislang nicht bemerkt habe. Sie trägt grellgelbe Fahrradkleidung und eine dieser bunt spiegelnden Sportsonnenbrillen.

«Wo haste denn deine Flinte jelassen? Ha ha ha!»

Ich habe nicht die geringste Ahnung, was diese Berliner Oma von mir will, aber ihre Fragen scheinen sie köstlich zu amüsieren. Sie lacht bellend und klatscht sich dabei auf ihre halbnackten Oberschenkel. Ich sehe sie absolut ratlos an. Eine von uns beiden muss verrückt geworden sein.

«Na, wejen deine Klamotten, Junge!», sagt sie, als sie meinen irritierten Blick bemerkt.

Ich sehe an mir herab. Öha. Da stimmt etwas nicht. Eine

dunkelbraune Hose, dreiviertellang, aus Wildleder. Darüber ein olivgrünes Hemd aus grober Baumwolle, mit Hornknöpfen. Ich trage Tracht. Jägerstracht. Wieso trage ich Jägerstracht? Ich besitze so was nicht. Wo sind die Hosen, die ich gestern Abend getragen habe, aus leichter italienischer Wolle? Was ist mit meinem Hemd passiert? Wieso stecke ich in diesen Fetzen? Hat man mich etwa meiner Kleidung beraubt, während ich meinen Rausch ausgeschlafen habe? Aber wer würde so etwas tun? Und sich dann die Mühe machen, mich in neue, lächerliche Kleidung zu stecken? Handelt es sich um einen Streich der Dorfkinder?

«Ick dachte schon, du wachst jar nich mehr uff! Warste wohl lattenstramm jewesen jestern, wa? Ha ha!»

Ich ignoriere die neongelbe Alte, so gut es geht, und versuche, mich zu sammeln. Meine Erinnerung ist wie ausradiert. Die letzte Szene in meinem Kopf ist der Gastgarten, und Frau Kovacs, Christa, wie ich mit ihr anstoße.

Ich sollte zusehen, dass ich schnell nach Hause komme. Eine kalte Dusche wird meinem Erinnerungsvermögen auf die Sprünge helfen. Ich nehme noch einen Schluck aus einer der Zitzen und marschiere los, ohne mich von der deutschen Aktivtouristin verabschiedet zu haben. «Verjiss ma lieba nich deine Siebensachen!», ruft sie mir nach, hörbar gekränkt über meine abweisende Art, und deutet mit der Hand in Richtung der grünen Holzbank, auf der ich erwacht bin. Darunter liegt eine Plastiktüte. Mein Telefon! Meine Geldbörse! Mein Hemd! Meine Hosen! «Danke für nüscht, wa? Mann, Mann, Mann, versteht keen Spaß mehr, die Jugend», höre ich sie noch murmeln, während ich mich davonmache.

Mein Nachhauseweg führt an der Kirche vorbei. In fruchtloser Grübelei versunken biege ich um die Ecke und stehe plötzlich vor einer Gruppe aus mehr oder weniger festlich gekleideten Leuten, die fast alle eine Zigarette zwischen ihren Lippen oder Fingern geklemmt haben. Sie stehen um das Kriegerdenkmal und scheinen sich eben noch aufgeregt unterhalten zu haben. Jetzt starren sie mich aus neugierigen Augen an. Fuck.

«Na, na, na, Navratil», sagt eine Stimme. Oje. Oh nein. Das hört sich nicht gut an. Ein enormer schwarzer Anzug tritt aus der Gruppe hervor und packt mich am Rüschenkragen.

«Jetzt gib's schon zu, du Missgeburt!»

Jürgen ist noch immer zwei Köpfe größer als ich. Ganz zu schweigen von seinem Körpergewicht. Mit seiner Hand, die der Pranke eines Braunbären gleicht, hält er meinen Kragen umklammert. Er schüttelt mich, während er mir ins Gesicht brüllt. Hoffentlich reißt er keine Knöpfe ab, wer weiß, wem das Hemd gehört. Sein Atem riecht nach Zigarettenrauch und nervösem Magen. Lahm und stumm hänge ich in seinem eisernen Griff, dem Schicksal ergeben. Ich habe weniger Angst vor ihm, als davor, gleich auf seinen Sonntagsanzug erbrechen zu müssen.

«Sag's, damit die anderen auch alle wissen, dass du dort hingeschissen hast, du Sau, du dreckige!»

Dabei deutet er mit der freien Hand auf die kleine Traube Menschen hinter sich, die dem Spektakel mit erstaunten oder belustigten Gesichtern folgen. Mir wird bewusst, dass Sonntagvormittag ist, heilige Messe. Deshalb auch dieses aufdringliche Gebimmel vorhin.

Mit schwacher Stimme versuche ich Jürgen zu erklären, dass ich keine Ahnung habe, was er von mir will. Er solle sich vielleicht einmal beruhigen, schlage ich vor, danach könne man über alles reden.

«Was?» Ich spüre, wie sein Griff noch fester wird. «Du scheißt uns hier vor die Kirche, und ich soll was?»

«Wer hat wo hingesch…»

«Ich soll runterkommen?», reißt er mir das Wort ab, er wird immer lauter, ein Sprühregen aus Speichel landet auf meinem blutleeren Gesicht. «Mein Opa ist in Stalingrad gefallen!» Den letzten Satz brüllt er wie ein Löwe. Um seinen Worten zusätzliche Dramatik zu verleihen, schüttelt er mich bei jeder einzelnen Silbe einmal kräftig durch.

«Niemand hat das Recht zu gehorchen», murmle ich, nachdem das Schütteln endlich vorbei ist.

«Was?», brüllt er. «Reiß noch einmal deine Goschen auf, dann …»

«Er war das nicht», sagt plötzlich eine Stimme hinter mir. Sie klingt gelassen.

Jürgen hält inne, sichtlich irritiert.

«Hugo war das nicht. Wir waren die ganze Nacht zusammen. Lass ihn los», sagt die Stimme entschieden.

Hinter mir steht die junge Frau vom Begräbnis, die mir ihr Beileid bekundet hat. Ich fasse es nicht.

«Wer bist'n du?», mault Jürgen.

«Wie unhöflich von mir, ich habe mich noch gar nicht vorgestellt», sagt die junge Frau, ohne jede Ironie. «Mein Name ist Sky.»

Sie macht einen Schritt auf Jürgen zu und streckt ihm die Hand entgegen, was ihn vollkommen aus dem Konzept zu bringen scheint. Sein Griff lässt etwas nach. Dann fängt er sich wieder und lacht gallig.

«Keine Ahnung, was das für ein Name sein soll und wer du bist. Aber ihr steckt doch unter –»

«Woher willst du wissen, dass er das war?», unterbricht ihn die junge Frau.

«Stimmt, woher weißt du das?», fragt es aus dem Hintergrund.

«Ja, woher eigentlich?», will ein anderer Zuschauer wissen.

«Weil ich ihn gesehen hab!» Jürgen scheint immer wütender zu werden. «Der Hund hat das Denkmal angeschissen!»

Eine Ader auf seiner Stirn tritt hervor, die Umklammerung wird wieder fester. «An den Eiern gehört er –»

«Wann willst du ihn gesehen haben?», unterbricht ihn die junge Frau wieder.

«Das geht dich einen Scheißdreck an!», erwidert er. Dann, beherrschter: «Mitten in der Nacht ist er vor dem Denkmal gestanden. Einfach so, ohne Hosen! Saudunkel war's, hab ihn nicht sofort erkannt, wenn ich gleich bemerkt hätte, was er da angestellt hat, dann …»

Blass verschwommene Abzüge von Bildern tauchen plötzlich in meinem Kopf auf, der Mond hinter dem Kirchturm, die Scheinwerfer eines Autos, das Gesicht dieser alten Frau. Wie war noch mal ihr Name? Doch im nächsten Moment werde ich wieder fleißig geschüttelt, Übelkeit drängt sich in den Vordergrund. Wie ein schlaffer Sack hänge ich an Jürgens Arm. Mir fällt auf, dass der Umfang seines Bizeps enorm ist. Er ist von jener mächtigen und bullengleichen Statur, die mehr durch genetische Veranlagung und harte körperliche Arbeit denn durch gezieltes Muskeltraining entwickelt wird. Ein Gladiator, ein Krieger, eine Elementarkraft, eine Masse aus Fett und Muskeln. Eine Statur, die man nicht bekommen kann, sondern hat.

«Vorher hast du noch gesagt, du hast ihn auf frischer Tat ertappt. Jetzt behauptest du, er stand einfach so da, dass du ihn gar nicht richtig erkannt hast», höre ich die junge Frau nüchtern sagen. «Lass mich zusammenfassen. Du hast in der Dunkelheit angeblich eine Person vor der Kirche gesehen. Ohne Hosen. Und du behauptest, es war Hugo. Obwohl es, Zitat, *saudunkel* war. Erlaube mir bitte eine Frage: Wohin bist du eigentlich gefahren, mitten in der Nacht?»

Jürgen wird noch eine Nuance röter. Er lässt mich los, schiebt mich grob zur Seite, wobei ich fast das Gleichgewicht verliere, und baut sich knapp vor ihr auf.

«Wer bist du, Pupperl? Wo kommst du eigentlich her?», fragt er sie, wobei er ihr mit dem Zeigefinger vor der Nase herumfuchtelt. Sogar der Umfang seines Zeigefingers ist enorm. «Pass nur auf, stell weiter so dumme Fragen, ich werd dir gleich eine Antwort geben, die du dir merken kannst.»

Die junge Frau lacht ihm einfach ins Gesicht. Sie ist mindestens zwanzig Zentimeter kleiner als er, aber weicht keinen einzigen zurück. Jürgen steht viel zu nahe vor ihr und schnaubt. Sein außerordentlicher Brustkorb hebt und senkt sich wie der Blasebalg eines Schmiedefeuers.

Die beiden starren sich in die Augen. Ein paar Meter daneben spiegeln die Marmorflächen des Denkmals, die nicht mit bräunlichem Kot verkrustet sind, den Schein der Vormittagssonne wider. Die Menschen in ihren schlechtsitzenden, billigen Jacketts glotzen wie die Kühe auf der Weide. Mich wundert es, dass keine Blitze zwischen den Gesichtern der beiden hin und her schießen. Ich überlege, ob ich Jürgen vielleicht doch noch auf den Sonntagsanzug kotzen sollte, um seine Aufmerksamkeit wieder auf mich zu lenken.

Dann wird plötzlich die Eingangstüre zur Kirche aufgestoßen und eine massige Frau höheren Alters tritt auf die Freitreppe.

«Was ist das für ein Geschrei hier draußen?», zischt sie in unsere Richtung. «Jürgen, die Mess hat schon längst angefangen! Was brüllst du so herum wie ein Saubär? Komm endlich rein!»

Er verdreht die Augen. «Ich komme gleich, Mutti.»

«Nicht gleich. Sofort, du Rotzbub, unnötiger!», schimpft die Frau.

Da taucht eine winzig kleine Person in einem weißen Kleidchen hinter ihr auf und trappelt die Freitreppe hinunter. Jürgen lässt umgehend von der jungen Frau ab, als er das Mädchen bemerkt. Als es ihn erreicht, umklammert es sein Bein und strahlt zu ihm hinauf.

«Was machst du, Papi? Darf ich auch draußen bleiben? Es ist sooo fad!»

Er geht in die Knie und streicht der Kleinen über die Wange. «Geh wieder rein zur Omama, mein süßes Mauserl, okay? Der Papa kommt gleich.» Staunend frage ich mich, ob dies derselbe Koloss ist, an dessen Eisenarm ich soeben noch hing. Das kleine Mädchen schaut ein bisschen enttäuscht, doch dann kitzelt Jürgen es mit seiner Bärenpranke am Hals, und es flüchtet kichernd. Die Frau an der Pforte schickt es zurück in die Kirche.

Jürgen dreht sich wieder zu Sky und mir.

«Was hast du da überhaupt an?» Angewidert mustert er meine Jägerstracht. «Du bist echt nicht normal, Navratil», sagt er schließlich. «Und glaub nicht, dass wir fertig miteinander sind.»

«Jürgen, komm jetzt, sonst schmier ich dir eine!», zischt es von der Pforte her.

Im Weggehen rempelt er mich an, wobei ich nur mit einiger Mühe einen Sturz verhindern kann. Auf der letzten Stufe der Freitreppe bleibt er noch einmal stehen und dreht sich zu mir um.

«Kein Wunder, dass dein Alter deine Mutter erschießen wollte. Ich würde meine Frau auch umbringen wollen, wenn sie so was wie dich auf die Welt gebracht hätte.»

Dann packt ihn seine Mutter, die noch größer ist als er, am Ohr. Die beiden verschwinden in der Kirche, und die Traube aus Zuschauern löst sich auf, die Menschen dämpfen ihre Zigaretten aus und bewegen sich, jetzt wo das Spektakel vorbei ist, ohne Eile, ebenfalls ins Innere.

Die junge Frau und ich bleiben auf dem Vorplatz zurück. Mir ist immer noch ein wenig schlecht, aber die Verwunderung über die unverhoffte Rettung gewinnt langsam doch die Oberhand. Sie schaut mich ein wenig mitleidig an. Irgendwas an ihr kommt mir seltsam vor. Aber wie mag ich ihr wohl vorkommen? Ich rücke mein lächerliches Jägerhemd etwas zurecht. Ich möchte gar nicht wissen, welche Nuance von Grün mein Gesicht hat.

«Komm, Hugo, ich begleite dich nach Hause. Ich denke, wir haben denselben Weg.»

Ohne ein weiteres Wort zu verlieren, geht sie los. Ich bleibe stehen und blicke ihr nach. Die Sohlen ihrer Sandaletten sind rot. Ich fühle das Gewicht der pannonischen Sonne auf mir, sie erdrückt meinen Körper und presst ihn aus, wie eine Weintraube. Dieser Ort will mich zur Maische machen. Mein Gehirn ist bereits so weit.

«Warte», rufe ich meiner Retterin, der seltsamen jungen Frau, nach.

Die Diplomatin

Keuchend hole ich sie ein. Zum Haus meiner Eltern ist es nicht weit, wir gehen eine Weile nebeneinanderher, ohne zu reden.

«Danke», sage ich irgendwann.

Nicht der Rede wert, deutet sie mir mit einer Handbewegung, die das Quartett silberner Reifen an ihrem Unterarm zum Klimpern bringt.

Am ansonsten ungetrübten Himmel zieht blitzschnell eine skurril geformte, dunkle Wolke über uns hinweg. Es sind Stare, der schwarze Schreck des Leithagebirges, der geflügelte Flegel von Pannonia, der niederträchtige Urfeind des Winzers, seit dieser den ersten Rebstock an ein gespanntes Stück Draht band. Schrot, Netze, Flugzeuge, Gift, Weihwasser bieten die Weinbauern in ihrem unglückseligen Kampf gegen die kleinen, finsteren Vögel auf – doch vergebens. Die Stare halten zusammen und holen sich, was sie brauchen. In Anbetracht des Schwarms aus tieffliegenden Fragezeichen, die mich seit meinem rätselhaften Erwachen auf der Bank verfolgen und um meinen Kopf flattern, fühle ich mich den Weinbauern fast verbunden.

Ich schaue die junge Frau von der Seite an. Ihre aufwendig gepflegten, kurzen Locken sind so schwarz wie das Gefieder der Stare. Ebenso der Einteiler, den sie trägt wie eine Uniform. Viskose, da bin ich mir ziemlich sicher, hochwertig, ärmellos.

Auf Maß genäht, kein Zweifel. Mir fällt auf, dass die Schultern dieser jungen Frau perfekt sind. Ich hätte auch gerne solche Schultern. Sie bemerkt, dass ich sie ansehe.

Ich senke meinen Blick und wünsche mir, mit dem Gehsteig zu verschmelzen, mich in eine kleine Pfütze heißen Asphalts zu verwandeln.

Es ist an der Zeit für eine Frage, die allerdrängendste, die unangenehmste.

Zuerst kommt nur ein Räuspern aus mir heraus, und ich bin überzeugt, noch nie in der Geschichte menschlicher Verlegenheitslaute kann ein Räuspern so erbärmlich geklungen haben.

«Ich möchte nicht unhöflich sein, a…a…aber …» Um Himmels willen, jetzt stottere ich auch noch. «Haben wir … also weil du vorher gemeint hast, wir wären die ganze Nacht zusammen … haben wir miteinander … äh …»

Immerhin schaffe ich es, ihr ins Gesicht zu sehen. Sie sieht so aus, als würde sie mein dümmliches Gestammel amüsieren.

«Du kannst dich wirklich an nichts erinnern, oder?»

Ich schüttle stumm den Kopf, verschämt wie ein ertappter Lausbub. Die Absätze ihrer Sandaletten sind ein Metronom, dessen hölzerne Schläge von den gekalkten Gebäudewänden widerhallen. Ich strenge mich an, das Tempo zu halten.

«Keine Sorge.» Sie scheint das alles witzig zu finden. «Zumindest, was uns betrifft. Ich war letzte Nacht nicht dabei. Du hast vorher nur so ausgesehen, als könntest du ein Alibi gebrauchen.» Und, nach einer Pause, in der ihre Augen mich kurz von Kopf bis Fuß messen: «Ich scheine aber eine wilde Party verpasst zu haben.»

Ich schaffe es, so zu tun, als könnte ich bereits darüber lachen.

«Danke noch mal», sage ich und fühle mich schon um einiges leichter. «Ich bin übrigens Hugo», fahre ich fort und komme mir sofort dumm vor. Sie hat mich ja schon beim Begräbnis mit meinem Namen angesprochen.

«Sky.» Sie reicht mir freundlich die Hand.

Ob es an meinem Maischegehirn liegt, dass ich mir einbilde, in der ein oder anderen Silbe ihrer Wörter den Hauch eines Akzents zu hören?

Wir passieren den Musikverein. Sky verzieht beim Anblick dieses unbestritten hässlichsten Gebäudes des Dorfes leicht das Gesicht. Dabei bemerke ich, wie sehr ich mich an diese phänomenale Geschmacklosigkeit gewöhnt habe. Im Zuge einer schleichenden Normalisierung können es wohl auch die eindrücklichsten Manifestationen menschlichen Unvermögens schaffen, unsichtbar zu werden. Ich sehe das Gebäude schon lange nur mehr in seiner Funktion: ein Versammlungsort zur Zweckentfremdung von Musikinstrumenten durch feistfeuchte Bauernlippen, die verkrampft ihren heißen Atem in metallische Rohre pressen und selbst bei den plumpsten Heustadlstampfern oft nicht mehr zustande bringen als ein wirres Aufeinanderfolgen blecherner Flatulenzen.

Aus einem gekippten Fenster dringen die entsetzlichen Schreie eines Tieres. Im nächsten Moment stellt sich heraus, dass es die waghalsigen Versuche eines reschen Winzersohnes sind, mit seinen feinmotorisch überlasteten Fingern Kontrolle über die vier Ventile seiner Tuba zu erlangen. Mir scheint, Skys Schritttempo hat sich gerade noch ein bisschen erhöht.

«Du bist nicht von hier, oder?», frage ich.

Sie verneint lachend.

«Chicago, Illinois, born and raised.»

«Onkel Beppo hatte Verwandtschaft in den USA?»

«Yep, eine Schwester», antwortet sie salopp. «Meine Grandma. Wozu mich das in Beziehung zu Beppo macht, vergesse ich leider immer.» Über ihr Gesicht huscht ein verschmitztes

Lächeln. «Sie ist zu alt zum Reisen, und deshalb kümmern wir uns um alles, ich und meine Mom. Du hast ihr auf dem Begräbnis die Hand gegeben.»

«Dein Deutsch ist sehr gut.»

«Danke, ist aber nichts Besonderes», sagt Sky, die jetzt gesprächiger zu werden scheint. Sie sei in einer burgenländischen Community aufgewachsen, zu Hause sei neben Englisch auch ständig Deutsch gesprochen worden. Ihre Grandma, Beppos Schwester, wäre als junge Frau ausgewandert. Ob ich gewusst hätte, dass es in Chicago über dreißigtausend Angehörige burgenländischer Auswanderer gäbe? Wären alle im Laufe des letzten Jahrhunderts immigriert. Ihre Mom nenne Chicago immer die größte burgenländische Stadt.

«Aber warum gerade Chicago?»

«Gute Frage. Vielleicht weil Lake Michigan von oben dem Neusiedler See so ähnlich sieht?», sagt sie, ihr nachdenklicher Ernst dabei verwirrt mich.

«Just fucking with you.» Sie bricht in Gelächter aus und boxt mir gegen die Schulter. Es tut weh.

Wir gehen weiter. Kaum vorstellbar, dass diese extrovertierte, *classy* Amerikanerin mit Onkel Beppo, dem alten, verschlossenen Grantscherben, verwandt sein soll.

«Wie kommt es, dass wir uns noch nie zuvor getroffen haben?»

«Beppo und Grandma haben sich nicht gut verstanden. Ich habe ihn vor ein paar Monaten das erste Mal getroffen. Ah, meine Mom ist schon da», sagt sie, mit Blick auf den parkenden, schwarzen Geländewagen. «Wir haben noch ein bisschen zu tun im Haus.»

«Ein Diplomatenkennzeichen?», frage ich verwundert.

«Ich arbeite für die US-Botschaft in Wien.» Sie winkt ab, als ich ein beeindrucktes Gesicht mache. «Keine große Sache.»

Vor dem Tor zu Onkel Beppos Grundstück schütteln wir uns die Hände. Es habe sie sehr gefreut, mich kennenzulernen, sie sei sich sicher, wir sähen uns in Kürze wieder. Ihr fester Händedruck überrascht mich, es tut auch ein bisschen weh. Dann verschwindet sie durch das Tor.

Zwanzig Meter weiter die Hauptstraße hoch umfasse ich die eiserne Klinke. Das mit Flugrost übersäte Metall ist warm, fast heiß. Ich öffne das Tor, die alten Scharniere ächzen, die halbmorschen Latten knattern, und ich betrete den Hof meiner Eltern.

Nun aber flott, eine ausgiebige lebenspendende Dusche. Endlich. Meine Knie fühlen sich an, als wären sie aus Gummi. Ich lasse den Beutel fallen und befreie mich eilig aus dieser lächerlichen, fremden Kleidung. Während ich mich mühsam der straffen Lederhose entledige, frage ich mich, warum ich darunter nackt bin und wo wohl meine Unterhose geblieben ist, aber nur eine Sekunde lang, dann stehe ich schon unter dem schwachen Strahl der Brause. Das an mir hinabrinnende Wasser bildet eine Schicht auf meiner nackten Haut, eine Schutzhülle, schafft einen Abstand zur letzten Nacht. Heute stört es mich nicht einmal, dass das Wasser, wie schon immer, mal heiß, mal kalt fließt.

Nach vollen zehn Minuten öffne ich die Schiebetür und greife mit einem tropfenden Arm nach dem frischen Handtuch, das ganz leicht nach Kellermuff riecht.

Ich schaue in den Spiegel. Scheiß Bartwuchs, immer sehe ich aus wie ein halber Schimpanse.

Nachdem ich mich rasiert habe, bin ich gestärkt genug, mich dem Inhalt des Plastikbeutels zu widmen. Mit spitzen Fingern ziehe ich mein Hemd daraus hervor. Ich nehme meinen ganzen Mut zusammen und rieche daran. Zu meiner größten Verwunderung riecht es wie frisch gewaschen, als hätte ich es eben aus dem Schrank geholt. Wie kann das sein? Ich greife nach der Hose. Frisch wie ein Frühlingswind aus dem Chemielabor.

Meine Verwunderung verschwindet, als mich mit einem Schlag schlimmste Bauchkrämpfe überfallen. Ich habe gerade noch Zeit, mich darüber zu freuen, in nächster Nähe einer Klomuschel zu sein, da sitze ich schon darauf. Dieser verfluchte Sturm. Ich erinnere mich an die alte Frau in der Buschenschank, die mich vor der Scheißerei gewarnt hat. Erschöpft lege ich meine Stirn in die Hände. Bäum? Roser? Ihr Name hatte jedenfalls was Florales. Blümel? Blum! Ja, das war der Name. Frau Blum.

Ich entspanne mich wieder einigermaßen. Anstelle der Krämpfe erfüllt jetzt größte Erleichterung meinen Unterleib. Aber im nächsten Moment fahre ich hoch. Nackt und kerzengerade sitze ich auf der Klobrille, gestochen von der Hornisse der Erkenntnis. Ach, du heilige Scheiße. Das mit dem Denkmal war ja wirklich ich.

Als stünde ich noch immer unter der verkalkten Brause, läuft es mir heiß-kalt den Rücken hinunter. Was habe ich letzte Nacht sonst noch angestellt? Ich kann nicht sagen, was vorgefallen ist, nur das Gefühl, dass da noch etwas war, irgendetwas Wichtiges, beherrscht mich. Aber in mir ist kein Bild, nur dieses Gefühl. Verdammt.

Erstmal Holzhacken.

Aus meinem Koffer im Wohnzimmer hole ich mir frische Sachen. Als ich aus der Haustüre trete, sehe ich schon die Axt, wie sie dienstbereit im Hackstock steckend auf ihren Herren wartet, im Schuppen dahinter ein sauberer Stapel Holz. Eiche mag ich am liebsten, weil man sich dabei am meisten ins Zeug legen muss. Die Schwielen an meinen Fingergelenken fangen an zu kribbeln, als ich auf den Schuppen zugehe, in meinen Ohren kann ich schon das befreiende Geräusch hören, das saftige Krachen, den explosiv freigesetzten Druck, wenn der Scheit der Kraft des eindringenden Metalls nicht mehr länger standhalten kann. Das ist genau, was ich jetzt brauche.

«Hallo Bub», höre ich es von der Seite und drehe erschrocken meinen Kopf in Richtung Gartentisch.

Die Buxe

Auf dem runden Gartentisch, dessen Plastik vor langer Zeit einmal weiß gewesen sein muss, stehen drei geöffnete Bierflaschen. Mein Vater trägt seinen lädierten Strohhut, mit hektischen Handbewegungen deutet er mir, ich solle mich doch dazugesellen.

Ich setze mich auf den freien Stuhl zwischen Sky und ihm. Den gelb gestreiften Stoff sprenkeln dunkle Moderflecken. Ich bin so erschöpft, dass sich der harte Plastikstuhl mit dem dünnen Billigpolster so anfühlt, als ließe ich mich auf einer Wolke nieder.

«Ich dachte, ich lade die freundlichen Damen zu einem nachbarschaftlichen Bier ein. Sky hast du ja schon kennengelernt, hörte ich.»

Er zwinkert mir auffällig zu, greift nach seinem Bier, nimmt ein paar tiefe Züge, bis die Flasche leer ist. Meine Finger krallen sich kurz in meine Oberschenkel.

«Ich hole noch Nachschub, willst du auch eins, Bub?»

Mein Magen protestiert für einen Moment. Aber warum eigentlich nicht. Kontern. Ich bejahe. Mein Vater verschwindet im Haus.

«Hugo, das ist meine Mom», sagt Sky mit einem offenen Lächeln und deutet auf die Frau neben sich, deren Kopf das gleiche krause Haar schmückt wie ihren, nur grau statt tiefschwarz und viel länger. Wie eine Art trüber Nimbus umrahmt es ihr Gesicht, auf dessen Nase eine schwarz verspiegelte Sonnenbrille sitzt und jeglichen Blick auf die dahinterliegende Augenpartie verunmöglicht. Sie wirkt seltsam abwesend. Halb im Gartenstuhl versunken, versucht sie mit dem kleinen Finger ihrer rechten Hand, an der ganze sechs steinbesetzte Ringe stecken, sich etwas aus der Nase zu holen. Ein hartnäckiges Unterfangen, wie es scheint.

«Mom!», ruft Sky empört aus.

Die Frau nimmt den Finger aus der Nase und sieht ihre Tochter an. Die dichten Augenbrauen heben sich über den Rand der Sonnenbrille.

«Yeah, sorry», sagt sie ächzend, während sie ihren Oberkörper in eine aufrechte Position manövriert. «Mein Name ist Frau Wenzel, Nichte von Beppo, pleased to meet you.»

Im Gegensatz zu ihrer Tochter gelingt es Frau Wenzel kaum, ihre angloamerikanische Sprachverwurzelung zu verbergen. Ich habe auch nicht den Eindruck, dass sie sich darum bemüht. Sie spricht die deutschen Worte so aus, als balanciere sie dabei eine große Murmel auf der Zunge. Sie streckt den Arm in meine Richtung aus, aber nicht, um meine Hand zu schütteln, wie ich zuerst annehme, sondern um nach der Bierflasche zu greifen. Nach einigen genüsslichen Schlucken lässt sie sich wieder in den Stuhl sinken. Um den grauen Heiligenschein beginnt eine dicke Fliege ihre lästigen Kreise zu ziehen. Frau Wenzel reagiert darauf nicht, auch nicht, als das tollkühne Insekt einmal fast auf ihrer biernassen Oberlippe landet. Ihre stoischen Züge und die Sonnenbrille machen es unmöglich zu sagen, ob sie überhaupt Notiz davon nimmt.

Aber plötzlich schießt ihre Hand hoch. Wie eine Kobra. Ich erschrecke ein bisschen.

«Gotcha», sagt Frau Wenzel leise. Sie öffnet langsam die Faust, und die fette Fliege schwirrt unverletzt davon.

«Onkel Beppo hat mir leider nie von seiner Verwandtschaft erzählt», sage ich schließlich, wieder ein wenig aufgeweckter nach dem kleinen Adrenalinstoß.

«Das wundert mich nicht», erwidert Sky. «Sie waren zerstritten.»

Kann das der Grund für seine chronische Bitterkeit gewesen sein? Nach so vielen Jahren?

Sie wischt sich mit dem Unterarm über die Stirn und nimmt anschließend auch einen Schluck von ihrem Bier. Ihr Gesichtsausdruck wird nun ernster, und plötzlich spüre ich ihre Finger auf meinem Unterarm landen, bevor sie zu sprechen beginnt. Mein Vater habe ihnen eben vom Unfall erzählt. Schreckliche Sache sei das. Sie hoffe, dass es meiner Mutter schnell bessergehen werde. Wenn sie ehrlich sein dürfe, ihre Mom und sie fühlten sich mitverantwortlich, ohne ihren Anruf wäre es nie so weit gekommen.

Sie sieht mir teilnahmsvoll in die Augen.

«Es war ein Unfall, für den niemand etwas kann», sage ich schulterzuckend.

Sie zieht ihre Hand zurück, ihre Augen bleiben auf mich gerichtet. Ich sehe sie nicht direkt an, aber spüre den Blick.

«Und?», versuche ich das Gespräch in eine andere Richtung zu leiten. «Konntet ihr drüben schon alles erledigen?»

«Fast», sagt Sky und lächelt unbestimmt. Schön hätten wir es hier übrigens. Ob sie sich ein bisschen umsehen dürfe? Sie steht auf und entfernt sich vom Tisch, holt ihr Telefon raus, beginnt darauf zu tippen.

Der Garten liegt da in einer spätsommerlichen, trockenen Müdigkeit. Sogar die stets aufgeweckten Spatzen in den Goldfliederbüschen scheinen zu schlapp für Krawall zu sein. Erst jetzt wird mir bewusst, dass ich schon die ganze Zeit über die Kiefer aufeinander presse. Wo bleibt Rudi eigentlich?

«Hugo», sagt Frau Wenzel laut und deutlich und amerikanisch. Ich zucke ein wenig zusammen.

Geruhsam nimmt sie ihre Sonnenbrille ab, klappt sie zusammen und steckt sie in ihre Brusttasche.

«Hugo, my boy. Eine Sache ist da noch.»

Sie beugt sich nach vorne und sieht mich durchdringend an. Ihre Augen haben unterschiedliche Farben. Eine Pupille ist dunkelbraun wie Eiche, die andere hellbraun wie Karamell. Erstaunlich.

«Die Buxe», sagt sie.

«Die Buxe», wiederhole ich, ohne im Geringsten zu verstehen.

«Die Buxe», sagt sie noch einmal und sieht mir weiter tief in die Augen. Ist alles okay mit ihr? Ich sehe mich nach Sky um, sie zieht weit hinten im Garten telefonierend ihre Kreise.

«Come on, Hugo. Eine Buxe, Flinte, Gewehr, rifle, du weißt schon.»

«Oh, Sie meinen Büchse.»

«Bingo. Bei uncle Beppo. Antik. Etwa so lang.» Sie macht eine ausladende Geste mit den Armen. Sei nicht viel wert, Kitsch, sentimental value, ich wisse schon. Habe ich bestimmt mal gesehen dadrüben. Sie deutet mit dem Kopf auf das graue Nachbarhaus hinter den Büschen.

Ich habe keine Ahnung, was diese merkwürdige Frau meint. So etwas hab ich noch nie bei Onkel Beppo gesehen. Es wäre mir neu, wenn er ein Faible für antike Waffen gehabt hätte.

«Tut mir leid», sage ich schließlich mit einem Schuss Bedauern in der Stimme. «Ich fürchte, da kann ich Ihnen nicht weiterhelfen».

Einen Moment lang sieht sie mich entgeistert an. Dann formt sich, langsam wie in Zeitlupe, ein Grinsen in ihrem Gesicht.

«Stop shitting me.»

Sie verschränkt die Arme vor der Brust, sagt kein Wort mehr, das Grinsen bleibt, die verschiedenfarbigen Augen starren mich an. Was will diese Frau? Ich spüre, wie mir eng in meinem Hemd wird. Wie lange zum Teufel kann man brauchen, um Bier zu holen?

Plötzlich packen mich, wie aus dem Nichts, zwei Hände fest an den Schultern. Ich fahre herum und schaue direkt in Skys Gesicht. Und das bereitet mir den noch größeren Schrecken: Es wirkt wie ausgewechselt, jede vorher so offen zur Schau getragene Wärme und Freundlichkeit ist daraus verschwunden, ersetzt durch Kälte und Härte.

«Buh», sagt sie schließlich und wird im nächsten Moment von einem Lachanfall erfasst. Als sie sich wieder gefangen hat, entschuldigt sie sich bei mir.

«Sorry, Hugo», sagt sie, während sie sich die Tränen aus den Augenwinkeln wischt. «Aber du hättest dein Gesicht sehen sollen.» Sie setzt sich wieder zu uns an den Tisch.

«Du hast ihm doch keine Angst gemacht, Mom? Nimm es ihr nicht übel, Hugo, sie meint es nicht böse. Right?»

Frau Wenzel erwidert nichts darauf. In ihrem Gesicht ist noch immer dieses Grinsen, als sie die Sonnenbrille aus der Brusttasche nimmt, langsam entfaltet und wieder aufsetzt. Sie lehnt sich zurück, greift zur Bierflasche und lässt sich in den Plastikstuhl sinken.

«Der boy sagt, er weiß nix.»

Sky macht ein enttäuschtes Gesicht. «Schade, ich hatte so gehofft, du könntest uns vielleicht weiterhelfen.»

«Seid ihr sicher», frage ich, als ich mich von dem Schreck wieder halbwegs erholt habe, «dass er so eine … Büchse … besessen hat? Er hat aus seinem Arsenal nie ein Geheimnis gemacht, ganz im Gegenteil.»

«Absolut sicher», anwortet Sky. Ich sehe sie an. Will sie mich schon wieder aufziehen? Mein Mund fühlt sich unendlich trocken an.

«Wer will, wer mag, wer hat noch nicht?», schallt es plötzlich über den Hof. Mein Vater ist aus dem Haus getreten, vier Flaschen Bier im Gepäck. «Hat ein bisschen gedauert, ich musste noch einmal für kleine Strohwitwer.»

Sky lehnt höflich und charmant ab. Es gäbe noch viel zu erledigen. Als sich Frau Wenzel erhebt, muss ich mein Staunen verbergen. Sie ist riesig.

Vor dem Tor verabschieden wir uns. Das heißt, wir verabschieden uns von Sky, ihre Mutter läuft schnurstracks zum Wagen, verliert kein weiteres Wort, hebt nur schwach den Arm, während wir ihr nachblicken.

Ich sehe Sky an, die nur mit den Schultern zuckt, als wollte sie mir sagen: *Eltern, nicht wahr?*

Im geöffneten Tor bleibt sie noch einmal stehen.

«Ach, das hätte ich fast vergessen», sagt sie und holt einen dünnen, weißen Papierumschlag aus ihrer Tasche. «Die Notarin hat uns diesen Brief für dich mitgegeben.»

Ich bedanke mich, ein bisschen irritiert.

«Bis bald, wir sehen uns.»

Und noch bevor ich fragen kann, was genau sie damit meint, verschwindet Sky in Richtung des Wagens.

Über die hohe Hofmauer hinweg höre ich die klappernden Geräusche von Skys Absätzen auf dem Gehsteig. Ich gehe rüber zum Kirschbaum und hangle mich an seinen Ästen ein wenig hoch, so wie ich es früher getan habe, um Kirschen zu naschen.

Mir wird ein bisschen schummrig von der Anstrengung. Neugierig spähe ich über die Mauerkante und beobachte Sky dabei, wie sie ihrer Mutter in den Wagen hilft. Das verdunkelte Fenster gleitet hinab, und ein Arm, der zu Frau Wenzel gehören muss, kommt zum Vorschein. Ihre Hand ist zum Gruß erhoben, klar in meine Richtung. Ich erschrecke, und ein erster Reflex lässt mich kurz unter die Kante ducken. Verdammt! Voll mit heißem Schamgefühl erhebe ich mich wieder und winke zurück, versuche ein freundliches Lächeln. Als sich der Wagen in Bewegung setzt, zieht sich Frau Wenzels Arm ins Innere zurück, und die verdunkelte Scheibe gleitet wieder nach oben. Kurz bevor die Grußhand verschwindet, verwandelt sie sich. Dann fahren sie davon. Hat mir Frau Wenzel eben noch den Mittelfinger gezeigt? Ich muss es mir eingebildet haben.

«Findest du die auch ein bisschen … sonderbar?», frage ich in Richtung meines Vaters, während ich vom Kirschbaum klettere. Ich erhalte keine Antwort. Ich sehe gerade noch, wie er am Ende des Hofes in den ungebändigten Büschen und Farnen des oberen Gartens verschwindet. Ein tiefes Seufzen entfährt mir. Dass meine Verwirrung sich noch steigern könnte, hätte ich nach dem heutigen Erwachen wirklich nicht gedacht.

Nach dem Holzhacken gehe ich ins Badezimmer, um mir gründlich die schmutzigen Hände zu waschen und mit einer selbstgemachten Mischung aus Sheabutter und Ringelblumenblüten aus unserem Garten zu pflegen. Während ich sie einreibe, fällt mein Blick auf diesen Aufzug, diese kuriose Jagdhose aus Leder und das grobe Hemd. Wo ist eigentlich mein gutes Sakko?

Als ich die beiden Fetzen in den Korb für die Schmutzwäsche stopfe, ertaste ich in einer Hosentasche etwas. Neugierig greife ich hinein und ziehe ein Foto heraus. Es ist schwarzweiß, gelbstichig vom Alter, und zeigt zwei Personen, zwei junge Frauen, im Wald. Es sieht so aus, als stünden sie am Fuße eines Hochstands. Eine trägt ein geblümtes Kleid, die andere Jägerstracht, auf ihrer Schulter ein Jagdgewehr. Beide lächeln sie in die Kamera. Aber an der mit dem Gewehr ist irgendetwas besonders. Dieses Lächeln. Ihre Züge kommen mir, so seltsam es mir erscheint, vertraut vor. Sie erinnert mich an … Onkel Beppo. Wie kann das sein? Ist das seine Schwester, Skys Grandma? Woher zum Teufel habe ich dieses Foto? Es muss vor einer Ewigkeit gemacht worden sein, die Kanten sind zickzacken beschnitten. Ich drehe es um, und tatsächlich, auf der Rückseite wurde etwas notiert.

Für Beppo.
Zur Erinnerung an einen glücklichen Tag.
Deine Gina.

Gina. Plötzlich ziehen Bilder an mir vorüber, ein flackernder Film. Ein Raum, ein Zimmer, eine Art Salon, eine Wand ist voll mit Büchern, bis oben hin, ein Ölgemälde hängt an der anderen, es ist zu verschwommen, um sagen zu können, was es zeigt. Auf einem Polstermöbel sitzt eine alte Frau, die erzählt und erzählt. Ich verstehe die Worte nicht, fühle aber, dass sie mich aufgewühlt haben.

Und jetzt erkenne ich auch die Frau: Es ist Frau Blum. Gina Blum. Die alte Frau aus der Buschenschank. Dann reißt der Film schon wieder ab, löst sich auf, als hätte er plötzlich Feuer gefangen.

Meine Finger schieben sich in meine Haare. Können das Erinnerungsfetzen der letzten Nacht sein? Es fühlt sich so fern und vergangen an, wie die Bruchstücke eines Traumes. Habe ich von Frau Blum das Foto bekommen? Die andere junge Frau auf dem Foto trägt ein geblümtes Kleid. Ich kenne diesen Stoff.

Mein Vater ruft nach mir und reißt mich aus meinen Gedanken. Ich finde ihn draußen vor der Haustüre.

«Rudi?», frage ich ihn, noch bevor er etwas sagen kann. «Kennst du eine Frau Blum? Weißt du, wo die wohnt?»

Ich erhalte keine Antwort. Die Haut auf Rudis haarlosem Haupt ist schon ganz gerötet, wo hat er bloß seinen Strohhut gelassen? Er sieht mich ernst an.

«Was ist los?»

«Die Ärztin hat angerufen», sagt er nach einer gefühlten Ewigkeit. Seine sonst so kräftig prononcierte Stimme klingt seltsam matt. «Wir müssen ins Krankenhaus. Schlechte Nachrichten von deiner Mama.»

Ausfahrt

Ich schaue aus dem Fenster. Hinter mir steht ein Krankenhausbett. Es ist leer und frisch gemacht. Unten hält ein Krankenwagen vor der Schranke. Das Blaulicht ist aus. Ohne Hast kriecht er wie ein kurzer, dicker Wurm die hufeisenförmige Einfahrt hoch und hält vor dem Eingang mit den schlecht funktionierenden Glastüren. Ungeachtet der Hitze halten sich davor Menschen in Bademänteln und weißen Kitteln auf, manche von ihnen sitzen auf Bänken oder in Rollstühlen. Alle rauchen.

Dumpf höre ich die Klospülung. Ich drehe mich um. Die Toilettentür öffnet sich schwungvoll. Kurz darauf, in horizontaler Lage und auf halber Höhe des Türrahmens, taucht ganz langsam ein Fuß auf. Zaghaft, als wolle er sich erst einmal vergewissern, ob die Luft rein ist. Die Nägel sind korallenrot lackiert. An der Ferse und der Außenseite des großen Zehs schimmert ein bisschen weiße Hornhaut. Er hält inne und späht um die Ecke.

«Soll ich dir helfen?»

«Geht schon, danke.»

Ich lausche, wie meine Mutter sich die Hände wäscht. Dann hört das Plätschern auf, und sie kommt heraus. Am Rollstuhl ist eine Stütze befestigt, auf der ihr ausgestrecktes Bein lagert. Sie rollt zum kleinen Tisch in der Zimmerecke und öffnet einen Becher Joghurt, den sie sich vom Frühstück aufgehoben hat. Eine unnatürlich gelbe Zitrone ist darauf abgebildet. Sie beginnt, die zimmerwarme weiße Masse zu löffeln und wirft mir ein genüssliches Lächeln zu. Ich lächle, so gut es geht, zurück. In der Ecke stehen auch die Blumen, die ihr mein Vater mitgebracht hat. Das macht er sonst nur am Muttertag. Es ist ein schöner Strauß, hauptsächlich gelbe Freesien und weiße Alstromerien, dazu ein paar Pistazienzweige und Schleierkraut.

Wir sind alleine in dem Zweibettzimmer, ihre Zimmergenossin ist verstorben und das Bett noch nicht nachbelegt. Mein Vater hat sich aufgemacht, um Kaffee zu besorgen. Bis auf den gedämpften Verkehrslärm ist es still, nur das gelegentliche Schaben des Löffels an der Plastikwand des Joghurtbechers ist zu hören.

«Und was hat die Ärztin gemeint, sollst du jetzt am besten machen?», frage ich irgendwann in die Stille hinein. Bei meiner Mutter ist ein Nervenschaden festgestellt worden. Sie darf ihr Knie nicht belasten, und es scheint ungewiss, ob sich der Nerv jemals wieder erholen wird.

Sie erzählt mir von einer Klinik in Tirol. Genau spezialisiert auf derartige Verletzungen. Als ich sie frage, wann sie dorthin könne, gibt sie ein kurzes Lachen von sich. Die Klinik sei privat, eine Therapie im Handumdrehen zigtausend Euro teuer.

«Die Ärztin hat gesagt, die Krankenkassa übernimmt zwölf Stunden Physiotherapie. Gleich hier im Krankenhaus. Soll nicht einmal so schlecht sein.»

Sie spricht in einem Ton, der mir zeigt, dass jede Diskussion sinnlos ist. Wir schweigen eine Weile. Irgendwann rollt sie zum Mülleimer in der anderen Zimmerecke. Sie schmeißt den leeren Becher hinein.

«Mama, kennst du eigentlich eine Frau Blum?»

«Frau Blum? Gina Blum?» Sie manövriert den Rollstuhl zurück zum Tisch und nimmt einen Schluck aus dem Wasserglas. Ja, sicher, wer kenne sie nicht, die Millionärin aus Amerika. Stamme eigentlich aus dem Dorf, war aber irgendwann ausgewandert und drüben reich geworden. Wie, darüber gäbe es nur Gerüchte, dafür aber die schlimmsten. Spreche mit niemandem im Dorf, Mutter und Vater schon lange verstorben, keine Verwandten mehr, eigentlich immer allein. Dem Alkohol nicht unbedingt abgeneigt. Erst vor kurzer Zeit wieder zurück ins Dorf gezogen, in das alte Haus, das herrschaftliche, das mit den schönen Spalieren, hinter der Kirche.

In meinem Kopf bahnt sich eine Erinnerung an, aber noch bevor ich sie fassen kann, platzt sie wie eine Seifenblase. Frau Blum ist also ebenfalls eine Auswanderin? Wie Beppos Schwester. Interessant.

Wieso mich ausgerechnet Gina Blum so interessiere, will meine Mutter wissen.

«Ich habe sie gestern beim Kovacs kennengelernt.»

«War dein Vater auch mit? Er weiß genau, dass ich es nicht mag, wenn er im Wirtshaus sitzt.»

«Ich war alleine dort. Brauchte ein bisschen … Pause.»

Sie sagt darauf nichts mehr, streicht über die saubere Tischplatte, als lägen da Krümel, die sie wegwischen möchte. Mir tut der Hintern schon weh vom Lehnen, aber ich will hier am Fenster bleiben, die Sonne wärmt angenehm. Mir ist ein bisschen kalt. Der Rausch der letzten Nacht sitzt mir noch tief in den Knochen. *Es frieret gar im wärmsten Rock den Säufer und den Hurenbock.* Ich war sechs Jahre alt, als mir Onkel Beppo diesen Spruch beigebracht hat. Erst viel später erfasste ich den Sinn. Also, das mit dem Säufer. Warum es jemanden frieren sollte, der oder die in hoher Frequenz Sexarbeit in Anspruch nimmt, bleibt mir bis heute ein Rätsel.

Meiner Mutter, die in einer Art Unterhemd und kurzer Sporthose dasitzt, scheint es gerade kühl genug zu sein. Sie wischt sich mit einer Papierserviette über das Gesicht. Betont beiläufig fragt sie mich nach dem Befinden ihres Mannes – und will dabei eigentlich wissen, ob ich es noch mit ihm aushalte.

«Es geht.»

Sie setzt den gleichen Blick auf, mit dem sie mir früher immer mitteilte, dass ein Termin bei der Zahnärztin anstand.

Dann rollt sie zum Bett und stellt die Bremsen des Rollstuhls fest.

«Ich befürchte, du wirst noch eine Weile auf ihn schauen müssen», sagt sie.

Sie lächelt müde, nimmt eine Spange aus ihrem dichten, gefärbten Haar, das in der Sonne wie frisch poliertes Messing glänzt. Ich denke an die Halbglatze meines Vaters und hoffe einmal mehr, den Haarwuchs meiner Mutter geerbt zu haben.

«Wo bleibt er eigentlich mit dem Kaffee? Ich glaube, ich ruh mich so lange noch ein bisserl aus.»

Sie streckt sich nach dem Dreieck aus Metall, das über dem Bett baumelt. Ich gehe einen Schritt auf sie zu, um ihr zu helfen, aber noch bevor ich sie erreiche, bekommt sie es zu fassen und hievt sich mit einer fließenden Bewegung auf das Bett.

«Dich stört es doch nicht, wenn ich ein wenig döse, oder?»

Sie schließt die Augen und legt die Hände auf ihren Bauch. Ich schaue wieder aus dem Fenster und höre, wie ihr Atem langsamer wird. Ich habe meine Mutter schon immer für die Fähigkeit bewundert, innerhalb von einer Minute einschlafen zu können.

Meine Mutter schnarcht kurz laut auf.

«Hoppala», sagt sie benommen.

«Mama?»

Keine Reaktion, ihr Brustkorb hebt und senkt sich in einem langsamen Rhythmus.

«Mama?»

«Hm?» Sie wischt sich Sabber aus dem Mundwinkel. Ihre Augen bleiben geschlossen. «Ja, mein Mäuserich, was ist denn?»

«Hast du es jemals bereut, dass du mich bekommen hast?»

Ihre Stirn schlägt eine Falte, und die Augenlider öffnen sich einen Spalt.

«Du bist mein Ein und Alles, das weißt du doch», sagt sie halb weggetreten.

Plötzlich wird die Tür zum Gang aufgerissen.

«Schauts, wen ich gefunden hab unten!», schreit mein Vater. In der Hand hält er einen Träger mit vier Pappbechern. Eine Person kommt hinter seiner breiten Gestalt zum Vorschein, sie trägt ein Plastiktablett mit vier Stück Marillenroulade.

«Hallo, Mama! Servas, Bruder!», sagt Frida.

Draußen ist es den Menschen wohl zu heiß geworden. Nur ein einsamer, mittelalter Mann in gemustertem Krankengewand sitzt zwanzig Meter von uns entfernt auf einer Bank und zieht in kurzen Abständen gierig an einer Zigarette. Ab und zu trocknet er sich mit einem Handtuch, das er um seinen Nacken gelegt hat, die nassen Schläfen.

«Fuck.»

«Fuck», stimme ich Frida zu.

Sie nimmt einen tiefen Zug und hält mir den Joint hin.

«Magst du auch?», fragt sie mit gepresster Stimme. «Siehst so aus, als könntest du es vertragen.»

Ich nehme dankend an und ziehe vorsichtig. Nur nicht husten. Vor Frida möchte ich mir keine Blöße geben. Es ist ewig her, dass ich geraucht habe. Mir wird ein bisschen schwindelig. Ich schließe kurz die Augen und spüre die Hitze, die der Bodenbelag abstrahlt, obwohl wir im Schatten unter dem Vordach stehen. Neben mir höre ich Frida, die erst jetzt den Rauch ausatmet. Ich öffne die Augen und mache noch einen Zug.

«Ich weiß nicht, wie lange ich es zu Hause noch aushalte.»

«Fahr doch einfach zurück nach Berlin.»

Ich sehe sie entgeistert an.

«Im Ernst. Lass dich nicht aufhalten.»

«Langsam glaube ich, Mama will mich nur hierhaben, damit ich ihr Rudi mit seinem schlechten Gewissen vom Leib halte.»

«Lustig.»

«Lustig was?»

«Dass du den Papa immer beim Vornamen nennst. Aber die Mama ist nur die Mama.»

Ich schaue zu Boden. Mir fällt auf, wie verdreckt meine Stiefel sind, ich muss sie unbedingt putzen, bevor das schwarze Leder noch mehr Schaden nimmt. Neue Absätze könnten sie auch mal wieder gebrauchen.

«Stimmt.» Ich nehme ihr den qualmenden Stängel aus der Hand und ziehe kräftig daran. Unvorsichtig. «Verdammt», röchle ich während des Hustenanfalls.

Frida lacht mich aus und nimmt mir den Joint weg. Durch meine tränenden Augen sehe ich verschwommen, wie der Mann zu uns rüberblickt und den Kopf schüttelt. Frida klopft mir den Rücken, bis sich meine Lungen wieder einigermaßen beruhigen.

Wenn Frida lacht, lacht die ganze Welt. Als kleiner Bub habe ich mich oft absichtlich dümmer angestellt, nur um sie zum Lachen zu bringen. Sie ist einen Kopf größer als ich, wir haben die gleiche helle Haarfarbe. Ansonsten sehen wir uns nicht besonders ähnlich. Aber immer, wenn ich sie ansehe, fühle ich diese Verbindung. Auf ihren Oberarm ist eine Meerjungfrau tätowiert, die einen Dreizack hält. Jedes Mal, wenn Frida den Joint zum Mund führt und ihren Arm dabei anwinkelt, bäumt sich ihr Bizeps auf, und die Meerjungfrau biegt in einer akrobatischen Turnübung den schuppenbesetzten Rücken durch.

Eine Pflegerin kommt durch eine der Glastüren, stellt sich in unsere Nähe und zieht eine Art dicken Stift aus der Brusttasche. «Na servas, heute spielt sich die gelbe Sau wieder auf», sagt sie halb zu uns, halb zu sich, bevor sie an der E-Zigarette nuckelt und ihr Kopf hinter einer dichten Wolke weißen Dampfs verschwindet.

Frida drückt den Joint unauffällig im Sand des großen Aschenbechers aus, dessen mit Stummeln gespickte Oberfläche an einen Igel erinnert.

«Lass uns wieder reingehen.»

Polternd rollt die Flasche Eistee aus dem Getränkeautomaten, Zitrone, versteht sich. Hat mir Onkel Beppo früher immer gekauft. Es war wohl die Güte des Schicksals, die ihn stets zu Zitrone greifen ließ, am Ende wäre ich sonst noch einer von den absonderlichen Menschen geworden, die Pfirsich bevorzugen.

«Hab die Verwandten von Onkel Beppo kennengelernt. Die zwei Frauen vom Begräbnis. Rudi hat sie zu uns eingeladen.»

Frida verdreht die Augen.

«Haben nach irgendeiner Büchse gefragt, die Onkel Beppo besessen haben soll. Ich weiß davon nichts.»

«Wirklich nicht?» Sie sieht mich zweifelnd an. «Bist du dir sicher? Hast du nicht früher immer sein gesamtes Arsenal durchgeputzt?»

«Schon. Aber die waren nicht antik, wirklich nicht. Warum fragst du überhaupt nach? Du bist ja schon wie die!»

Sie muss lachen.

«Und einen Brief von einer Notarin haben sie mir dagelassen.»

«Schon reingeschaut?»

Ich nicke, während ich trinke. Verdammt, ist das köstlich.

«Es stand nicht viel drin, nur dass es eine Verlassenschaftssache von Onkel Beppo betrifft und ich am besten gleich morgen vorbeikommen soll. Frage mich, worum es da geht.»

«Da fragst du dich zu Recht, hatte doch nichts, der alte Trinker. Na, du wirst das schon machen, du bist ja schon ein großer Bub, nicht wahr?» Sie stößt mir ihren Zeigefinger zwischen die Rippen. Ich zucke zusammen. Scheiße, das hasse ich.

«Wo ist denn diese Kanzlei?», fragt sie, während sie mir den Finger noch ein bisschen tiefer hinein kitzelt.

«Wien», stoße ich gepresst hervor, während ich vergeblich versuche, sie abzuwehren. «Im Ersten.» Dann lässt sie zum Glück von mir ab. Ich atme kurz durch. «Ich nehme morgen früh den Zug.»

«Unsinn, du fährst heute. Mit mir.» Sie klopft mir ermunternd auf die Schulter. Morgen hätte sie einen Langstreckenflug, aber erst am frühen Nachmittag, deshalb wolle sie heute ein wenig Ausgehen. Sie hätte zwei Gästelistenplätze für Blanca Hohn.

Blanca Hohns Shows sollen legendär sein. Sie macht nach eigener Definition *BPPPM – Beefy Post Political Performance with Music.* Soweit ich weiß, sind Frida und Blanca befreundet.

Ich möchte protestieren. Mir ist das viel zu spontan. Ich habe ja gar nichts zum Anziehen dabei. Oder Waschzeug!

«Zahnbürste hab ich», sagt sie, noch bevor ich den Mund öffnen kann, als hätte sie meine Gedanken gelesen.

Eine Viertelstunde später haben wir uns von den Eltern verabschiedet und sitzen in Fridas geliebtem weißen Fünfer *BMW*, Baujahr 1996. Mit offenen Fenstern sausen wir über die heiße Bundesstraße Richtung Wien. Mein Mund fühlt sich staubtrocken an, ich bin froh, noch eine zweite Flasche Eistee für die

Fahrt gekauft zu haben. Shit, ich glaube, ich muss demnächst pinkeln. Ob Frida wohl auch so bekifft ist? Hoffentlich halten uns die scheiß Kiberer nicht an.

BPPPM

Die ohnehin schon spärlichen Lichter gehen aus, und der große, industriell-karge Saal mit den dunklen Wänden liegt plötzlich in völliger Finsternis. Gleichzeitig beginnen Hunderte Menschen zu kreischen, pfeifen, klatschen. Ich versuche, in all der Schwärze mit den Lippen den Strohhalm zu finden, dessen Ende an den Grund eines mit Gin Tonic gefüllten Glases führt. In den besseren Clubs bekommt man das Tonic Water aus kleinen Glasflaschen. Dieser hier ist leider schal, jedoch stark, und das ist Trost genug. Ein Dröhnen dringt aus den Boxen. Erst ganz leise, dann immer lauter, und im selben Maße, wie es anschwillt, wird das Rotlicht heller, das von den Rändern der Bühne herstrahlt. Plötzlich setzt ein irrsinniges Flackern ein, wie ein blutiges Blitzgewitter, und der dröhnende Sound wird immer verzerrter, bis er an eine große Kreissäge erinnert. Ich muss kurz die Augen schließen, damit mir nicht schwindelig wird. Dann erschallt, mit einer Lautstärke, die das Glas in meiner Hand zum Zittern bringt, ein Geräusch wie von einem riesigen Tier. Ich reiße die Augen auf. Das stroboskopartige, rote Flimmern hat sich zu einem gleichmäßigen Pulsieren verlangsamt. Dann wieder dieser tierische Laut, die Boxentürme vibrieren. Ich erkenne, was es ist: Schweinegrunzen. Gerade, als ich mich daran gewöhnt habe, kommt ein schneidend hoher Synthesizer dazu. Die Kreissäge antwortet mit einem gequälten Kreischen. Ich schaue zu Frida. Sie grinst. Dann reißt der Sound ab, und nur mehr ein sanftes Grundbrummen bleibt zurück, die Lichter gehen allesamt aus, und es wird wieder stockfinster. Plötzlich erscheint auf der Bühne eine erleuchtete Person, die Hand zur Faust erhoben. Sie trägt eine Art Sturmmaske, aber ohne Ausschnitte, vollkommen geschlossen, das Markenzeichen von Blanca Hohn. Der Stoff der Maske ist am Unterkiefer unnatürlich ausgebeult, als wäre darunter ein viel zu langes Kinn. Die Gestalt sieht so aus, als bestünde sie aus gelbem Licht, und erst nach einiger Zeit kapiere ich, dass es sich um ein Hologramm handeln muss. Ein Lichtkegel erhellt schlagartig eine weitere, maskierte Person. Absolut unvermittelt macht Blanca Hohn einen schnellen Schritt hinter das Hologramm und reißt der Gestalt den Kopf zurück. Für ein paar Augenblicke versucht das Ebenbild, sich aus dem Griff zu befreien. Vergeblich. In einer ruckartigen Bewegung zieht sie ihm die Maske vom Kopf und der gesamte Saal wird von Pfiffen und Buh-Lauten erfüllt. Das Hologramm trägt plötzlich einen gutsitzenden Anzug und das vor Angst verzerrte Gesicht des Bundeskanzlers. Die schweißnassen Haare kleben ihm im Gesicht. «Quiet», sagt plötzlich eine donnernde Stimme, und die Menge verstummt. Die Anspannung der Leute ist spürbar. «Do you want me to kill him?», fragt es schließlich über die Lautsprecher, und ein zustimmendes Gejohle bricht aus. Ich höre meine Schwester neben mir lachen. «I won't kill him», sagt die Donnerstimme, nachdem es nach einer gebieterischen Geste wieder totenstill geworden ist. Sie hat das Publikum vollkommen in ihrer Hand. Niemand macht einen Mucks. Über das Gesicht des Bundeskanzlers huscht der Schatten einer Hoffnung. «I won't kill him», wiederholt die Stimme. «I will cure him.» Blanca Hohn hebt ein Messer und bewegt es im Scheinwerferlicht hin und her, das blanke Metall schickt Lichtstrahlen durch den Saal, kein Mensch bewegt sich. Dann reißt sie dem erstarrten Bundeskanzler die Hosen runter, die Unterwäsche, umfasst seine Geschlechtsteile und trennt ihm mit der Klinge die Hoden ab. Während der Bundeskanzler vor Schmerzen schreit und neonrotes Blut spritzt, wirft sie das Hologramm des abgetrennten Hodensacks achtlos in die Bühnenschwärze hinter sich. Genau in dem Moment, als die Knie des zusammensackenden Bundeskanzlers den Boden berühren, erfasst ein Beat vom Gewicht eines Elefanten den Saal, das Hologramm verschwindet unvermittelt, und Blanca Hohn bricht auf alle viere nieder, in eine Art Tanz, der mich an die Bewegungen eines vom Wahnsinn erfassten wilden Tieres denken läßt. Die Leute um uns herum drehen durch.

«Ich hole mir noch einen Drink!», brülle ich meine tanzende Schwester an. «Soll ich dir was mitnehmen?» Sie scheint mich nicht gehört zu haben.

An der Bar bestelle ich zwei Gin Tonic und entspanne mich ein bisschen. Mir gefällt die Show, aber ich bin nicht sehr gerne in Menschenmengen. Die Nacht nach meinem Buschenschankbesuch bereitet mir noch immer großes Rätselraten. Nur Phantome huschen hin und wieder durch mein Bewusstsein und verschwinden wieder. Ich muss Frau Blum einen Besuch abstatten. Sie kann mir hoffentlich auf die Sprünge helfen. Frida hat mir während der Autofahrt erzählt, dass Frau Blum einerseits zwar als Einsiedlerin gilt, andererseits aber bei fast jedem Verein im Dorf als Mäzenin auftritt. Sinnvoll, so kann man dummes Gerede leicht verstummen lassen. Das Dorf und seine Sitten. Ich hoffe nur, dass mich niemand mehr wegen des Denkmals zur Rechenschaft zieht. Nicht, dass ich es bereuen würde. Aber wozu in diesen Breitengraden verletzter Nationalstolz führen kann, ist ja hinlänglich bekannt. Und hoffentlich bleiben mir weitere Begegnungen mit den beiden amerikanischen Verwandten erspart. Sie sind mehr als merkwürdig. Also, die Jüngere ist irgendwie auch cool. Aber Frau Wenzel?

Die Barkeeperin stellt die beiden Drinks vor mir ab. Ich taste nach meiner Geldbörse.

«Das geht auf mich», sagt eine Stimme neben mir. Eine Hand mit sorgfältig gepflegten Nägeln legt eine schwarze Kreditkarte auf den Tresen. Es ist Sky. «Und ich nehme auch so einen.»

Sie sieht mich an, mit einem Lächeln, als wäre es das normalste auf der Welt, dass wir uns hier an der Bar treffen.

Ich versuche, cool zu tun.

«Verfolgst du mich?», frage ich sie.

«Sollte ich?»

Sie sieht mir tief in die Augen. Mir fällt auf, dass im Konzertsaal drüben gerade völlige Stille herrscht, kein Ton dringt mehr durch die hohen Brandschutztüren.

«Just fucking with you.»

Ich bin froh, diesmal zumindest keinen Klaps oder Knuff zu bekommen.

«Blanca und ich sind Buddies. Ich wollte mir ihre Show ansehen. Das letzte Mal ist ewig her.»

Plötzlich brandet frenetischer Jubel auf.

«Dann sollten wir mal lieber wieder reingehen, meinst du nicht?», sage ich zu ihr.

«Vorher stoßen wir noch an. Cheers!»

Sky ist einen halben Kopf größer als ich. Von ihren Ohrläppchen baumeln zwei schöne Anhänger. Silber? Eher Platin. Ich bin ein bisschen erstaunt, als ich erkenne, dass es Äxte sind, Doppeläxte. Kurz verspüre ich den Impuls, sie zu fragen, ob sie denn auch so gerne Holz hacke. Dann überlege ich es mir doch anders. Viel mehr würde mich sowieso interessieren, wo sie dieses fabelhafte Oberteil herhat.

«Hör mal, Hugo, bevor wir wieder reingehen.» Sie lehnt sich ein wenig in meine Richtung, dämpft ihre Stimme. «Du weißt wirklich nichts von der Büchse? Falls du sie genommen haben solltest, ist es nicht schlimm, ich würde es natürlich verstehen. Du wolltest einfach ein Andenken an ihn haben, nicht wahr? Du könntest sie sonst auch haben, kein Problem, die Sache ist nur, dass diese Büchse jemand anderem gehört.»

Ich nehme einen Schluck von meinem Gin Tonic, bevor ich antworte.

«Ihr glaubt mir einfach nicht, oder?»

In dem Moment öffnet jemand die Tür zum Saal, und ohrenbetäubender Lärm erfüllt den Barraum. Es klingt so, als würde Blanca Hohn einen fahrenden Kampfpanzer mit einem Presslufthammer zerlegen.

«Schau», sagt Sky, nachdem die Tür zuschnappt und nur noch dumpfes Grollen zu hören ist. «Alles, worum ich dich bitte, ist: Denk noch mal nach, vielleicht fällt dir doch noch etwas ein, das uns weiterhilft.»

«Sky –»

«Und jetzt lass uns wieder reingehen, wir verpassen noch die ganze Show.»

«Geh schon mal vor, ich muss noch auf die Toilette», lüge ich.

Sie verabschiedet sich.

«Was macht Blanca?», frage ich Frida, als nach nur fünfundzwanzig Minuten alles vorbei ist, und der Saal sich zu leeren beginnt. «Triffst du dich noch mit ihr im Backstage?»

Sie gibt mir einen Klaps auf den Hinterkopf. Blanca Hohn ist genderfluid, und möchte, dass man keine binären Personalpronomen für Blanca Hohn verwendet. Ich kann es mir einfach nicht merken.

«Blanca zieht sich gerade um. Wir wollen dann noch auf einen Aftershow-Drink. Kommst du mit?»

Ich streiche mir die Haare am Hinterkopf wieder glatt. Natürlich.

Materie

Am nächsten Morgen spricht mir die Notarin ihr Beileid aus, in aller Förmlichkeit. Mir ist ein bisschen schlecht. Dann stellt sie kurz meine Identität fest und bescheidet mich anschließend darüber, dass sie im Auftrag der Hinterbliebenen des Verstorbenen handle, die mit einer Sache an sie herangetreten seien, deren Abwicklung, wie solle sie sagen – sie sucht einen Moment lang nach den richtigen Worten – *etwas außerhalb* des üblichen Verlassenschaftsverfahrens läge, wenn man so wolle. Oder, wie könne sie es noch sagen, ohne Fachkauderwelsch? Die Hinterbliebenen seien nicht nur in einer Verlassenschaftssache an sie herangetreten, sondern hätten vielmehr eine Verlassenschaftssache an sie *herangetragen*. Sie gibt ein paar trockene Laute von sich, die vermutlich Lachen sein sollen. Während mein Kopf brummt, informiert sie mich darüber, dass sie per Verfügung mit der Übergabe einer Materie an mich beauftragt worden sei und dass es sich bei besagter, nun also mir zufallender Materie, um eine schwarze Aktentasche aus Leder und darüber hinaus um eine bestimmte Summe Bargeld handle. Sie nennt mir die Zahl so beiläufig, als werfe sie ein Stück Papier in den Müll. Mir wird kurz schwindelig, ich öffne meine Lippen, möchte etwas sagen, aber es kommt nichts. Die Notarin scheint es eilig zu haben und fährt unbeirrt fort. Mit spitzem Zeigefinger schiebt sie ihre Brille zurecht. Ihr Honorar sei bereits im Voraus beglichen worden und da für sie auch kein unerwarteter Mehraufwand anliege, sei die Sache somit erledigt. Noch bevor sie den letzten Satz zu Ende spricht, hat sie sich bereits wieder aus dem Designer-Sessel erhoben und stellt eine schwarze Aktentasche auf die Tischplatte vor sich. Sie habe sich erlaubt, das Bargeld in die Tasche zu packen, was mir doch sicher nur recht sei.

Ich kann noch immer nichts sagen, da sich mein Gehirn nach wie vor mit der Frage abmüht, ob dies Wirklichkeit ist oder ein nervöser Traum. Vielleicht Nachwirkungen des Rausches? Ist mein Verstand in den biochemischen Wirren der letzten Nacht irgendwo falsch abgebogen?

«Bitte, nehmen Sie nur!»

Zögerlich stehe ich auf. Beim Heben der Tasche staune ich darüber, wie schwer sie ist.

«Wunderbar!» Die Notarin streckt mir ihre Hand entgegen. «Dann darf ich mich nun verabschieden und Ihnen noch einmal mein Mitgefühl über den Ihrigen Verlust aussprechen.»

Fast kommt es mir so vor, als wäre ich eher Publikum denn Protagonist dieser Szene.

«Äh, danke …», stammle ich. «Dankeschön?»

«Gerne. Auf Wiedersehen, Herr Navratil!»

Die Notarin deutet zur Türe, setzt sich und scheint mich bereits vergessen zu haben. Sie leckt einen Finger an und beginnt, einen Stoß Papiere durchzublättern. Ich stehe wie angewurzelt. Sie blickt auf und schaut mich einen Moment lang fragend an, fast als wundere sie sich darüber, was ich noch hier in ihrem Büro mache. Dann seufzt sie sanft, kommt um den Tisch herum und legt mir eine Hand auf den Rücken.

«Danke, Herr Navratil, wir sind hier fertig, ich wünsche Ihnen alles Gute!»

«Also …» Ich habe das Bedürfnis, irgendetwas zu sagen, aber mir fällt beim besten Willen nicht ein, was. «Das … war alles? Muss ich noch irgendetwas unterschreiben?», frage ich kleinlaut und mit heiserer Stimmte. Nein, das sei nicht nötig, versichert sie mir, während sie mich mit sanftem Druck zum Ausgang schiebt.

In meinem Kopf dreht sich ein Ringelspiel. Plötzlich stehen wir im Vorraum.

«Aber … das Geld ist von Onkel B… äh, ich meine von meinem Großvater … also er war nicht mein leiblicher …»

Ich drehe mich um. Sie kann mich nicht mehr hören, die Türe zu ihrem Büro ist bereits wieder geschlossen. Die Assistentin hinter dem Empfangspult wirft mir einen argwöhnischen Blick zu. Es ist an der Zeit, zu gehen.

Zurück auf der Straße, betrachte ich einige Minuten die größenwahnsinnigen Fassaden des Burgrings. Die Sonne heizt unnachgiebig, aber es ist schattig. Die gigantischen Platanen hier wurden gepflanzt, kurz nachdem die Habsburger mit verzweifelter Gewalt die Märzrevolution niedergeschlagen hatten und eine Ära der politischen Reaktion begann, die im Großen und Ganzen bis zum heutigen Tage andauert. Werden die Platanen nach weiteren hundertfünfzig Jahren noch ihre Schatten werfen? Wird in jenem, nur ein paar Steinwürfe von hier entfernten, großen Haus noch immer das politische Elend zu Hause sein?

Mein Gefühlsleben kommt mir immer mehr vor wie ein abgeflachter Stein. So einen, den man übers Wasser tanzen lassen kann, wenn man es kann. Ich konnte das nie. Wie Häufchen von Sand scheinen sie vor mir auf dem Boden zu liegen, die Sedimente großer Regungen. Begeisterung, Traurigkeit, Verliebtheit, Hass, Hoffnung, Verzweiflung, Neugier, Abenteuerlust. Auch die Unruhe vermisse ich. Nur zwei große Gefühle sind mir geblieben. Jeden Tag wundere ich mich aufs Neue, wie gut sie sich halten, inmitten einer Landschaft aus dahinvegetierenden Genossen. Wut und Angst, quietschfidel, die beiden Draufgängerinnen. Ansonsten: Ödnis. Wie bin ich bloß hierhergekommen?

Eine Bim fährt aufgebracht klingelnd an mir vorüber. Die Fahrgäste starren mich aus schwarzen Augen an. Ich fühle das Gewicht der Tasche und frage mich, ob der sekündlich stärker werdende Druck in meiner Brust eine beginnende Panikattacke sein könnte.

Aus.

Weg.

Weg von hier.

Anker

Mir ist noch immer ein bisschen schlecht, als ich an den wartenden Menschen in der Ankunftshalle vorbeigehe. Ein kleiner Dackel mit glänzendem braunem Fell läuft vor Aufregung auf der Stelle. Er zieht an der Leine, die seine Herrin und Meisterin unnachgiebig umklammert hält, und stranguliert sich dabei selbst. Die Krallen seiner degenerierten Beinchen finden keinen Halt auf dem glatten Steinboden. Seine Aufregung gilt einem ein paar Meter entfernten Spitz. Das Tier sieht so aus, als käme es frisch aus der Trocknertrommel, ein Wölkchen aus semmelfarbenem Fell. Die zwei pechschwarzen Augen wirken wie aufgeklebt. Es legt seinen Kopf schief und besieht sich in aller Ruhe das mitleiderregende Schauspiel des braunen Artgenossen, der sich noch fester in sein Halsband drückt und dessen Hecheln nun zu einer Art Röcheln wird. Natürlich schätze ich Hunde. In der Regel sind sie dem Menschen von Nutzen. *Jagd ohne Hund ist Schund.* Aber ich denke, es ist in Anbetracht solcher zuchtethisch kritischen Fälle evident, dass die eine oder andere Tierrasse vom Menschen in seiner kindlich-grausamen Megalomanie in eine genetische Sackgasse manövriert wurde. Wäre es nicht besser, dieses erbsubstanzielle Tohuwabohu, das dem wilden Spiel eines Gottkindes, das zu viel Zucker zu sich genommen hat, gleicht, endlich zu beenden?

In der Filiale der Bäckereikette Anker bestelle ich mir einen Verlängerten mit Eiswürfeln, der meinen Kater verjagen und meinen Kopf ein bisschen klarer machen soll. Ich nehme Platz an einem der hohen Tische, die schwere schwarze Aktentasche lege ich zur Sicherheit auf meinen Schoß. Woher hatte Onkel Beppo so viel Geld? Ein Geheimnis mehr.

Unruhig nestle ich mit den Fingern an dem Säckchen Zucker herum, auf dem mein Sternzeichen abgebildet ist. Steinbock. Ich drehe es um und lese. *Gesundheit: Sie sind etwas angeschlagen, weil Sie sich in letzter Zeit zu sehr gefordert haben. Gönnen Sie sich auch ruhig mal eine Auszeit! Erfolg: Halten Sie die Augen offen! Eine unerwartete Chance könnte Ihnen neue Tore öffnen. Liebe: Romantische Gefühle sind wie guter Wein: Sie reifen! Eine seltene Konstellation von Mars und Venus führt Sie vielleicht zu einem Menschen, dessen Tor zu seinem Herzen schon immer für Sie geöffnet war.* So ein Scheißdreck. Verächtlich knülle ich das Zuckersäckchen zusammen und lasse es fallen.

Eine alte Frau umarmt ein kleines Kind, die beiden strahlen um die Wette. Der junge Mann daneben hat Tränen in den Augen. Ein Paar kann schon seit zwei Minuten nicht aufhören, sich zu küssen, ihnen ist egal, dass das peinlich ist. Eine Gruppe mehrerer Personen verschiedenen Alters steht, mit Luftballons und einem handbemalten Banner, auf dem *Welcome back, Emil* steht, und die Flaggen von China, Australien, Südafrika, Mexiko und Russland gemalt sind, an der Absperrung, sichtlich ungeduldig. Menschen gehen mit seligem Blick Arm in Arm an mir vorüber, Kinder rennen aufgeregt umher, Hunde werden für den Moment inkontinent vor Freude. Ich leere den relativ guten Kaffee und lasse mich anschließend vorsichtig vom Sessel rutschen. Die Aktentasche halte ich fest umklammert, als ich losgehe.

Da ich noch genügend Zeit habe, hole ich mir eine warme Leberkäsesemmel. Es ist wichtig, dass man sich belohnt, ebenso wie es wichtig ist, dass man sich nicht bestraft, wenn einem etwas nicht gelingt. Sagt mir Frida immer. Ich werde mich also jetzt auch nicht dafür bestrafen, nach Berlin zurückzufliegen. Ich kann nicht mehr.

Ein letzter Biss. Ich wische die Brösel von der Aktentasche und stehe auf. Die Absätze meiner Stiefel machen Geräusche auf dem harten Boden, das gefällt mir normalerweise, aber ich fühle mich müde und unattraktiv, und wenn ich mich so fühle, möchte ich nicht auffallen. Ich habe oft das Bedürfnis, allen zu gefallen. Nicht so sehr bestimmten Personen – Jürgen zum Beispiel wollte ich nie gefallen, der kann mir den Buckel runter –, mehr so im Allgemeinen. Woher das wohl kommt? Vorher, am Ticketautomaten in der Station Karlsplatz, hat es mich unheimlich gestresst, dass zwei Leute hinter mir warteten. Die Gedanken daran, was diese Menschen in diesem Moment wohl über mich denken könnten, lösten große Unruhe in mir aus. *Wie lange braucht der denn noch für das eine Ticket? Oje, jetzt hat er sich auf dem Display vertippt, auch das noch! Kartenzahlung, das war ja klar, damit wir hier noch länger anstehen sollen. Puh, sein Hemd ist ja total zerknittert. Wahnsinn, wie fertig der aussieht. Jetzt mach schon!*

Manchmal fühle ich mich direkt besessen von meiner Gefallsucht. Vielleicht sollte ich mal die Therapeutin wechseln. Warum sieht mich der Kiberer so herausfordernd an? Die Komplexe springen ihm förmlich aus den Augen. Sollte auch dringend mal bei der Therapeutin vorbeischauen. Am besten sieben Tage pro Woche. Ein Seufzen entkommt mir, als ich meinen Blick von ihm abwende. ACAB.

Ich erreiche die Schleuse vor dem Sicherheitscheck. An den Drehkreuzen sind Scanner für die Bordkarten angebracht, ich lege mein Telefon darauf. Rotes Licht und ein Geräusch. Ich versuche es noch einmal: wieder rotes Licht und dieses fiese

Piepsen. Die Flughafenangestellte sieht mich schon an. Jetzt komm schon. Nein. Wieder rot, wieder Piepsen.

«Herr Navratil?», sagt die Frau mit diskreter Stimme und winkt mich heran. Ich trete an den Schalter. «Berlin Tegel?», fragt sie mich mit unheilverkündender Stirnfalte.

«Ja», antworte ich beunruhigt.

«Es tut mir sehr leid, Ihr Flug wurde annulliert.»

«Wie, annulliert?» Ich spüre, wie sich eine Schlinge in meinem Bauch zusammenzieht.

«Der Flug wurde gestrichen. Sie können leider nicht zum Gate.»

«Und was soll ich jetzt machen?»

«Gleich dort drüben ist der Schalter.»

Die Angestellte der Airline sagt mir noch einmal das Gleiche. Sie bietet mir einen Hotelgutschein über fünf Prozent Rabatt an und teilt mir mit, dass sie ansonsten leider nichts für mich tun könne. Am Ende empfiehlt sie mir, den Help-Desk zu kontaktieren, am besten solle ich sofort eine Email schreiben.

Resigniert entferne ich mich ohne ein weiteres Wort vom Schalter. Mir fällt erst jetzt auf, dass hier niemand ansteht, dabei ist doch Chaos immer vorprogrammiert, wenn ein Flug kurzfristig gestrichen wird, oder? Das ist doch ein schlechter Witz. Was soll ich jetzt tun? Ich sehe mich um. In größerer Entfernung sehe ich das grässliche Orange einer Billigflotte leuchten und fasse neue Hoffnung. Die fliegen ja auch nach Berlin!

Am Schalter angekommen sagt mir die Frau hinter dem Bildschirm, dass leider alle Flüge ausgebucht seien. Bis nächste Woche.

Tja, den Leuten wäre es wohl zu heiß in der Stadt. Sie wünscht mir lächelnd einen guten Tag.

Nachdem mir die Angestellte am Schalter einer Airline mit dunkelblauem Logo sagt, dass zwar alle Tickets bis nach dem

Wochenende weg seien, sie mir aber eine Variante anbieten könne, bei der ich allerdings neunzehn Stunden in Stuttgart auf den Anschlussflug warten müsste, gebe ich auf. Ich laufe für ein paar Minuten ziellos umher.

Dann fällt mir meine Pilotinnenschwester ein. Ob sie da etwas machen kann? Sie fliegt mittlerweile ausschließlich Charter, aber vielleicht kennt sie ja jemanden. Ich hole mein Telefon heraus. Ich bitte Frida eigentlich nur ungern um Hilfe, fühle mich dann immer wie ein kleiner Bub. Aber in dieser Notsituation muss ich eine Ausnahme machen. Ich tippe auf das grüne Hörersymbol. Warte. Nichts. Warte. Nichts. Dann kommt piepend eine Nachricht an. Ich schaue auf das Display, auf der die Textvorschau der vertrauten, automatischen Antwort steht.

Sorry, bin im Flugmodus – mein Handy auch.

Verdammt. Das hätte ich doch wissen müssen.

Was soll ich jetzt tun? Wohl am besten zurück in die Stadt, zum Bahnhof, mit dem Zug nach Berlin. Ich fühle mich irgendwie leer. Gut, auch nichts Neues.

Dann fasse ich den einzig richtigen Gedanken: auf zum Anker.

Der Kaffee bringt mein Blut in Schwung. Lange sitze ich da, denke nach und nippe hin und wieder an der weißen Tasse, bis die kleinen Schlucke am Ende nur mehr lauwarm sind. Ich seufze tief und blicke auf das Zuckersäckchen. Scheiß Horoskop, das hast du wohl nicht vorhergesehen. Wie kann es sein, dass plötzlich alle Flüge ausgebucht sind, das war doch noch nie so. Ich hole mein Telefon raus, um die Zugverbindungen zu checken, obwohl meine Entschlossenheit wie davongeblasen ist. Da ist eine rot eingekreiste Eins. Mein Vater.

Ich lese: *Hallo bub wann kommst du heim feuer brennt auf dem griller bier ist kalt sitz ganz allein bussi lg*

Ich lasse den Kopf hängen und seufze.

IV

Die Krypta

1991

Es war eine ungewöhnlich dunkle Nacht. Warm, aber windig. Der Alpenföhn war im Süden von den schroffen Kanten der Karawanken herabgestürzt und pflügte nun durch die pannonische Tiefebene. Am Rande dieser Tiefebene liegt der Wald des Leithagebirges, und durch ebendiesen ging ein unaufhörliches Geheule, als wäre der Wolf zurück. Im sumpfigen Gürtel des Steppensees wurde das Schilf brutal niedergedrückt. Die Menschen zwischen Leithagebirge und Schilfgürtel bekamen vom plötzlichen Temperaturanstieg schlimmes Kopfweh, doch sie waren es gewohnt. Was sollte man auch tun? Unabänderliches war unabänderlich, Schlimmes war zwar schlimm, aber wurde es einmal zur Gewohnheit, war es schon gar nicht mal mehr so schlimm. Also gewöhnte man sich. Darin waren sich alle einig. Selbst Beppo hatte irgendwann eingesehen, dass es nichts nutzte, sich über den Alpenföhn aufzuregen. Es gab ihn, er kam und ging, und dagegen war er machtlos. Leider. Das musste er akzeptieren. Jedoch gab es andere Dinge, die waren nicht unabänderlich, auch wenn sie anfangs vielleicht den Anschein erwecken mochten. Es gab andere Dinge, die musste er ganz und gar nicht akzeptieren, an die musste er sich ganz und gar nicht gewöhnen. Kruzifix, im Gegenteil!

Im Schein seiner Taschenlampe suchte er nach einer geeigneten Stelle am Fenster. Nachdem er sich entschieden hatte, nahm er das Gewebeklebeband und klebte einige lange Streifen auf das Glas. Dann noch einmal über Kreuz. Schließlich wickelte er sich seinen Gürtel aus Gamsleder um die Fingerknöchel und wartete. Als der nächste stärkere Windstoß über das Dach zog und dabei ein Heulen von sich gab wie ein Chor Uhus, schlug er zu. Die Scheibe zerbrach, gab dabei aber kaum mehr als ein dumpfes Knacken von sich, so als würde man auf zu dünnes Eis treten. Das Klebeband hielt die einzelnen Bruchstücke zusammen. Auch diesen Trick hatte er von Milena, der sowjetischen Scharfschützin aus Siebenbürgen, gelernt. Er fasste durch das Loch in der Scheibe, drückte den Öffner und machte einen lautlosen Schritt in den Salon.

Im roten Licht der Taschenlampe sahen die mit weißen Tüchern abgedeckten Möbel aus wie Gespenster, aber Beppo hatte natürlich keine Angst. Erstens war er Jäger, und Jäger glaubten nicht an Gespenster. Zweitens war ihm dieser Salon selbst im roten Zwielicht seiner Jagdlampe so vertraut wie seine eigene Wohnstube. Und drittens wären die Gespenster, die dieser Ort in Beppos Innerstem hervorrief, der eigentliche Grund zum Fürchten gewesen.

Er lenkte den Lichtstrahl für einen Augenblick an die Decke. Ohne Bedauern stellte Beppo fest, dass der farbige Putz schon an einigen Stellen abgeplatzt war und in Fetzen herabhing. Die Deckenmalerei hatte er ohnehin stets als protzig empfunden. So etwas ließen sich doch nur Leute machen, die sich für italienische Fürsten hielten. Er riss das Laken vom Ohrensessel und wunderte sich darüber, dass er damit keine Staubwolke auslöste. Rosi und Willibald mussten sich gewissenhaft um das unbewohnte Haus kümmern. Normalerweise hatte er ja nichts übrig für so großkotzige Möbel, die ihn an englische Herrenhäuser erinnerten, in denen Lackaffen wohnten, die allen Ernstes mit Bluthunden und Pferden auf die Fuchsjagd gingen. Einfach krank. Aber als er sich damals zum ersten Mal in die Polsterung niedergelassen hatte, wie sich die Federn und das weiche Leder nahezu sündig an die Formen seines jungen Körpers geschmiegt hatten – ein Körper, der nichts kannte als den Dreck des Meierhofes und den feuchten Waldboden –, da wusste er sofort: Dieser Sessel würde sein Lieblingsplatz sein. Und nun musste Beppo feststellen: Nach all den massiven Veränderungen, die sein Körper durchlaufen hatte, fühlte sich der Ohrensessel unter seinem inzwischen deutlich knochigeren Hintern immer noch so bequem und vertraut an, als wäre er erst gestern zum letzten Mal darin gesessen. Und nicht vor – ja leck mich, stellte er staunend fest – schon über dreißig Jahren.

Sein Blick fiel auf das leere Bücherregal, das eine gesamte Wand einnahm. Hatte sie sich damals wirklich die ganzen Bücher nach Amerika verschiffen lassen? Es mussten Tausende gewesen sein. Was für ein unnötiger Aufwand für einen Haufen Papier.

Er erhob sich und ging quer durch den Raum zur gegenüberliegenden Wand. Das über hundert Jahre alte Tafelparkett gab unter den schweren Jagdstiefeln knarrend nach. Das Gemälde hing noch immer. Bei Tageslicht hätte man darauf eine Person gesehen, gesund und kräftig, in weißen Hosen und rotem Hemd, eine Büchse quer über die Schulter gelegt, vor dem Hintergrund eines ockergelben Ozeans aus Schilf, über dem der blaue burgenländische Himmel hing. Was Beppo jetzt sah, wirkte wie die dunkle Parallelwelt der eigentlichen Szenerie. Dem stolzen und aufrichtigen Gesichtsausdruck der Person konnte das dennoch nichts anhaben. Beppo ging einen Schritt näher heran. Er hatte nicht viel für Kunstkram übrig, aber dieses Bild hatte ihm schon immer gefallen. Vor allem, wie detailreich das Gewehr gemalt worden war. Sogar die Schnitzereien auf dem Kolben konnte man erkennen, all die kleinen Jagdszenen. Und auch das Siegel mit dem großen A. Er strich mit dem Finger vorsichtig über die trockene Ölfarbe.

Das hatte sie früher immer wahnsinnig gemacht. Das Gemälde sei nicht unbeschadet durch drei Jahrhunderte gebracht worden, nur damit er es nun mit seinen von Hirschwurst fettigen Waldbodenfingern ruiniere, hatte sie geschimpft. Er hatte nicht anders gekonnt, als zu lachen. Daraufhin hatte auch sie gelacht.

Er trat einen Schritt zurück, fasste den schweren, goldbesetzten Rahmen am Rand und zog. Das Gemälde schwang auf wie ein Fenster und gab die dahinterliegende Wand frei. Darin war eine kleine metallene Tafel eingelassen, die zehn Druckknöpfe fasste. Am unteren Ende der Tafel befand sich ein Kippschalter, den Beppo betätigte. Er warf einen Blick über die Schulter. Nichts. Das Bücherregal lag in völliger Dunkelheit da, eine große schwarze Fläche. Auf den zehn Druckknöpfen waren Ziffern abgebildet. Es war über drei Jahrzehnte her. Er würde es einfach versuchen.

Fini. Er musste einen kurzen Moment überlegen.

Sechs.

Neun.

Vierzehn.

Neun.

Dann betätigte er erneut den Kippschalter. Außer dem Klicken des Schalters blieb es still, nur der Alpenföhn schickte einen Pfiff durch das Loch in der Scheibe.

Beppo drehte sich um. Nichts. Die Wand mit dem Bücherregal war noch immer eine einzige schwarze Fläche. Kurz war er enttäuscht, aber gleichzeitig hätte es ihn auch sehr gewundert, wenn der Code nicht geändert worden wäre. Die Taschenlampe begann zu flackern. Verdammt, er hatte vergessen, frische Batterien einzulegen. Beppo schaltete sie mürrisch aus.

Für einen Moment wurde sein Blickfeld von völliger Schwärze erfüllt. Aber als sich seine Augen an das Dunkel gewöhnten, da tauchte etwas auf, ein rechteckiger Rahmen aus Licht, so diffus und schwach leuchtend, dass man nicht ganz sicher sein konnte, ob er nicht doch ein Teil der Dunkelheit war. Beppo knipste die Taschenlampe wieder an, und das Rechteck verschwand. Jetzt wusste er Bescheid. Und tat, was er schon lange nicht mehr getan hatte: Er lächelte.

Entschlossen schritt er zum Bücherregal, genau dorthin, wo das Rechteck eben verschwunden war. Am äußersten rechten Ende der Wand tastete er im Rotlicht der Taschenlampe, die zu seinem Ärger leider wieder zu flackern begonnen hatte, auf den leeren Brettern herum, ohne genau zu wissen, wonach er suchte. Er klopfte, drückte, strich mit der Hand über die Oberflächen, unten, oben, in der Mitte, rechts und links, aber nichts. Langsam spürte er Ratlosigkeit in sich aufsteigen, und das vertrug er gar nicht. Zu allem Überdruss stieß er sich auch noch das Schienbein an der Leiter, die ihm schon die ganze Zeit im Weg gewesen war. Dieses Scheißteil! Die Leiter hing an ihrem oberen Ende in einer Schiene. Fluchend schob er sie von sich weg. Da hörte er ein Knattern, ein Ächzen, ein Knacken, und ihm schwang ein Ausschnitt in Form einer niedrigen Türe entgegen. Wieder verzog er sein Gesicht zu einem Lächeln. Vor ihm lag nun die schwach beleuchtete Treppe, die nach unten führte. Die Wände und Stufen waren aus Marmor. Am Ende der Treppe eine Türe aus dunklem Holz, in ihre Oberfläche eingelassen ein großes Siegel aus Kupfer, das zwei überkreuzte Gewehre zeigte. Sie bildeten eine Art Giebel, darunter war ein großes, verschnörkeltes A. So weit alles beim Alten. Die Taschenlampe hatte endgültig ihren Geist aufgegeben, aber er brauchte sie jetzt nicht mehr.

Bedarfshalt

Wir verlassen das Wiener Becken und tauchen in die gewaltige pannonische Tiefebene ein. Mit mäßiger Geschwindigkeit kriecht das raupengliedrige Gefährt den Rand eines nahezu extraterrestrisch anmutenden Terrains entlang: der Schilfgürtel. Ein Ozean aus im heißen Wind wogenden Rohren mit Büscheln, die an schüttere Schweife von Fuchsjungen erinnern. In seiner gewaltigen Ausdehnung lässt der Schilfgürtel den in der Ferne flimmernden Steppensee, den er fast zur Gänze umschließt, wie eine vergessene Pfütze wirken. Ich habe einen Zug mit Klimaanlage erwischt, aber die Nachmittagssonne brennt durch das Glas auf meine dunkle Kleidung. Ich schwitze. Der Waggon ist fast leer, er riecht fabriksneu, die Polsterung ist überraschend unangenehm. Ich kann mich noch vage an die alten, scheppernden Regionalzüge erinnern, auf deren durchgesessener Federpolsterung ich immer das Gefühl hatte, bei Onkel Beppo auf dem grünen Sofa zu sitzen. Mit diesen alten Zügen bin ich als Jugendlicher oft nach Wien gefahren, statt zur Schule nach Eisenstadt. In Wien habe ich mir, wenn ich gerade ein bisschen Geld zusammengespart hatte, ein paar Aufnäher von Punkbands gekauft, die meine Mutter dann später zähneknirschend auf meine Jacke oder Schultasche nähte. Der Großteil der Kids stand auf schnellen amerikanischen Punkrock, ich mehr so auf brachialen Deutschpunk. Heute finde ich beides in seiner Eindimensionalität und Homogenität abstoßend. Wenn ich kein Geld zur Verfügung hatte, was meistens der Fall war, bin ich zum Schuleschwänzen in Eisenstadt geblieben und habe mich im Schlosspark versteckt. Dort habe ich mir allerhand Laster angewöhnt. Immer traf man auch andere Nichtsnutze, die dort die Zeit totschlugen. Es war eine Art grünes Jugendzentrum, aber mit Drogen und eigenen Regeln, betreut durch uns selbst. Ich habe diese Zeit als aufregend abgespeichert, wobei ich allerdings den Verdacht hege, dass die Erinnerung trügt.

Das Horn des Zuges ist irrsinnig laut, ich hätte es eigentlich besser wissen sollen, als mich in den vordersten Waggon zu setzen. Wir fahren an ein paar verlassen wirkenden Maschinen vorbei, mit deren Hilfe später im Winter Schilf geschnitten und zu großen Bündeln verarbeitet wird, die anschließend teuer nach Sylt oder Rügen verkauft werden. Ganz in der Tradition der Bernsteinstraße. Eine Handelsroute des Altertums, die gleich hier neben den Schienen verlief und, an der nördlichen Adria beginnend, bis hoch zur Ostsee führte. Außerhalb des Römischen Reiches existierten eigentlich keine Straßen – zumindest nicht das, was wir heute unter dem Begriff verstehen –, deshalb sollte man sich die Bernsteinstraße mehr als eine Abfolge von Wegstrecken zwischen benachbarten Siedlungen vorstellen. Aus der Luft kann man anhand von Bewuchsmerkmalen im Getreide ihren Verlauf noch heute gut erkennen, sogar die Grundmauern einer römischen Straßenstation, gleich am Rande meines Dorfes, sind auf Luftbildern zu sehen. Irgendwann war es dann aber natürlich vorbei mit dem High Life in dieser Gegend. Vor fünfzehn Jahrhunderten verlor die Bernsteinstraße endgültig an Bedeutung, und dieser Landstrich kehrte zurück in den Schlaf der Vergessenen, in dem er sich bis heute wiegt und dabei so schwach atmet, dass man manchmal glauben könnte, er wäre tot.

Draußen verneigen sich die Rohre fast hämisch vor dem vorüberfahrenden Gast. Im Schilfgürtel haben sich schon einige Leute verirrt und sind gestorben, unterkühlt oder aus Erschöpfung.

Ein wohlbekannter Klang dringt aus den Lautsprechern. Es ist Chris Lohner. Schauspielerin, Autorin, Journalistin, Moderatorin, und seit 1979 die Stimme der österreichischen Bundesbahnen. Ich glaube mich nicht zu weit aus dem Fenster zu lehnen mit der Behauptung, dass diese Stimme manchen in Österreich lebenden Menschen vertrauter ist als die der eigenen Mutter. Ein Timbre wie ein Hobel, der sanft, aber bestimmt über ein Brett Zedernholz gleitet: *Bedarfshalt, bitte Haltewunschtaste drücken.* Ich drücke, was bleibt mir anderes übrig. An der Stelle, wo der Schilfgürtel mit fünf Kilometern seine größte Ausdehnung erreicht, steige ich aus. Die Türen des schnaufenden Zuges schließen sich. Ich sehe zu, wie er davonfährt. Ein Schiff, das mich auf derselben Insel aussetzt, von der es mich mehr als ein Jahrzehnt zuvor gerettet hat.

Ich stehe da, fühle das Gewicht der Tasche an meinem Arm ziehen und frage mich, was ich tun soll. Jetzt bin ich also wieder hier. Die umliegenden Häuser wirken leer, kein Mensch, kein Tier, sogar die Stare scheinen geflüchtet zu sein. Oben, in der Kuppel aus unendlichem Blau, ist nicht einmal der dünnste weiße Strich zu erkennen. Nichts bewegt sich, alles steht still. Nur das Schilf wogt im steten, leichten Wind, wie eine riesige gallertartige Lebensform.

Ich schließe die Augen und stelle mir vor, ich bin an der Adria, zweitausend Jahre früher. Ein illyrischer Händler, der seine Waren im Norden gegen eine respektable Menge Denare eingetauscht hat. Nach einer langen Zeit bin ich endlich wieder zu Hause in Tergeste, bevor ich im Frühling schon wieder los muss. Die Wellen schlagen sanft gegen die Mauern des Hafens, eine wunderbare Bora bläst mir allerfeinste Meerestropfen ins Gesicht. Ich sitze in einer Taverne und erhole mich bei einem frisch gefangenen Hornhecht von der beschwerlichen Reise. Aus einem Becher trinke ich warmen Wein, dessen gelblich roter Farbton an die Haare der barbarischen Gefangenen erinnert, die ich in Carnuntum gesehen habe. Mit einer Gräte entferne ich Essensreste zwischen meinen verbliebenen Zähnen. Beim Trinken schlürfe ich genüsslich und weiß nichts von den Katastrophen der Zukunft.

Ich bemerke, dass ich sehr durstig bin, und öffne die Augen.

Los.

Die Bahnstraße. In der sogenannten Fahrradschenke treffe ich auf die ersten größeren Lebensformen. Sie tragen allesamt bunte Fahrradkleidung. Obwohl ich mit meinen dunklen Sachen, den Stiefeln und der Aktentasche überhaupt nicht ins Bild passe, beachtet mich niemand. Ich gehe zur Theke, hinter der eine Frau gerade Gläser poliert, und ich bestelle mir ein Mineralwasser zum Mitnehmen. Mit etwas mehr Schwung als unbedingt notwendig, stellt die Dame die Flasche vor mir ab.

Meine Geldbörse ist vollkommen leer, wie ich bestürzt feststelle. Verdammt. Was mache ich jetzt? Ach ja. Die Aktentasche. Natürlich. Ich schaue an meinen Beinen hinab. Dort steht sie.

«Äh … einen Moment bitte.»

Die Frau verschränkt ihre kräftigen Arme und sieht mich an, mustert mich. Nervös gehe ich in die Knie. Mir fällt auf, dass ich die Tasche bis jetzt noch gar nicht geöffnet habe. Als ich die beiden Verschlüsse aufschnappen lasse, komme ich mir ein bisschen vor wie in einem schlechten Film. Ich öffne sie. Puh. Wow. Okay. So sieht das also aus. Mir bleibt kurz die Luft weg. Ohne weiteres Zögern ziehe ich einen der obersten Scheine heraus, klappe die Tasche zu und stehe hastig auf, wobei ich mir den Kopf am Tresen stoße.

Die Frau sieht mich misstrauisch an, nimmt widerwillig das Geld und klatscht mir ein paar abgegriffene Scheine hin, ich sammle sie hastig ein und frage erst gar nicht nach den Münzen, die noch fehlen, nehme die Aktentasche, stecke mir die Flasche unter den Arm und verschwinde. Draußen prostet sich eine Gruppe älterer Deutsche zu. Ihre von der Sonne verbrannten Körper sehen so aus, als wären sie mit einer dünnen Schicht Bronze überzogen.

Ich habe einen relativ langen Weg vor mir, der Bahnhof liegt am äußersten Ende des Dorfes. Ich seufze. Aber was bedeutet schon Raum in Abwesenheit von Zeit? Ich kichere kurz über diesen Gedanken und gehe dann los.

Der Fahrradweg entlang der vom Tourismusverband fleißig beworbenen Kirschblütenroute kreuzt die Bahnstraße. An vielen Zäunen sind Schilder angebracht, mit denen findige Dorfbewohner und Dorfbewohnerinnen selbstgemachte Produkte feilbieten. Hartwurst aus eigener Schlachtung. Edelbrände aus Erzeugerinnenabfüllung. Handgemachte Seifen mit Ziegenmilch und Marillenblüten, zweiundzwanzig Euro das Stück. Trotz der fünfzehn Jahrhunderte seit dem Untergang der Bernsteinstraße scheinen die Menschen hier ihre Geschäftstüchtigkeit nicht verloren zu haben.

Irgendwann wird die Bahnstraße zur Hauptstraße. Mit mittlerweile vor Schweiß fast komplett durchnässtem Hemd schreite ich langsam den Gehsteig entlang. Kurz nach dem Feuerwehrhaus mache ich Rast, um einen Schluck Wasser zu trinken. Neben dem Gebäude steht eine Skulptur, die den heiligen Sebastian zeigt.

Dem Märchen nach war dies ein mailändischer Wichtigtuer, der ungefragt allen von ihm als notleidend eingestuften Menschen seine Hilfe in Form von unfundierten Ratschlägen aufdrängte. Irgendwann hatten die Leute genug von der Nervensäge, er wurde zum Tode verurteilt und von numidischen Bogenschützen gefesselt mit mehreren Pfeilen durchbohrt. Bei der Hinrichtung versagten allerdings alle verantwortlichen Männer auf ganzer Linie, indem erstens die Schützen nicht richtig trafen, sodass Sebastian überlebte, und zweitens der zuständige Principalis dies nicht einmal bemerkte. Der Totgeglaubte, den man liegen gelassen hatte, auf dass sich die Raben an ihm laben sollten, wurde von einer wohlhabenden Frau gerettet, die Mitleid mit dem armen Tropf hatte. In monatelanger Pflegearbeit gelang es ihr, Sebastian zur Genesung zu verhelfen. Sobald sich dieser gesund genug fühlte, kam es ihm jedoch nicht etwa in den Sinn, sich bei der Frau zu bedanken oder gar zu revanchieren, nein, gerade erst wieder auf den Beinen begann er schnurstracks aufs Neue damit, durch die Stadt zu laufen, Unruhe zu verbreiten und allen Leuten, denen er begegnete, seine Meinungen und Ansichten aufzudrängen, ohne dass diese ihn je danach gefragt hätten. Diesmal machte es die Stadtverwaltung aber richtig und ließ ihm bei einem von der ganzen Stadt gefeierten Spektakel im Circus von groß gewachsenen makedonischen Söldnerinnen mit Keulen den Schädel einschlagen. Seinen Leichnam warf man anschließend in die Cloaca Maxima, und Ruhe kehrte ein. Die katholische Kirche, deren ganzes Verkaufskonzept bekanntlich schon immer auf das übersteigerte Selbstbewusstsein von geltungsbedürftigen, verwirrten, jungen Männern setzte, erklärte Sebastian zum Heiligen und Märtyrer. Der Teufel weiß, warum.

Ich sehe mir die Statue an. Eine extrem sexualisierte Darstellung zeigt den bedauernswerten Knilch mit einem lockeren Strick an einen Pfahl gebunden, in seiner Schulter steckt ein Pfeil. Der leidende Gesichtsausdruck wirkt gespielt, die Augen sind theatralisch zum Himmel gewandt. Was für eine Witzfigur. Ich gehe weiter.

Vor dem herrschaftlichen Haus mit den schönen Spalieren bleibe ich stehen und betrachte es eine ganze Weile lang. Wilde Rosen versuchen an den alten Eisengittern hochzuklettern, sie müssen noch wachsen. Schließlich steige ich die drei Treppen hoch. Das Holz gibt bei jeder Stufe ein empörtes Ächzen von sich. An der wunderbar getischlerten Haustür aus dunkel gebeizter Kirsche ist ein kupferner Türklopfer, eine hängende Lilienblüte. Ich stelle die Aktentasche ab und reibe mir den schmerzenden Arm. Nach einem Schluck aus der Wasserflasche werfe ich einen Blick die Berggasse hinunter. Sie liegt jetzt verlassen da, nur eine schwarze Katze schleicht in einiger Entfernung langsam von einer Seite zur anderen. Die Hitze lässt es durch eine Luftspiegelung über dem Asphalt so aussehen, als würde sie über einen kleinen Teich tapsen. Eine Weile läuft sie auf mich zu, doch kurz bevor sie mich erreicht, verschwindet das Tier mit einem gewandten Satz in einer schmalen Lücke, die zu Belüftungszwecken zwischen den Häusern gelassen wurde. Die hiesigen Katzen benützen diese Schluchten oft als Abkürzung.

Der Geruch von Holzbeize liegt in der Luft. Ich atme durch und klopfe. Bei jedem der drei Schläge wird ein metallisch flatterndes Echo die Gasse hinuntergeschickt. Im Haus scheint sich nichts zu rühren. Ich klopfe weitere drei Male, diesmal etwas fester und mit größerem Abstand zwischen den einzelnen Schlägen, und warte. Nichts passiert. Neben der Haustüre ist ein halb geöffnetes Fenster, nur mit Sturmhaken befestigt. Weiße Gardinen bewegen sich geisterhaft im schwachen Luftzug. Mit der flachen Hand über der Stirn versuche ich, durch den Stoff hindurchzusehen.

«Frau Blum?», rufe ich vorsichtig in das Haus hinein. Keine Antwort, kein Geräusch. Ich schaue noch einmal kurz die Gasse hinunter. Für einen Moment denke ich mir: Wie leicht wäre es, in das Haus einzusteigen, ich müsste nur den Sturmhaken lösen. Weit und breit ist niemand zu sehen. Ich lege meine Hände probeweise auf das brusthohe Fensterbrett. Daran könnte ich mich hochdrücken. Ein beherzter Satz und ich wäre drin.

«Der Herr sieht alles!», hallt plötzlich eine tiefe Stimme durch die Gasse, und ich fahre vor Schreck herum, stürze dabei fast über das Geländer der Veranda. Wer zum Teufel war das? Bange blicke ich mich um, aber alles ist leer, die Fenster, der Gehsteig, die Gasse. Ich steige die drei Stufen hinab und blicke an der Fassade hoch. Die dunklen Fensterläden sind geschlossen. Dann höre ich halb unterdrücktes Gelächter, von irgendwo hinter mir. Was ist hier los? Das Lachen wird lauter und verwandelt sich schließlich in ein Husten.

«Hier oben, mein Sohn», höre ich wieder die Stimme. Zweieinhalb Stockwerke über der Gasse, aus einem kleinen Giebelfenster direkt unter dem Dach des Nachbarhauses, schaut ein Kopf mit schütteren weißen Locken hervor und grinst auf mich herab.

«Herr Pfarrer!»

Aber natürlich, das ist ja das Pfarrhaus.

Willibald lacht noch einmal dreckig, bevor er einen genüsslichen Zug von der Zigarre nimmt. Sein Gesicht verschwindet hinter einer graublauen Wolke. Ich möge ihm bitte verzeihen, er habe sich nur einen kleinen Schabernack mit mir erlaubt. Er hoffe, ich sei nicht allzu sehr erschrocken.

«Was machen Sie denn dort oben, Herr Pfarrer?»

«Wie bitte?» Er hält sich die freie Hand ans Ohr.

«Was machen Sie denn dort oben im Dachboden?», rufe ich.

«Na, was wohl! Ich passe natürlich auf Frau Blums Haus auf, während sie weg ist!» Wieder verwandelt sich sein Lachen in Husten. Er macht eine abwehrende Geste. Der Dachboden sei der einzige Ort, an dem er im Haus rauchen könne, ohne die Repressalien der Köchin Rosi fürchten zu müssen. Ich verstünde schon. Ein weiteres Mal geht sein Gesicht kurz in einer Rauchwolke unter.

«Wissen Sie denn vielleicht, wo Frau Blum ist?», frage ich. «Ich wollte ihr gerne einen Besuch abstatten.»

«Die dürfte wohl am Festplatz sein, wegen morgen. Sie ist eine der Hauptsponsorinnen.»

«Was ist denn morgen?»

Willibald macht einen gespielt überraschten Gesichtsausdruck. «Aber Hugo! Morgen ist doch das große Spektakel, das periodische Kräftemessen, der Circus Maximus! Die berühmten Highland-Games!» Wie zur Predigt streckt er bei der Beschreibung seine Hände in die Höhe, wobei die Zigarre im leichten Wind einen schmalen Streifen Rauch in die Luft schickt. Dann zieht er die Arme wieder ein und lacht ein bisschen vor sich hin. «Ich persönlich habe nicht so viel übrig dafür, aber die Leute lieben es. Es sei ihnen vergönnt!»

Die Highland-Games sind morgen? Mein Vater hat kein einziges Wort darüber verloren. Normalerweise redete er schon Wochen davor von nichts anderem mehr.

Plötzlich werden zwei Fensterläden im Erdgeschoss aufgestoßen, das Holz knallt gegen die Halterungen in den weiß getünchten Außenmauern, und zwischen zwei Vorhängen, auf denen jeweils ein schlichtes Kreuz gestickt ist, stößt ein erzürntes Gesicht hervor. Es ist uralt.

«Sakrament! Was ist denn hier für ein Krawall auf der Gasse!?», ruft mir die Frau empört entgegen. Es ist Rosi.

Ich weiß nicht, was ich sagen soll, und schaue hilflos zu Willibald empor. Dieser hat sich hinter das Fenster zurückgezogen und bedeutet mir, zu schweigen.

Der alten Rosi ist mein Blick nicht entgangen, sie lehnt sich aus dem Fenster und blickt argwöhnisch zum Dachgiebel hinauf.

«Herr Pfarrer!»

Willibald bewegt sich nicht.

«Herr Pfarrer, Sie brauchen nicht so zu tun, ich weiß genau, dass Sie dort oben diesem widerlichen Laster nachgehen! Wie oft habe ich Ihnen schon gesagt, dass das einem Träger Ihres Amtes nicht würdig ist!»

Steinern wie der heilige Sebastian stehe ich auf dem gegenüberliegenden Gehsteig und beobachte die absurde Szene. Der Pfarrer tut noch immer so, als wäre er nicht da.

Sichtbar außer sich verschwindet die alte Frau wieder hinter den hellblauen Vorhängen. Willibald sieht fragend auf mich herab, und ich deute ihm mit erhobenem Daumen, dass die Luft rein ist. Er winkt mich hastig heran.

Ich trete näher.

«Danke, Hugo», flüstert er so laut, dass er auch genauso gut mit normaler Stimme sprechen könnte. «Ich muss schnell weg, vielleicht sehen wir uns ja morgen bei den Highland-Games.»

Bei den Highland-Games? Ich dachte, das wäre nichts für ihn? Aber schon ist sein Kopf verschwunden, und die Gasse kehrt in die dorfübliche Paralyse zurück.

Die Luft im Hof ist von einem rußigen Aroma erfüllt. Hinter den Baumwipfeln macht sich die Sonne zum Untergehen bereit, aber es ist noch immer hell. Die Temperatur ist angenehm. Durch die Nähe des Waldes und den Schatten der Bäume ist es hier meistens drei oder vier Grad kühler als draußen auf der Straße. Ich stehe unter dem Kirschbaum und bin erschöpft. Mit dem Handrücken streiche ich mir über die feuchte Stirn. Mein Vater kniet vor dem Küchenfenster und macht sich mit einer kleinen Schaufel an der Erde zu schaffen.

«Hallo, Bub!»

Er lüftet kurz seinen Strohhut. Eine braune Strähne klebt ihm auf der Kopfhaut. Dann widmet er sich wieder seiner Beschäftigung. Als ich näher komme, sehe ich ein Dutzend Setzlinge neben ihm auf dem Boden. Behutsam nimmt er einen davon aus dem schwarzen Plastik, steckt ihn in das kleine Erdloch, das er soeben gegraben hat und drückt anschließend mit den Händen die Erde fest.

«Tomaten?»

«Ja, ein bisschen spät, ich weiß.» Mein Vater nimmt ein paar kräftige Schlucke aus der Bierflasche. Schweißperlen hängen in seinem Bart. Er gibt einen Laut der Erfrischung von sich. Dann beginnt er, das nächste Loch auszuheben. «Aber wenn deine Mutter bald nach Hause kommt», fährt er fort, «soll sie eine Freude haben.» Er nimmt eine weitere Pflanze und steckt sie vorsichtig in die Erde. «Hab nix gehört von dir, deshalb hab ich mit der Arbeit angefangen. Aber die Asche ist noch heiß, wenn du möchtest, kann ich den Grill noch einmal anheizen, sobald ich fertig bin.»

Mein Magen knurrt, als wollte er Applaus geben. «Ich geh noch schnell duschen.»

Zwei Stunden später sitze ich am Ende des Hofes und beobachte die Glut, wie sie langsam immer blasser wird. Mein Vater öffnet die zweite Flasche Wein. Ich reibe mir den vollen Bauch. Die Dämmerung hat eingesetzt, erste Gelsen ziehen ihre Kreise, scheinen es dabei jedoch eher auf das Blut meines Vaters abgesehen zu haben. Aus der verstaubten Musikanlage in der Werkstatt kommt Jazz. Das Klavier spielt in einem Tempo, dass es einem eigentlich schwindlig werden sollte beim Zuhören, aber stattdessen senden die mit fast übermenschlicher Präzision gespielten Noten mit jedem neuen Anschlag so viel Seele und Weisheit aus, dass ich mich umarmt und getröstet fühle. *Keine Angst, wir sind bei dir*, flüstern mir die Harmonien ins Ohr. Aber im nächsten Moment wird es atonal, eine hohe, wirre Frequenz legt sich über den warmen, weichen Klangteppich aus Flügel, Schlagzeug und Kontrabass. Sie schwillt an, scheint immer näher zu kommen. Ich reiße meinen Kopf zur Seite, bevor mir klarwird: eine Gelse im Landeanflug. Ich verscheuche sie und versuche, mich wieder auf den Jazz zu konzentrieren. Neben mir höre ich ein feuchtes Quietschen, dann einen müden Plopp.

«Mary Lou Williams. Leider schon lange tot.» Mein Vater riecht an der fast schwarz gefärbten Unterseite des Korkens. «Die war so gut, alle haben immer gesagt, wow, die spielt wie ein Mann.»

Schweigend lausche ich der Mischung aus genialem Klavierspiel und dem Lärm der Grillenmännchen in den Büschen, während mir mein Vater ein Glas Rotwein reicht. Behäbig lässt er sich in den Plastikstuhl neben mir nieder.

«Prost!»

Zu dem Trio hat sich nun ein Saxophon gesellt, es schnattert wie eine Wildgans und biegt die Töne, bis sie brechen. Immer wieder lässt es sich in tollkühne Tiefen fallen.

«Und, hast du geübt für morgen?», frage ich meinen Vater.

«Was meinst du?»

«Dudelsack? Für die Highland-Games?»

«Ach.» Er versucht, ein gleichgültiges Gesicht zu machen. «Nein. Ist mir zu viel Trubel. Die schaffen das auch ohne mich.»

Ich hebe verwundert die Augenbrauen.

«Außerdem war deine Mama noch nie ein großer Fan von der –»

«Sauforgie», beende ich den Satz für ihn.

Er lächelt für einen kurzen Moment. Dann gehen seine Mundwinkel nach unten. Plötzlich sieht er bekümmert aus.

Zwei Anläufe braucht Rudi, bis er steht, dann geht er rüber zum Tisch. Mit der Flasche Rotwein in der Hand kommt er zurück. «Ich hoffe, die paar Stunden Therapie bringen zumindest irgendetwas.»

Die ballonförmigen Gläser sind sehr voll, sie geben beim Zusammenstoß nur ein dumpfes Klacken von sich. Mary Lou Williams schickt einen virtuosen Tastenanschlag nach dem anderen durch den Garten, und wir schauen schweigend in die Glut, deren Außenhaut immer grauer wird, so wie die Umgebung. Die grünen Blätter des Nussbaums, der Goldflieder, die gelben Königskerzen, die scharlachrote Blutpflaume, das Rot des Weines, das babyblaue T-Shirt meines Vaters. Alles wird blasser, bis nur mehr Grau übrig bleibt. Die Sonne nimmt die Farbe mit ins Bett. In regelmäßigen Abständen trinken wir einen Schluck Wein oder erschlagen eine Gelse, mein Vater wesentlich öfter als ich. Beides.

«Du», sage ich irgendwann in das Schweigen hinein.

Ich scheine ihn aus einer tiefen Gedankentreiberei zu reißen.

«Hm?», höre ich nach zwei Sekunden.

«Ich war bei der Notarin.»

«Ah ja. Und?»

«Ich weiß, wie wir die Privatklinik für die Mama bezahlen können.»

«So? Hast du was geerbt, Bub?», fragt er mit müder Stimme. Ich höre an seinem Ton, dass er mich nicht ernst nimmt. Als würde sein kleiner Sohn ihm ein bisschen Taschengeld anbieten wollen. Er leert sein Glas und erhebt sich wie in Zeitlupe, die Arme fest auf das weiße Plastik gestützt, das unter seinem Gewicht zittert.

«Wie viel denn?» Er tapst mit unsicherem Schritt in Richtung Werkstatt, wo er auch die Weinflaschen lagert. «Ist es genug für den Sprit zur Klinik und zurück?»

«Denke schon.» Der Blaufränkisch von den Hängen des Ödenburger Gebirges schmeckt phantastisch, auch wenn er viel zu warm ist und sich wie Pelz über meinen Gaumen legt. «Reichen zweihundertfünfzigtausend?»

Sláinte

Die Gesichter der beiden Männer wirken angespannt. Ganz so, als stünde ihnen eine schwere Prüfung bevor. Deutlich ist ihnen anzusehen, wie sehr sie sich bemühen, Ruhe zu bewahren. Das lange Haar des einen ist zu einem lockeren Pferdeschwanz gebunden, der andere trägt ein Barett auf seinem kahlrasierten Haupt. Ihre nackten Oberkörper glänzen im Licht des späten Nachmittags. Sie sitzen sich gegenüber, vermeiden jedoch jeglichen Blickkontakt. Ihre Hände liegen flach auf dem Tisch, die Köpfe sind leicht nach vorne geneigt, die kräftigen Schultern angespannt. Bis jetzt hat keiner der beiden seinen Liter Bier angerührt. Am Ende des Tisches steht vornübergebeugt ein dritter Mann, dessen ruhelose Augen ständig zwischen den beiden Gesichtern hin und her wandern. Ich stehe mitten in der Masse. Niemand hat ein Wort gesprochen, seit sich der dritte Mann über den Tisch gebeugt hat, und man könnte meinen, nicht die zahllosen Insekten in den umliegenden Sträuchern und Bäumen erzeugten jenes Sirren in der Luft, sondern eine Kuppel aus elektrischer Spannung, die sich jeden Moment donnernd über uns entladen wird. Ein Knirps, der auf den Schultern einer Teenagerin sitzt, lutscht an seinem Daumen.

«Gentlemen», ruft der Dritte plötzlich in einem tiefen Bass, wobei er *men* über mehrere Sekunden in die Länge zieht. «Get ready!» Die Trommel der Waffe in seiner Hand gibt beim Drehen ein Klicken von sich, als er den Hahn spannt.

Die Teenagerin sagt dem Knirps, er solle sich die Ohren zuhalten. Er beginnt zu weinen.

Nach einem endlos scheinenden Augenblick, in dem keine Brust zu atmen wagt, alles still ist, sogar das Sirren verschwunden scheint, nur das leise Wimmern des Knirpses hörbar ist, streckt der Dritte schließlich den glänzenden Revolver in die Luft und drückt ab.

Die beiden Männer reißen ihre Gläser in die Höhe, und die Menge bricht in ein ohrenbetäubendes Gejohle aus. In überstürzten, tiefen Zügen schütten sie das Bier in ihre Kehlen. Die kontraktiven Bewegungen ihrer Hälse erinnern an einen Reiher, der eilig seinen Beutefisch schluckt. Der Knirps klatscht jetzt und jauchzt. Die Leute feuern ihren jeweiligen Favoriten an.

«Sauf aus, Fredl!»

«Bom-ber! Bom-ber! Bom-ber!»

«Fredl, mach uns keine Schande!»

«Bomber, jawoll! Bomber!»

«Sei kein Lutscher, Fredl!»

«Bist du geschissen, bitte schaut's euch den Bomber an!»

Der Pferdeschwanz knallt sein leeres Bierglas auf den Tisch und lässt gleich darauf ein derart wuchtiges Rülpsen auffahren, das jeden Zweifel ausräumt. Bomber ist der neue Champion. Mit ganzen zwei Sekunden Rückstand weit abgeschlagen, stellt Fredl sein Glas ab. In einer dramatischen Geste reißt er sich das Barett vom Kopf und wirft es auf den staubigen Boden. Seine Brust ist nass, er hat beim Trinken sogar ein bisschen was verschüttet. Beschämt lässt er den Kopf hängen, während Bomber im Siegestaumel seine zu Fäusten geballten Hände zum Himmel reckt und von der Menge begeistert umjubelt wird. Aus seinem Ziegenbart tropft Bier. Nachdem Bomber einen schimmernden Pokal in der Form eines Zapfhahns überreicht bekommt, löst sich die Ansammlung recht schnell auf, die Leute sind vom Zuschauen durstig geworden. Es hat noch immer über dreißig Grad, und auf dem Festplatz gibt es kaum Schatten.

Die diesjährigen Highland-Games sind sehr gut besucht. Sogar vor dem kleinen Zelt, das eine breite Palette verschiedener Whiskys anbietet, hat sich ungeachtet der extremen Temperatur eine Schlange gebildet. Allein das Zelt mit dem Ramsch (Plaids und Kilts aus Polyester, Flaggen, Rüstungen, Dudelsäcke) liegt im Augenblick ein wenig verlassen da. Ich halte meine Augen nach Frau Blum offen.

Fast alle Menschen um mich herum tragen Röcke. Männer, Frauen, Kinder. Mit meiner schlichten schwarzen Hose komme ich mir ein bisschen fehl am Platz vor. Doch obenrum passe ich recht gut zum Rest der Männer, die mittlerweile alle hemdsärmelig herumlaufen, nur die traditionsbewusstesten Mitglieder des Vereins tragen noch ihre Jacken. Es herrscht große Bewegung und ausgelassene Stimmung. Die Finalisten des Eierfangens, Tauziehens, Baumstammwerfens, Fässerrollens und Wetttrinkens stehen bereits fest. Nur der letzte Durchgang des Gewichthochwurfs steht gleich noch an. Ein ums andere Mal muss ich auf übermütige Kinder mit zuckerverschmierten Mäulern achtgeben oder Fleischbergen in schlampig gewickelten Kilts ausweichen, die torkelnd und krebsrot meinen Weg kreuzen. Es sind meine ersten Highland-Games und anscheinend eben jenes bodenständig-fröhliche Spektakel, von dem mir seitens Rudis schon so oft enthusiastisch berichtet wurde.

Ein Reporter des Regionalsenders geht mit einem Kameramann umher und stellt weiblichen Besucherinnen die offensichtlich unvermeidliche Frage danach, was sich wohl unter dem Schottenrock befinden mag.

«Hoffentlich keine Enttäuschung!», höre ich im Vorbeigehen eine Frau antworten, deren Begleiterinnen sofort in schallendes Gelächter ausbrechen.

Ich schlendere weiter über das Gelände, ohne ein einziges bekanntes Gesicht zu sehen. Die meisten Gäste sind wohl von weiter weg angereist. Hoffentlich treibt sich Jürgen hier nicht irgendwo herum. Im letzten Jahr ist er in Ungnade gefallen, als er dem Pipe Sergeant die Nase gebrochen hat. Bloß wegen einer Kleinigkeit, wie erzählt wird. Das kam im Dorf nicht gut an.

Keine Spur von Frau Blum. Irgendwann werden meine Beine müde. Ein unwirklich gefärbter Lichtschleier kündet vom nahenden Untergang der Sonne. Die vielen Sinneseindrücke haben mich ausgelaugt. Ich bin hungrig. In einem grotesk anmutenden Apparat dreht sich eine beachtliche Anzahl an aufgespießten, goldbraun gegrillten Hühnern. Die Geruchsmelange aus Paprika, Pfeffer und Röstaromen lässt mir das Wasser im Mund zusammenlaufen.

«Ein halbes Henderl mit Erdäpfelsalat, bitte!»

Die meisten Menschen wohnen noch dem Gewichthochwurf-Finale bei. Ich stelle meinen Pappteller auf einen der freien Heurigentische und setze mich. Das Fett schlägt kleine Bläschen auf der dampfend heißen Oberfläche des Vogels. Es schmeckt zum Niederknien. Nein, nicht zum Niederknien. Geil. Es schmeckt geil. Zart, saftig und die Haut genauso die Geschmacksknospen prügelnd derb gewürzt, wie es sein soll. Und der Kartoffelsalat: salzig wie ein Schluck Meerwasser, sauer wie eine Zitrone, verfeinert mit einem Bataillon grob gehackter Zwiebeln, das später marodierend durch deine Eingeweide ziehen wird. Genau richtig. Vor dem Autodrom-Fahren und den anderen Kindern hatte ich immer Angst, aber das habe ich an den großen Zeltfesten immer geliebt: ein Grillhenderl vom

Spieß, mit Erdäpfelsalat geschöpft aus dem Dreißig-Liter-Plastikkübel, und dazu eine Flasche Almdudler, in der ein lustiger Strohhalm steckte. Mehr brauchte ich damals nicht, um selig zu sein. Sollen das die glücklichen Zeiten gewesen sein?

In diesem Moment verschwindet die Sonne hinter dem Leithagebirge. Ach verdammt, ich habe den Almdudler vergessen.

Plötzlich steht jemand vor mir.

«Darf ich mich setzen?»

Ich sehe sie sprachlos an, mein Mund ist voll mit zermalmtem Hühnerfleisch. Ohne eine Antwort abzuwarten, setzt sie sich mir gegenüber und stellt zwei Becher frisches Bier ab.

«Hier, siehst durstig aus. Prost!»

Ein Lächeln wie ein offenes Scheunentor. Der flüchtigste Hauch eines Akzents. Diese Schultern. Sie hebt ihren Becher. Noch immer kauend, stoße ich mit ihr an. Sie gibt einen genussvollen Laut von sich.

«Also, eines ist sicher: Das Bier ist hier eindeutig besser als in den Staaten.»

«Hallo, Sky», gelingt es mir endlich zu antworten.

In ihrem schwarzen Hosenanzug passt sie noch weniger als ich zwischen all die Menschen in Kilts und Freizeitkleidung, die nun vom offensichtlich beendeten Finale kommen und zu den Tischen drängen. Der Obmann des Vereins geht mit verschwitztem Gesicht an uns vorbei. Das Bömmelchen an seinem Balmoral hüpft bei jedem Schritt wie ein riesiger, fröhlicher Floh.

«Meinst du, hier sind viele Menschen schottischer Abstammung?» Sky lässt ihren Blick umherschweifen.

«Im Verein zumindest niemand, soweit ich weiß.»

Sie lacht.

«Cute.»

«Ich finde es eher seltsam.»

«Ach was! Die Leute verkleiden sich eben gerne. Wir wollen

doch alle ab und zu mal aus unserer Rolle fallen. Meinst du nicht auch, Hugo?»

Schon wieder sieht sie mich so durchdringend an. Ein Starren, das mich nahezu manövrierunfähig macht. Unangenehm, einschüchternd. Ich flüchte ins Bier und spüre, wie mir der Alkohol in den Kopf steigt, sich eine angenehme Leichtigkeit ausbreitet.

«Bist du wegen des guten Biers hier?», frage ich sie schließlich.

«Schön wäre es! Ich musste mich noch um ein paar Dinge in Beppos Haus kümmern.»

«Habt ihr ihn eigentlich damals ins Heim gesteckt?»

Sie scheint ein wenig überrascht von der Frage. Ihr Gesicht zeigt Betroffenheit. «Sag das doch nicht so vorwurfsvoll. Als meine Grandma erfahren hat, dass ihr Bruder sich nicht mehr operieren lassen möchte, hat sie mich damit beauftragt, Heimhelferinnen für ihn zu engagieren, damit er zu Hause bleiben kann. Und die Art, wie er mit denen umgesprungen ist, kann deinen Eltern nicht entgangen sein. Er hat sich bald nicht mehr gewaschen, nichts mehr gegessen. Als es nicht mehr anders ging, habe ich das beste Pflegeheim in der Nähe ausgesucht und ihn dort hinbringen lassen.»

«*Abtransportieren* meinst du.»

Mein Becher ist leer. Einen Moment lang sieht sie mir in die Augen.

«Wo warst denn du während seiner letzten Monate?», fragt sie ruhig.

Ich fühle, wie sich meine Ohren mit Blut füllen, durchstöbere mein Gehirn nach Worten, möchte irgendetwas brüllen, aber ich finde nichts. Sky sieht mich an, sanft, fast mitleidig eigentlich. «Weißt du was, ich hole uns am besten noch zwei, oder?» Sie verschwindet Richtung Ausschank.

Ich muss mich zusammenreißen, darf nicht wütend werden, ich muss locker bleiben, sonst verliere ich die Oberhand. Ein paar tiefe Atemzüge. Gleich ist neues Bier da, das wird helfen. Ich sehe mich um. Es ist schon fast dunkel. Die bunten Lichter sind an.

Sky kommt zurück, setzt sich jetzt neben mich, nicht gegenüber. Die unerwartete körperliche Nähe holt meine Nervosität schlagartig wieder zurück aus dem Winkel meines Bewusstseins, in den ich sie eben erst verbannt hatte. Wir trinken, diesmal ohne anzustoßen. Nur die Ruhe.

«Also, Sky: Warum bist du wirklich hier? Wegen mir?»

«Oh, Honey!» Sie bricht in lautes Gelächter aus und berührt dabei meinen Arm. «Du hältst dich wohl für sehr wichtig. Fair enough.»

Ich sehe sie ratlos an.

Sie beugt sich ein wenig in meine Richtung. Im ersten Moment weiche ich zurück, doch sie deutet mir mit einer Handbewegung, näher zu kommen. An ihrem rechten Mittelfinger trägt sie einen Ring mit nicht zu kleinem Stein. Nach einer weiteren Sekunde des Zögerns beuge ich mich in ihre Richtung. Sie winkt mich noch näher heran, bis unsere Nasenspitzen sich fast berühren.

«Bitte erlaube mir eine Gegenfrage.» Sie macht eine Kunstpause, lächelt mich mit geschlossenem Mund an. Ihre schwarzen Locken verströmen den Hauch von Kokos. In ihren Augen spiegeln sich die bunten Lichterketten. Sie schiebt ihren Kopf in Zeitlupe an meiner Wange vorbei, ich spüre ihre Schläfe an meiner, und dann ist ihr Mund ganz nah an meinem Ohr. Ich spüre einen heißen Atemstoß, bevor sie spricht. Ich erschrecke mehr über die jähe Kälte in ihrer Stimme als über die plötzliche Lautstärke.

«Okay, Fuckboy. Wo hast du das scheiß Gewehr versteckt?»

Für einen Augenblick verweilt sie noch an meinem Ohr. Dann ist ihr Gesicht wieder direkt vor meinem. Die Nähe ist mir unangenehm, ich möchte zurückweichen, doch sie fasst mich am Hinterkopf. Ihre Augen funkeln mich ernst an. Dann steckt sie sich die Spitze ihres Zeigefingers in den Mund und beginnt, daran zu lutschen. Ist sie jetzt verrückt geworden? Im nächsten Moment wird der Griff in meinem Nacken fester und noch bevor ich weiß, wie mir geschieht, schiebt sie mir blitzschnell den speichelnassen Finger ins Ohr. Ich stoße einen kleinen Schrei aus und versuche, mich aus ihrem Griff zu befreien.

«Was soll das? Hör sofort auf damit!»

Sie lässt von mir ab und schmunzelt, während ich mir mit dem Hemdsärmel meine feuchte Ohrmuschel trockne. Ein paar der Leute um uns herum sehen mich amüsiert an.

«Na, na, na, Navratil!»

Nein. Bitte nicht.

Jürgen haut mir gegen die Schulter, sodass ich fast von der Bank falle. Dann mustert er Sky, langsam, von oben bis unten, und grinst dabei sein Idiotengrinsen. Sie steht auf, stellt sich zwischen ihn und mich und streckt ihm die Hand entgegen.

«Ich glaube, wir haben uns letztens vor der Kirche auf dem falschen Fuß erwischt.»

Er ignoriert ihren ausgestreckten Arm.

«Wie war dein komischer Name noch mal?»

«Sky.» Sie erklärt ihm, dass das englisch für Himmel sei.

«Hältst du mich für deppert?» Und schon ist er wieder laut. «Das weiß ich doch! Warum stehst du hier eigentlich so herum? Geh aus dem Weg, die Lusche und ich haben noch etwas zu klären. Navratil!», ruft er über ihren Kopf hinweg. «Was bist du für ein Mann, dass du dich von deiner Schnalle verteidigen lässt?»

Bevor ich ein Wort sagen kann, stößt er Sky zur Seite, sie muss einen schnellen Ausfallschritt machen, um nicht hinzufallen. Eine Frau am Nebentisch schreit kurz auf.

«Ups», sagt Jürgen, jetzt wieder ruhiger und mit seinem Grinsen. «War das etwa grob?»

Sky sieht ihm ins Gesicht. Dann scheint sie hinter Jürgen etwas zu entdecken. «Ist das nicht deine Mutter?»

Ruckartig dreht Jürgen seinen Kopf. In einer Bewegung, so schnell, dass man die Ausführung nicht sehen kann, nur das Ergebnis, stößt ihm Sky ihr Knie zwischen die Beine.

Ihm entkommt ein urgewaltiges Stöhnen, und er knickt ein. Ich bin vor Überraschung wie paralysiert, sehe mich nur dumm um, ob irgendwo jemand ist, der uns helfen kann. Die Frau vom Nebentisch, der eben noch ein weiterer Schrei des Schreckens entkommen ist, starrt jetzt Sky mit einer Mischung aus Fassungslosigkeit und Bewunderung an.

Skys Körperhaltung erinnert an die einer Boxerin. Das eine Bein ist vorgestreckt und ihre beiden Arme angewinkelt. Sie wippt leicht vor und zurück.

«Das war ein Fehler», sagt Jürgen keuchend und noch immer vornübergebeugt. «Dir werd ich's zeigen, du dahergelaufene H–»

Als er sich aufrichtet, stößt ihm Sky ihre ausgestreckte Hand gegen die Kehle, ohne Aggression, eher kalt und präzise, wie ein Storch, der eine Kröte aus dem Acker pickt. Vom Nachbartisch ist wieder ein Laut des Schreckens zu hören, diesmal aber aus einem Männerhals. Jürgen sackt zusammen und fällt rücklings auf den staubigen Boden. Röchelnd windet er sich, seine Augen treten dick und rot hervor. Ich sitze noch immer wie angewurzelt auf der Bank und versuche zu verstehen, was gerade passiert.

Sky wendet sich kurz an die umliegenden Gäste, die, ebenso untätig wie ich, auf ihren Bänken sitzen und die Szene mit offenen Mündern beobachten. Keine Sorge, höre ich Skys gefasste, feste Stimme sagen, der fange sich gleich wieder. Sie setzt sich wieder zu mir, nimmt einen Schluck von ihrem Bier, als wäre nichts weiter geschehen.

Und tatsächlich, nach einer unendlichen Minute, während der ich es kaum gewagt habe, meine Augen von Sky zu lösen, hört das Röcheln auf, auch das Winden, und Jürgen sitzt im sandigen Untergrund, noch immer die Hände am Hals, die Augen blutunterlaufen.

Plötzlich ruft jemand aufgeregt seinen Namen. Es ist ein junger Mann, ungefähr in meinem Alter, den ich nicht kenne. Er läuft eilig auf uns zu, wirft Sky und mir einen vernichtenden Blick zu.

«Komm, Jürgen, ich helfe dir, wir gehen.»

Er hilft dem Koloss auf die Beine und führt ihn weg, Richtung Parkplatz. Noch einmal dreht sich Jürgen um und schaut in unsere Richtung. Dann verschwinden die beiden hinter einer Bude.

Drei Gläser, die mit einer bernsteinfarbenen Flüssigkeit gefüllt sind, landen auf unserem Tisch, und der Pfarrer lässt sich auf die Sitzbank gegenüber nieder.

«Ich bin nicht nur von Berufs wegen gegen jede Form körperlicher Gewalt». spricht Willibald einfach drauflos, als wäre es das Normalste der Welt, dass er plötzlich hier sitzt. «Dennoch muss ich anerkennend sagen: Chapeau! Wo hast du gelernt, dich so zu bewegen, Sky?»

Natürlich, die beiden kennen sich. Sky und Frau Wenzel haben schließlich das Begräbnis von Onkel Beppo ausgerichtet.

«Das habe ich im Zuge meiner Ausbildung gelernt.»

«Ich …, ich …», beginne ich stotternd. «Ich dachte, du wärst Diplomatin?»

Sie sieht mich verständnislos an.

«Bin ich auch?»

Der Pfarrer fordert uns dazu auf, mit ihm anzustoßen. Sky und er wirken sonderbar vertraut.

«Sláinte!» Sie hält ihr Glas hoch. «Ich glaube, so sagen es die Schotten.»

Die beiden stoßen klirrend miteinander an, ungeachtet dessen, dass ich mein Glas noch nicht einmal angefasst habe.

Ob ich Frau Blum noch gefunden habe, fragt mich Willibald. Kein Wunder, meint er, nachdem ich verneine, sie sei eine vielbeschäftigte Frau. Er sei eigentlich auch beruflich hier. Aber, fügt er hinzu, er ließe sich natürlich nie die Gelegenheit entgehen, ein oder zwei fabelhafte Tennessee Straights zu gustieren. Eine Sünde wäre das. Er nimmt noch einen kräftigen Schluck, bevor er sich erhebt.

«Ich wollte auch nicht allzu lange stören. Ich dachte nur, ihr könntet nach dieser ungehörigen Aufregung, deren Zeuge ich war, einen guten Tropfen für die Nerven brauchen.»

Er streicht sich die schütteren, wirren Locken nach hinten, deren Wirrheit dadurch um keinen Grad abnimmt. Eher im Gegenteil.

«Es hat mich sehr gefreut, dich wiederzusehen, Sky. Und dich, Hugo! Wir begegnen einander wieder. Bis dahin, gehet mit Gott, ihr, die ihr seid jung und gerecht!»

Und schon verschwindet Willibald so überraschend, wie er aufgetaucht war.

Mittlerweile ist es Nacht geworden. Keine hundert Meter von uns beginnt der Schilfgürtel, jetzt ein einziges schwarzes Nichts. Sky und ich sitzen still nebeneinander. Danke, höre ich mich irgendwann sagen. Sie macht eine beschwichtigende Geste, als ginge es lediglich um ein spendiertes Bier. Sie wirkt müde, nippt an ihrem Whisky. Dann gibt sie ein langgezogenes Seufzen von sich.

«Also gut, Hugo, mir macht das keinen Spaß mehr. Wir wissen, dass du bei Beppo im Haus warst. Du hast dein Sakko auf dem Sofa liegen lassen.»

Diese Sache schon wieder. In all der Aufregung hatte ich das beinahe vergessen. Ich atme tief durch, bevor ich antworte.

«Ich habe kein Gewehr gesehen. Ich habe kein Gewehr mitgenommen. Und ich muss zugeben, langsam fühle ich mich bedrängt.»

Ich sehe sie ernst an. In ihrem Glas sind noch zwei Fingerbreit. Sie hebt es hoch, schwenkt es behutsam, und besieht sich die Flüssigkeit, als suche sie etwas darin. Whisky. Das ist es. Ihre Augen haben die Farbe von Whisky. Sie stellt das Glas wieder auf den Tisch, ohne noch einmal daraus zu trinken.

«Okay, angenommen, ich glaube dir. Dann solltest du dich wohl besser mal auf die Suche nach dem Gewehr machen. Du hast Beppo ja gut gekannt. Morgen Abend komm ich wieder. Dann hast du entweder das Gewehr für uns oder schuldest uns eine Viertelmillion.»

Ich muss schlucken. Meine Hände beginnen sich zu verkrampfen.

«Du wirst doch nicht ernsthaft glauben, dass du mir einfach so mein Geld wegnehmen kannst.»

Das gewohnte Lächeln taucht wieder in ihrem Gesicht auf.

«Hugo, Honey. Stell dich nicht dumm. Du hast doch nicht eine Sekunde geglaubt, das Geld sei von Beppo?» Sie wirkt ernsthaft überrascht. «Dein Gesicht! Oh, Honey, oh no, du hast es wirklich geglaubt.»

Mit gespieltem Mitleid drückt sie mir die rechte Schulter. Dann steht sie auf und knöpft sich den Blazer zu.

«Gut, dass du dich entschieden hast, deine Mutter in die Spezialklinik zu bringen. Dort hat sie bestimmt die besten Chancen, wieder richtig gehen zu lernen, nicht wahr?»

«Woher …?»

Sie winkt schmunzelnd ab.

«Wer bist du?»

«Gute Nacht, Hugo, bis morgen. Geh bald schlafen.»

Sie dreht sich um, verschwindet und lässt mich am Tisch zurück. Die Leute um mich herum lachen, stoßen an, unterhalten sich, küssen und necken sich. Ich fühle mich, als wäre ich gerade in einem Fass den Abhang hinuntergerollt worden. In meinem Gehirn spielt ein kaputter Dudelsack. Ich kann das alles nicht fassen, muss was trinken, greife nach dem Whiskyglas, rieche an der bernsteinfarbenen Flüssigkeit. Ich brauche Schnaps, richtigen Schnaps.

An der Schnapsbar lehnen Männer. Nebeneinander aufgereiht, zehn Paare nackte, kraftvolle, haarige Beine. Große, stolze Männer aus dem Dorf, die an jedem anderen Tag Hosen tragen. Außer, man ist Schotte oder Bewunderer – fast möchte ich sagen: Cheerleader – der Schotten. Dann darf man das. Ein paar, die sich einreden, sie trügen den Kilt ironisch, sind sicher auch darunter. Bei all der zur Schau gestellten Freizügigkeit gibt es klar abgesteckte Grenzen. Es ist das alte Lied, das sie singen, im dunklen Wald ihrer Ängste. Identität durch Ausgrenzung. Was diese Männer wohl davon hielten, wenn ich plötzlich in einem kecken Lack-Mini daherkäme? Die Vorstellung könnte zum Lachen sein, fühlt sich gerade aber nur tragisch an.

Mit meinem schmalen Körperchen dränge ich mich zwischen zwei massigen Rücken an die Theke. Ich tauche ab, unter eine Glocke aus angeregtem Gemurmel. Ab und zu hört es sich so an, als würden die Zähne einer großen Säge in einen Baumstamm eindringen, aber es ist nur das raue Gelächter des besoffenen Mannes neben mir. Wird er mein Saufkumpan sein? Ich bestelle einen doppelten Vogelbeerenschnaps, weil man den so selten bekommt. Der erste Schluck brennt sehr, wie immer, der zweite auch noch, der dritte und vierte ein bisschen weniger, der fünfte fällt schon leichter. Ich glaube, jetzt beginnt das Genießen. Noch ein Schluck. So richtig schmecken tut er mir noch immer nicht. Ich probiere lieber noch einmal. Hoppla, schon leer. Noch einen bitte! Ah, jetzt aber! Da ist er, der Genuss. So richtig …, so richtig …, ja was eigentlich? Mild! Ja, exakt, mild! Was für ein milder Schnaps, herrlich! Milde ist exakt das, was mein Herz jetzt braucht. Diese garstige Frau! Zugegeben, wie sie Jürgen vermöbelt hat, das war schon gut. Aber mich zu erpressen mit dem Geld, oder besser, mich in ein Schuldverhältnis zu treiben, wie bei der Mafia, was ist denn das für eine Nummer? Wie konnte ich das Ganze nicht von Anfang an durchschauen! Wofür halten die sich? Wer ist diese Großmutter, Beppos angebliche Schwester, dass sie mir solche Enkelinnen auf den Hals hetzt? Ich hoffe, Frau Blum wird mir mehr über sie erzählen. Falls ich sie jemals wiedertreffen sollte. Ist sie vielleicht hier irgendwo? Wie spät ist es? Ich kann sie nirgends sehen. Zurück zum Schnaps. Bitte noch einen, danke! Wie soll ich ein scheiß Gewehr finden, das ich noch nie im Leben gesehen habe? Aber ich muss. Oder? Das viele Geld. Die sauteure Klinik. Mama braucht die Behandlung. So ein gemeines Spiel. Ich will einfach nur zurück nach Berlin. Abstand und Ruhe. Puh, mir ist heiß. Ein Glas Wasser bitte. Ja, Wasser! Sollte es nicht schon längst abgekühlt haben? Langsam wird es mir hier zu eng. Die verschwitzten Rücken meiner Kumpane kommen ja immer näher! Ich ziehe mich mal lieber zu einem dieser aufgestellten Weinfässer zurück. Wer wohl der erste Mensch war, der oder die auf die alberne Idee gekommen ist, Fässer als Stehtische zu benutzen? So, hier ist es besser, luftiger. Wie geht dieser Spruch von Fridas Lieblingsautorin, den sie so gerne loslässt? *Um zu sehen, wie schön die Erde ist, musst du sie als Mond betrachten.* Oder so ähnlich. Könnte das der Grund sein, warum sich meine Eingeweide verknoten, sobald ich einen Fuß auf dieses Stück Land setze? Bin ich dann einfach zu nahe? Aus zehntausend Metern Flughöhe gefällt mir der Steppensee am besten. Der Schnaps ist köstlich. Bis zum Wasser sind es fünf Kilometer, das ist nicht weit, gerade mal wie vom Hermannplatz die Sonnenallee hinunter bis zur S-Bahn und zurück. Nur eben durchs Schilf. Ich muss eigentlich nur dem Mond folgen, das sollte hinhauen. Vielleicht aber besser vorher noch ein Schnäpschen für den Weg? Oh, der Wald aus Männerbeinen ist inzwischen deutlich lichter geworden. Zwei Röcke, die selbstbewusst weit über dem haarumkranzten Knie enden, verlassen gerade die mit Schilfrohr verkleidete Rauschausgabe. Gehet voller Mut hinein in das Dunkel der Nacht, meine irrgeleiteten Brüderseelen, auf dass euch am Morgen die gütige Sonne in ihrer kosmischen Weisheit endlich des richtigen Weges weisen möge!

Danke, Daniela, du kannst jetzt Schluss machen. Ich sperre dann zu.

Was ist das für eine vertraute Stimme hinter der Theke? Diese mit feinstem Schmirgelpapier geschliffenen Worte, schön wie Rubine. Ich blicke hoch.

«Frau Kovacs!»

«Hugo?» Sie poliert ein Weinglas, hält es prüfend ins Licht, während sie mit mir spricht. «Du hier, auf so einem, nun ja, regelrechten Mulatschak?»

«Schön, Sie zu sehen.»

Sie stellt das Weinglas ab und lächelt mich an.

«Schon vergessen, dass wir das Siezen sein gelassen haben, Monsieur?» Dann verändert sich ihr Blick ein wenig. «Ist alles in Ordnung, Hugo? Du wirkst ein bisschen groggy.»

«Es geht.»

«Na, gegen *es geht* kenne ich ein gutes Hausmittel!»

Sie stellt mir ein Glas Williams hin und stößt mit mir an.

Wir unterhalten uns ein wenig, ich höre hauptsächlich zu und halte mich zurück, weil ich betrunken bin. Und auch, weil ich es liebe, Christa zuzuhören. Nicht nur, weil es mich an früher erinnert. Die Zeit, als mir die Welt in all ihrer Beschissenheit noch unbekannt war. Ich lache und nippe ab und zu, wir lachen viel, es fühlt sich gut an, macht meine Brust freier. Irgendwann wechselt sie auf meine Seite der Theke, und bald sind wir beinahe die letzten Menschen auf dem Festgelände.

«Letzte Runde», sagt sie schmunzelnd.

«Trinken wir noch einen?»

Sie antwortet nicht direkt. Wir sehen uns an. Dann streicht die Rückseite ihres Zeigefingers über meinen Hals, ganz langsam, mehr Hauch als Berührung.

«Ich trinke gerne noch etwas mit dir», sagt sie mit sanfter Stimme. Christa ist so schön. Irgendwo klirrt ein Glas. Ihre warme Hand schließt sich um meine.

«Aber nicht hier. Komm.»

Struck by Lightning

Über den Hügeln des Leithagebirges funkeln noch die Sterne, als ich Christa Kovacs' Haus verlasse. Mir fällt auf, dass ich schon gar nicht mehr wusste, wie das aussieht, so ein Sternenhimmel. Ein kühler, frischer Luftstrom aus dem Wald schlängelt sich mir um den Hals, kriecht unter das Hemd. Ich wäre gerne noch bei ihr im Bett geblieben, hätte mich an ihre Schulter gelegt und geschlafen, bis zum Ende der Zeit. Aber mit Milde gab sie zu verstehen: Schlafen sei etwas, das mache sie lieber alleine.

Ich weiß, dass ich noch immer betrunken sein muss wie der liebe Augustin, dennoch fühle ich mich ernüchtert, müde, meinem dürren Körper fröstelt unter dem feinen Stoff, so jäh dem warmen Laken entzogen. Das Ende der Nacht naht und wird unweigerlich den nächsten Tag mit sich bringen.

Wie oft bin ich diesen Weg schon gegangen, wie viele Schritte habe ich wohl in diesem Dorf, das nicht einmal zweitausend Seelen zählt, gemacht? Hunderttausend? Eine Million? Oder null? Sobald der Mensch es kann, geht er. Wie ein Esel, dem man eine Karotte vor die Nase hält. Was glaubt er, ist die Karotte? Geld, ein Kind, Erfolg, ein Preis, Macht, Liebe, Vergnügen? Mir tun alle leid, die nicht wissen, was die Karotte wirklich ist: der Tod. Ich glaube, Onkel Beppo hat es am Ende schon gesehen. Geschunden, dehydriert, keuchend. Allein.

Was ist das da plötzlich an meiner Wange? Ich streiche mir mit dem Zeigefinger über die Backe, ganz deutlich spüre ich die Schwiele vom Holzhacken. Ich betrachte meine Hand im halben Licht eines herannahenden Tages. Sie ist feucht von einer Träne. Ich bleibe stehen, spüre etwas, das sich bewegt in mir, gleich da in der Mitte, genau dort, wo die Rippen sich teilen.

Meine Augen werden heiß, ich schließe sie, kann es genau fühlen, das brodelnde Etwas, das aus mir herauszubrechen droht.

Aber da reißt es mich heraus, das spröde Geräusch von Kieselsteinen, Schritte, ganz deutlich hinter mir. Ich drehe mich um, und da passiert was, ich sehe sie noch auf mich zukommen, die riesige Faust. Ihr Anflug wirkt surreal langsam, wie losgelöst von Raum und Zeit. Ich habe sogar noch Gelegenheit zu der innerlichen Frage, ob mir jemand aufgelauert hat, bevor eine Wucht mich trifft wie ein Kometeneinschlag, genau dort, wo die Rippen sich teilen.

Ich knicke vornüber wie ein altes Schilfrohr. Zuerst bleibt mir vollkommen die Luft weg, ich falle auf die Knie und glaube für einen Moment, dass ich ersticken muss. Dann übergebe ich mich mitten auf den Gehsteig.

Durch meine tränennassen Augen sehe ich die verschwommenen Umrisse eines Riesen über mir. Beißender Alkoholgestank steigt mir in die Nase.

«Na, na, na, Navratil. Jetzt machst du schon wieder so eine Sauerei. Die armen Leut, wenn sie sich später die Sonntagszeitung holen wollen …»

Eine Wut erfasst mich, eine Urwut, wie eine atomare Kettenreaktion. Dieses dummdreiste Grinsen verfolgt mich seit fast dreißig Jahren, als Jürgen mir im Kindergarten zum ersten Mal die Hosen runtergerissen hat. Ich bin so zornig, auf ihn, auf das scheiß Dorf und seine beschränkten Bewohner, auf mich selbst, auf meinen Vater, auf die Männer, auf die Welt. Und Jürgen grinst auf mich herab, auf sein Opfer. Ohne dass ich wirklich merke, was passiert, werden die Muskeln meines rechten Armes hart, formt meine Hand eine Faust, der Handrücken eine Linie mit dem Gelenk, so wie ich es damals im Selbstverteidigungskurs gelernt habe. All meine Kraft, all meine Wut über das Unglück in der Welt stecken in dieser Bewegung.

Er hat gerade noch ausreichend Zeit, überrascht die Augenbrauen zu heben, dann treffe ich ihn.

Ein schlaff klatschendes Geräusch hallt durch die Gasse, das klingt, als ob man ein Stück rohe Hühnerbrust auf das Schneidebrett fallen lässt. Jürgen gibt ein empörtes Grunzen von sich, mehr nicht, bevor er mich am Kragen packt. Er hebt mich hoch, seine Augen glänzen vor Enthemmung, das Gesicht ist komplett rot, nur an der Stelle, wo ihn meine Knöchel getroffen haben, sind vier kleine weiße Kreise zu sehen. Plötzlich fliege ich durch die Luft, bis mein Körper von den harten Holzlatten eines Gartenzauns gebremst wird. Aber ich habe keine Gelegenheit, das Bewusstsein zu verlieren, denn im nächsten Moment ist Jürgen direkt vor mir, sein stinkender Atem wirkt wie Riechsalz. Ich setze zu einem Schrei an, aber plötzlich blitzt etwas im Schein einer Straßenlaterne auf, das mich verstummen lässt.

«So, Navratil, jetzt ist Schluss mit dem Theater.»

Ich sehe es. So ein Actionfilm-Jagdmesser. Sowas ist kein echtes Jagdmesser. Ein Jäger hat einen Knicker bei sich, mit relativ kurzer und schmaler Klinge, scharf wie ein Rasiermesser. Das, womit Jürgen jetzt vor meinem Gesicht rumfuchtelt, diese halbe Machete, kennt er aus amerikanischen Filmen, kein ernsthafter Waidmann hätte je Verwendung für so etwas.

Ich sehe in das Gesicht, das über Jahre mein täglicher Schrecken war. Und die Furcht weicht von mir. Jürgen, der vor Zorn schnauft, seine wahnsinnigen Augen. Dieses riesige Klinge, zehn Zentimeter von meinen Augen entfernt. Und was fühle ich? Mitleid?

«Warum hassen wir uns», frage ich schwach.

«Was sagst du?» Warm und feucht strömt mir der Satz ins Gesicht. Ich blicke über seine Schulter hinweg und sehe den Mond, hinter dem sich mit verhaltenem Leuchten schon der Tag anschleicht.

«Warum hassen wir uns so, Jürgen?»

Er starrt mich an.

Ganz langsam hebe ich meinen Arm. Auf seiner Bärenschulter sieht meine Hand aus wie die eines Kindes.

«Ich meine nicht dich und mich. Ich meine uns Männer. Warum hassen wir uns so? Die Scheiße, in der wir alle sitzen. Die machen wir uns doch selber, siehst du das nicht?»

Grob schlägt er meine Hand von seiner Schulter. Die Pupillen springen hin und her, es ist das alte Spiel, das alte Problem, in welches Auge sieht man, wenn man jemandem in die Augen sehen möchte?

«Jürgen», sage ich. «Weißt du was? Ich hab dich lieb.»

Jetzt weiten sich seine Augen, aber er zeigt keine sonstige unmittelbare Reaktion. Irgendetwas scheint in ihm zu arbeiten. Und dann wird sein Körper schlaffer, seine Augen wenden sich nach unten, kehren sich nach innen, und ganz langsam, Zentimeter für Zentimeter, sinkt das Messer. Jürgen steckt seine freie Hand in die Hosentasche und zieht ein Telefon daraus hervor. Der Bildschirm erleuchtet schwach sein Gesicht, er tippt darauf herum, kneift seine Augen immer wieder zusammen, hat anscheinend Schwierigkeiten damit, den Fokus zu finden. Dann geht das Kameralicht auf der Rückseite an, und das vertraute Piepsen ertönt.

«So», sagt Jürgen mit einer seltsam ruhigen Stimme. Eine

wackelige Hand leuchtet mir ins Gesicht. «Jetzt erzählst du, dass du das warst mit dem Denkmal.»

«Was?», frage ich, während ich mit meiner Hand versuche, meine Augen von dem grellen Kameralicht abzuschirmen.

Jürgen macht einen Satz nach vorne. Seine Stirn ist nur mehr eine Handbreit von meiner entfernt.

«Alle glauben, ich bin deppert», flüstert er. «Du glaubst doch auch, dass du was Besseres bist als ich.»

Der brüllende Jürgen war mir wesentlich lieber als der flüsternde. Sein Gesicht ist mit einem Mal total konzentriert. Irgendetwas hat klick gemacht.

«Du gibst jetzt zu, dass du das warst mit dem Denkmal. Oder ich schwöre, ich schlitz dich auf, du Sau.»

Mein ganzer Körper wird reflexartig steif, als ich die kalte Klinge an meiner Kehle spüre.

Und dann geraten Zeit und Raum wieder aus den Fugen.

Ein Motor heult auf, Reifenquietschen, eine Autotür, Schritte, Jürgen, der verwundert seinen Kopf dreht, aber nur eine halbe Drehung schafft, bevor es knallt. Dem Knall folgt ein Geräusch, so hässlich wie das Rasseln einer Klapperschlange. Jürgen wird steif wie ein Brett, die Lippen aufgerissen, aber die Zähne aufeinandergepresst, die Augen verdreht, seine mächtigen Gliedmaßen gefangen in einem schrecklichen Krampf. Irgendwann hört das Geräusch auf, und er würde ungebremst mit dem Gesicht auf den Asphalt knallen, wäre nicht mein Oberschenkel dazwischen. Ich fühle mich seltsam unbeteiligt, wie ein Zuschauer. In Jürgens Rücken stecken zwei Metallspitzen. Meine geweiteten Augen folgen den zwei Drähten, die daran befestigt sind bis zu dem Taser, den Sky in der Hand hält. Sie nickt mir zu. Ich höre wieder eine Autotüre.

Die Sonne wird noch eine Weile brauchen, die Straßenlaternen sind noch an, dennoch trägt Frau Wenzel ihre schwarze

Sonnenbrille. Mit ihren genagelten Schuhen tritt sie gegen das Bein von Jürgen, der daraufhin dumpf aufstöhnt. Aus seinem halb geöffneten Mund ist dicker weißer Speichel auf die Wolle meiner Hose gelaufen, wie ich nun feststellen muss.

Sky geht rüber zum Geländewagen, öffnet den Kofferraum, kommt wieder zurück.

Zusammen hieven sie den regungslosen Jürgen von meinem Schoß, die Anstrengung dabei ist ihnen deutlich anzusehen.

«Du musst ihn an den Beinen nehmen», sagt Sky außer Atem.

Onkel Beppo taucht vor meinem geistigen Auge auf, der tote Keiler, das viele Blut.

«Komm schon, Hugo, mach dich nützlich.»

Ich packe Jürgen an den Beinen, und wir schleppen ihn zum Wagen. Während ich keuchend seine massiven Schienbeine umklammere, fällt mir auf, dass sein rechtes Hosenbein sich feucht anfühlt. Die beiden Frauen machen den schwereren Job, heben stöhnend seinen Kopf und Oberkörper hoch auf die Ladefläche, legen ihn dort ab, bevor sie mir mit den Beinen helfen.

Als wir es endlich geschafft haben, müssen wir eine Weile durchatmen. Mir wird sogar kurz schwarz vor Augen.

«Well, Sky, my dear», sagt Frau Wenzel irgendwann schwer atmend, ihre Arme in die Hüften gestemmt. «Looks like you made tough boy piss his pants – or how do you say? Angebrunzt?»

Sky verdreht die Augen.

«Ich hoffe, er saut mir nicht alles voll.»

«Ihr –», beginne ich, doch die Stimme versagt mir. Ich setze noch mal an.

«Ihr bringt ihn jetzt ins Krankenhaus … oder?»

«Keine Sorge, Hugo», erwidert Sky, die sich das Jackett glättet. «Wir kümmern uns um ihn. Geh jetzt schlafen, das wird dir guttun. Wir sehen uns morgen.» Ich fühle eine Hand, die meinen Rücken tätschelt. «Und vergiss nicht», fügt sie leise hinzu. «Geld oder Gewehr. Deine Entscheidung.»

Sky wirft die Türe des Kofferraums zu, die beiden steigen ein, der Motor springt an, dreht hoch, der Wagen fährt an.

Dann gehen die Straßenlaternen aus.

Keiler mit Köpfchen

Ich erwache auf dem grünen Ledersofa. Geblendet stelle ich fest, dass es draußen bereits lichter Tag ist. Durch die offene, verglaste Türe zur Waschbetonterrasse strahlt die Sonne. Das Gezwitscher der Spatzen erfüllt die Stube. Ich kann nicht lang geschlafen haben. Soweit ich zurückdenken kann, hing an der Wand über dem Tisch aus massivem Buchenholz immer eine Kuckucksuhr. Ihr Ziffernblatt war, wie sollte es auch anders sein, grün. Es war immer mein Lieblingsgrün im Haus von Onkel Beppo gewesen. Wie das Moos an der Linde im oberen Garten, an der Nordseite, dort wo die Sonne nie hinscheint. Jetzt ist anstelle der Uhr ein heller Fleck in der Form eines Häuschens an der Wand. Auch der Tisch ist verschwunden. Und die Stühle mit den herzförmigen Ausschnitten. Die Sitzbank. Der Luster aus Hirschgeweihen. Die Trophäen und die Fotos. Alles fort, bis auf das froschgrüne Sofa.

Auf ihm habe ich mich irgendwann erschöpft ausgeruht, nachdem ich über eine Stunde lang das Haus nach einer Büchse abgesucht hatte, von der ich gar nicht weiß, ob es sie überhaupt gibt. Dabei muss ich eingeschlafen sein.

Ich starre die Fototapete an. Auch der billige Schrank aus den Fünfzigern ist nicht mehr da. Die Farben der Tapete sind dort, wo der Schrank jahrzehntelang gestanden hatte, viel kräftiger. Ein hart abgestecktes Rechteck, das von einer Vergangenheit zu erzählen scheint, in der alles noch ein bisschen frischer und saftiger war.

Da fällt mir die Sofaritze ein. Der Revolver ist immer noch da. Ich hole ihn heraus und erforsche mit meiner Hand weiter das Innere, fahre die ganze Polsterung auf und ab. Aber nichts. Moment, doch, da ist etwas. Ich ziehe es hervor. Ein Fläschchen Underberg liegt in meiner Handfläche, noch verschlossen, das braune Papier intakt. Ich muss lächeln, kann nicht anders. Mir wird bewusst, dass ich dieses Zeug noch nie probiert habe, obwohl mir Onkel Beppo unzählige Male einen angeboten hat, zum ersten Mal, als ich dreizehn war. Umständlich fummle ich das Papier vom Flaschenhals und schraube die Kappe ab. Vorsichtig koste ich. Schmeckt irgendwie nach Zahnpasta. Ganz passend eigentlich, ich bin ja auch gerade erst aufgewacht. Mich schüttelt es ein bisschen, nachdem ich es geleert habe.

Was soll ich bloß tun, wenn diese sogenannten Verwandten es ernst meinten?

Ich nehme den Revolver in die Hand und spanne den Hahn, was mir ganz schön schwerfällt. Dann nehme ich das leere Fläschchen Underberg, werfe es in die Luft und drücke ab. Der Knall erschreckt mich so sehr, dass mir die Waffe aus der Hand fällt. In meinen Ohren pfeift es so laut, dass ich nur sehen, nicht hören kann, wie draußen Dutzende Spatzen davonflattern. Es riecht nach Schießpulver, in der Fototapete gegenüber ist ein kleines Loch, das Schnapsfläschchen liegt unversehrt auf dem rissigen Linoleumboden. Wie oft hatte mir Onkel Beppo gesagt, beim Schießen in geschlossenen Räumen immer Gehörschutz, *sonst schaust deppert.* Jetzt sitze ich auf dem Sofa und schaue deppert, während ich darauf warte, dass mein Hörsinn wieder zurückkommt. Nach ein paar Minuten geht es wieder halbwegs, dumpf kann ich die Stimme meines Vaters vernehmen, der über die Gartenmauer ruft. Mit wackeligen Beinen trete ich auf die Terrasse.

«Was ist?»

«Bub? Geht's dir eh gut?»

«Ja, alles okay, es ist nur etwas runtergefallen.»

«Aha. Was treibst du da drüben? Komm lieber frühstücken!»

Warum nicht.

Zu meiner absoluten Überraschung hat Rudi den Tisch vorbereitet. Und er kümmert sich später sogar um den Abwasch. Nach dem Frühstück entschließe ich mich zu einer Runde Nachdenken. Ich spalte Holz, bis mir die Finger weh tun, einundfünfzig Scheite Eiche. Irgendwann läuft Rudi vorbei und meint vergnügt, wenn ich so weitermache, könne er gleich ein paar neue Meter Holz bestellen. Aber das könne ich mir jetzt ja ohnehin leisten.

Im Wohnzimmer ziehe ich mich um und setze mich auf die Matratze. Wie lange bin ich jetzt schon hier? Eine Woche vielleicht? Ich habe mein Zeitgefühl verloren. Es fühlt sich an, als wäre ich seit Jahren hier.

Auf dem Couchtisch liegen Zettel verteilt. Informationen über die Spezialklinik, die Rudi für mich ausgedruckt hat. Meine Mutter hätte Glück, hat mir die freundliche Frau am Telefon mit schwerem Tiroler Akzent gesagt, es wäre eben eine Anmeldung storniert worden, sie könne Ende der Woche vorbeikommen. Acht Wochen Intensiv-Therapie, inklusive Vollpension (zwei Hauben) und Kristall-Spa, einhundertundneunzehntausend Euro, die Hälfte als Anzahlung. Bei meiner Frage, ob man auch bar bezahlen könne, war sie kurz verwirrt. Selbstverständlich, der Herr, hatte sie mir geantwortet, nachdem für ein paar Sekunden unterdrücktes Gemurmel an ihrem Ende der Leitung zu hören gewesen war.

Unter dem Couchtisch steht die Aktentasche. Sie ist echt

schön. Geschmack scheinen sie ja offensichtlich zu haben, die beiden Frauen.

Ich kann ihnen das Geld nicht zurückgeben. Jetzt nicht mehr, die Klinik ist gebucht, Rudi wie ausgewechselt, seit er vom Geld erfahren hat. Mama hat sich auch gefreut, sie meinte, sie wäre schon ewig nicht mehr in Tirol gewesen, dort, zwischen all den Bergen, ließe es sich in aller Seelenruhe lesen. Schön kühl sei es auch. Was, wenn sich der verletzte Nerv nie mehr erholen sollte? Sie muss unbedingt in die Klinik, das steht außer Frage.

Am Ende der Matratze wacht der Keiler, seine Augen funkeln mich böse an. Ich strecke meinen Arm nach ihm aus.

«Na, du weißt wohl auch keinen Rat», sage ich zu dem präparierten Kadaver. Mit den Fingerspitzen streiche ich über die Borsten. Sie fühlen sich überraschend weich an. Ich fahre langsam die lange Schnauze entlang, zwischen den Augen hoch. Da spüre ich etwas, eine Einbuchtung. Das muss das Einschussloch vom Gnadenschuss sein. Neugierig halte ich die Trophäe in das Licht. Das Loch ist in etwa so breit wie ein Finger. Ein paar Zentimeter tief blitzt es metallisch. Hat er etwa die Kugel dringelassen? Neugierig nestle ich mit dem Finger in dem Loch herum. Die Kugel gibt ein bisschen nach, schlüpft tiefer hinein – und plötzlich macht es Klick. Ich ziehe meinen Finger heraus, im Loch ist jetzt nur mehr Schwarz. Huch, was ist denn das? Aus dem Ohr des Tieres steht etwas hervor, weiß und länglich. Vorsichtig und ungläubig ziehe ich daran, bis ich schließlich ein Stück gerolltes Papier in der Hand halte. Es ist voll mit wellenförmigen Linien, einer Unmenge an Zahlen, hier und da ist ein Streifen zu erkennen, Quadrate, Rechtecke. Sind das Häuser? Könnte das nicht … ja, das ist die Hauptstraße. Dort der Teufelsgraben. Es ist der Ausschnitt einer Forstkarte. Onkel Beppo hatte so was früher oft dabei, wenn wir Bäume für den Holzschlag markiert haben. Es ist eine einfache

Kopie, schwarz-weiß. Nur an einer Stelle, anscheinend mitten im Wald, ist ein offensichtlich mit dickem Bleistift gezeichnetes Kreuz. Schon wieder bin ich mir für einen Moment nicht sicher, ob ich nicht doch träume. Wenn ja, kann ich bitte endlich aufwachen? Ich fasse mir an die Stirn, weil mir so heiß ist, dass ich fürchte, Tropfen von Schweiß könnten auf das Papier herabfallen. Doch meine Stirn fühlt sich eiskalt an. Onkel Beppo, du alter Halunke, soll das eine Art Schatzkarte sein? Unbewegt starre ich den Plan an, minutenlang, bis das Kreuz beginnt, vor meinen Augen zu verschwimmen. Aber selbst wenn das Stück Papier im nächsten Moment zu Staub zerfiele, würde das nichts machen. Die Stelle mit dem Kreuz. Das kann nur die eine sein. Liegt dort eine Büchse begraben? Sie muss ihm wichtig gewesen sein, wenn er sie extra im Wald verscharrt hat.

«Bub, wo willst du jetzt schon wieder hin?», fragt mich Rudi, als ich im Garten an ihm vorbeistapfe. Er gießt gerade die Tomatenpflanzen. Viele von ihnen haben gelbe Blätter. «Und was hast du mit meinem Spaten vor?»

V

Zweitausend Dollar
1968

Die Möbelpacker hatten schlechte Laune. Weicheier. Beppo verdrehte beim Anblick ihrer puterroten Gesichter die Augen. Ja, es war heiß, ihm war auch heiß, aber wenn man ein Jammerlappen war, warum wurde man dann ausgerechnet Möbelpacker?

«Dahin. Nein, noch einen Meter weiter rechts. Ja, dorthin.»

Die schnaufenden Burschen waren sichtlich erleichtert, nachdem sie es abgestellt hatten. Beppo war auch erleichtert, dass er sie endlich loswerden konnte, diese beiden Knechte. Er gab ihnen je einen Groschen Trinkgeld und schob sie in Richtung Türe. Sollten sie ruhig fluchen, zu richtiger Arbeit gehörte auch die richtige Haltung.

Als er endlich wieder alleine war, öffnete er sich ein Bier. Dann entfernte er die Plastikfolie, in die das Sofa eingepackt war. Er setzte sich, nahm einen Schluck, schob seinen Hintern ein wenig hin und her. Es war nicht ganz dasselbe. Aber annähernd. Welches Grün das Leder haben solle, hatte der Klugscheißer im Möbelhaus gefragt. Grünes, war Beppos Antwort gewesen. Sein Gesichtsausdruck hatte ausgereicht, um den Verkäufer davon abzuhalten, weitere präpotente Fragen zu stellen. Er betrachtete die Fototapete, die er gestern an die gegenüberliegende Wand gekleistert hatte. Schön. Trophäen fehlten. Aber das würde er bald ändern.

Das war es nun also, das erste richtige Heim. Sein Heim, das Heim eines Mannes. Er hätte nicht gedacht, dass alles so problemlos laufen würde. Die Leute im Dorf besahen ihn mit Misstrauen und Ungunst, behandelten ihn also wie jeden anderen Neuen. Letzten Monat hat sich sein Nachbar in der Scheune erhängt, ein kleiner Bauer, sie hatten nie ein Wort miteinander gewechselt. Jedenfalls gab es dadurch für die Menschen genug Stoff, um sich das Maul zu zerreißen, ein neuer Zuzügler war da nicht annähernd so spannend. Tja, dachte sich Beppo, während er einen weiteren Schluck vom kalten Bier nahm, des einen Verderb ist des anderen Gedeih. Das Leben war ungerecht, alle wussten das. Wichtig war, damit zurechtzukommen, man durfte keine Sekunde lang weich werden, sonst hing man – schwups! – an einem Balken in der eigenen Scheune.

Er war gespannt, was jetzt mit dem Nachbarhaus passieren würde. Angeblich war es eines der ältesten Gebäude im Dorf, und so sah es auch aus. Im Moment gehörte es der Raiffeisenbank, aber die wollte es schnell wieder gewinnbringend verscherbeln. Hatte er zumindest beim Kovacs gehört. Beppo schüttelte den Kopf. Nicht mal der dümmste Wiener würde sich so eine Bruchbude antun. Auf seinem Grundstück war auch so ein Bauernhäusl aus Lehm oder weiß der Teufel was für Mist gestanden. Er hatte es abreißen und ein stabiles Fertigteilhaus hinstellen lassen. Das war praktisch und auch billig.

Er betrachtete den Tisch aus Buchenholz. Vom Tischler. Der war sündteuer gewesen, aber den hatte er sich geleistet. Ein Mann brauchte einen guten Tisch. Die Stühle sollten folgende Woche geliefert werden, er musste sich noch ein wenig gedulden. Das konnte Beppo. Er hatte auf die herzförmigen Ausschnitte bestanden, obwohl der Tischler gesagt hatte, dafür müsse er einen Aufpreis berechnen. Über dem Tisch baumelte eine nackte Glühbirne. Einen ordentlichen Luster musste er sich noch besorgen. Vielleicht bastelte er sich einfach einen. Mal sehen.

Auf der Tischplatte war ein beachtlicher Stapel ungeöffneter Post, obwohl Beppo erst vor drei Monaten hier eingezogen war. Warum war der Stapel so hoch? Er war es nach all den Jahren im Schatten nicht mehr gewohnt, dass Leute seinen Namen und seine Adresse kannten, dass sie ihm Briefe schickten. Abgesehen davon machte Post Beppo aber auch ganz grundsätzlich Angst. Wobei Angst natürlich das falsche Wort war, denn Angst verbat er sich. Sie beunruhigte ihn? Eher. Versetzte ihn in Alarmbereitschaft? Ja, das hörte sich gut an. Post versetzte Beppo stets in Alarmbereitschaft, konnte doch jeder dieser Umschläge ein neues Unglück enthalten. Jedenfalls war diese stete Alarmbereitschaft der Grund, warum Beppo hier bislang keine Post geöffnet hatte. Heute war allerdings ein angenehmer Tag und nach seinem Bier fühlte er sich bereit. Jammern nutzte ja nichts. Er hoffte bloß, es waren keine Rechnungen dabei. Sein Kapital war nahezu aufgebraucht. Vielleicht war eine Antwort auf sein Bewerbungsschreiben bei der Urbarialgemeinde gekommen.

Beppo machte es so: Er ging den ganzen Stapel zuerst überblicksmäßig durch und teilte ihn in drei kleinere auf. Sehr bedrohlich, bedrohlich, vermutlich-nicht-bedrohlich. Das Prospekt vom Möbelhaus kam auf den Vermutlich-nicht-bedrohlich-Stapel. Die Umschläge von der Baufirma und dem Gemeindeamt ließ er sofort auf den Sehr-bedrohlich-Stapel wandern. Auch ein Kuvert von der Urbarialgemeinde war dabei. Er überlegte kurz. Das konnte beides sein, Zusage wie Absage. Also auf den Bedrohlich-Stapel. Der nächste Brief war eindeutig wieder Reklame. Mehr Reklame. Noch mehr Reklame. Aber dann hielt er inne. Ein Umschlag mit Luftpost-Aufkleber. *U. S. Air Mail* sagte der Stempel. Kurz dachte er, sein

Herz bliebe stehen. Er erkannte die Handschrift sofort. Hätte es einen Lebensbedrohlich-Stapel gegeben, der Brief wäre direkt darauf gelandet. Und doch wollte er ihn sofort öffnen. Er zog den Knicker aus seiner Hosentasche. Die Klinge ging durch das Papier wie ein Skalpell.

In dem Umschlag waren drei Seiten, zusammengeklappt. Es war gutes Papier, teuer. Reine Geldverschwendung, solcher Firlefanz, konnte Beppo sich nicht verkneifen zu denken. Ein Foto lag auch bei. Er sah es sich für einen Moment an. Zwei junge Frauen vor einem Hochstand. Er drehte es um. *Für Beppo. Zur Erinnerung an einen glücklichen Tag.* Verächtlich stieß er Luft aus. Dann bemerkte er, dass noch mehr Papier in dem Umschlag war. Seine Augenbrauen hoben sich. Es war Geld. Er zählte es. Insgesamt zwanzig druckfrische Einhundert-Dollar-Noten. Mit einer Falte zwischen den Augen besah er sie sich. Dann griff er nach dem Briefpapier. Als er die drei Seiten aufklappte, merkte er, dass er zitterte. Reiß dich zusammen, sagte er sich, bevor er zu lesen begann.

Chicago, IL, July 10th, 1968

Lieber Beppo,
Als ich gehört habe, dass du zurück in das Dorf gezogen bist, war ich mehr als froh, wieder eine Adresse von dir zu haben. Und vor allem erleichtert. Manchmal hatte ich schon befürchtet, du würdest nie wieder auftauchen. Bitte verstehe das nicht als Vorwurf! Ich möchte dich nur wissen lassen, dass in all den Jahren kaum ein Tag verging, an dem ich nicht an dich denken musste. Wo bist du gewesen? Was hast du gemacht? Wie ist es dir ergangen? Ich möchte dich mit diesen Fragen nicht bedrängen, aber habe sie mir über die Jahre gestellt, zusätzlich zu den unzähligen anderen.
Mir geht es gut. Du hast bestimmt gehört, dass mein Vater

verstorben ist. Ehrlich gesagt bin ich erleichtert, er hat so lange leiden müssen. Das Haus wird fürs Erste leer stehen. Rosi kümmert sich um alles. Ich selbst komme nicht weg von hier. Nächstes Jahr mache ich meinen MBA. Arbeitsintensive Monate kommen auf mich zu. Jetzt ist noch alles ruhig. Die Ferien verbringe ich wie immer hier in Chicago. Summer break. Die ganze Stadt ist wie ausgestorben. Ich mag es inzwischen sehr gerne hier. Lake Michigan ist atemberaubend. Hast du gewusst, dass er von oben so aussieht wie der Neusiedler See? Er ist natürlich viel größer, das Wasser klarer. Ansonsten verbringe ich den Großteil meiner Zeit am Campus an der Ostküste. Nach unserer Flucht – mir fällt kein besseres Wort ein – war es mein Wunsch, dort zu studieren. Um die Schönheit des Atlantiks beschreiben zu können, fehlen mir einfach die Worte.
Aber jetzt schweife ich ja doch schon wieder ab! Bitte verzeih. Genug also von mir.
Was ich dir eigentlich erzählen möchte: Ich habe über die Jahre einige beeindruckende Frauen kennengelernt. In diesem Land scheint es anders zu sein als in unserer Heimat, Beppo. Hier hat es sich bereits herumgesprochen, dass etwas getan werden kann. Die Leute brennen auf Veränderung, bei den meisten musste ich kaum etwas tun, um sie für die Sache zu begeistern. Mittlerweile ist aus den fähigsten und entschlossensten Frauen am Campus schon eine schlagkräftige, verschworene Gruppe geworden. Wir können uns aufeinander verlassen. Alles entwickelt sich prächtig. Du würdest staunen. Es ist genauso, wie wir es uns damals vorgestellt haben. Ja, es sind Fehler passiert. Aber wir waren alle noch halbe Kinder, Beppo.
Lange Rede, kurzer Sinn. Die Clandestina lebt. Das Feuer unserer Ideale ist nicht erloschen. Im Gegenteil: Es brennt heller als je zuvor. Nimm das Geld, das ich in diesen Umschlag gesteckt habe und steig in die nächste Maschine. Ich habe den

Schwestern so viel von dir erzählt. Sie können es kaum erwarten, dich kennenzulernen.
Denk drüber nach. Hier gibt es immer ein Zimmer für dich. Ansonsten freue ich mich, dass du endlich den Schritt gemacht hast. Wir alle haben es verdient, unser Leben selbst zu bestimmen. Niemand soll im Dunkeln leben müssen. Komm zu uns. Ich vermisse dich.

In ewiger Schwesternschaft,
deine Gina

PS: Ich habe einen Abzug machen lassen und ihn dir beigelegt. Ich mag das Bild. Wie unbeschwert wir aussehen!

Als er fertig war, las er den ganzen Brief noch einmal. So vieles stand darin, das er nicht glauben konnte oder einfach nicht verstand. Auch nach dem dritten Mal ging es ihm nicht anders. Am Ende faltete er die Seiten wieder sauber zusammen und steckte sie gemeinsam mit dem Geld und dem Foto zurück in den Umschlag. *Unbeschwert.* Dass ich nicht lache. Sie vielleicht.

Er brauchte jetzt dringend einen Underberg. Noch bevor er die kleine Türe des Eiskastens wieder geschlossen hatte, rann das tiefbraune Gesöff schon seine Kehle hinunter. Danach setzte er sich zurück aufs Sofa. Er versank in Gedanken. Starrte auf die idyllische Waldlichtung der Fototapete. Verschwand darin. Als er das nächste Mal auf die Uhr schaute, war eine ganze Stunde vergangen. Er griff nach dem Umschlag und stand auf. Der elende Gestank, der ihm von draußen entgegenschlug, kümmerte ihn nicht weiter. Auf der Platte des gusseisernen Ofens brodelte Wasser. Der Rehbock kochte gerade aus, ein Prachtexemplar. War ihm einfach so vor das Korn gelaufen. Er öffnete vorsichtig das Türchen, schürte das Feuer und legte ein

Stück Holz nach. Den alten Ofen hatte er für einen Schilling dem Nachbarn abgekauft, kurz bevor der sich in seiner Scheune erhängte. Hatte sich für einen Bauern gehalten, war aber offenbar auch nur ein Knecht gewesen.

Es war Sommer, das Feuer kräftig und die Waschbetonplatten heiß wie Wüstensand. Schweiß rann in feinen farblosen Strömen über Beppos Stirn. Er hatte den Eindruck, dass er mehr schwitzte, seit er das Zeug nahm. Das würde er beim nächsten Mal der Ärztin sagen. Er zog den Umschlag aus der Gesäßtasche und steckte ihn in die Glut des Ofens. Ihm fiel auf, dass er noch nie hatte Geld brennen sehen. Ein schöner Anblick, wie er fand. Das eiserne Türchen quietschte, als er es wieder zuschnappen ließ.

Beppo ging zurück in das Wohnzimmer. Sein Wohnzimmer. Das Wohnzimmer eines Mannes. Als Nächstes wollte er den Brief von der Urbarialgemeinde öffnen. Schlimmer konnte es nun auch nicht mehr werden.

Mutter Natur

Ich muss Pause machen. Nicht zum ersten Mal danke ich stumm meiner Mutter, die mir schon früh eingetrichtert hat, wie wichtig es ist, immer ausreichend Wasser dabeizuhaben. Überhitzt und gierig trinke ich aus der Plastikflasche. Das Wasser, das ich vorher aus dem Wildbach geschöpft habe, ist mittlerweile lauwarm, aber das spielt keine Rolle. Mein nackter Oberkörper ist übersät mit winzigen schwarzen Mücken, die im klebrig-salzigen Schweiß meiner Haut verendet sind. Selbstverständlich würde ich mich unter normalen Umständen in der Öffentlichkeit niemals unbedeckt zeigen (Frida meint, das sei affig, und hat womöglich recht). Aber hier, tief im Wald, ist ja sonst niemand. Nur die Eichhörnchen in ihren Baumkronen sehen den schmächtigen blonden Knilch, wie er schnaufend an einer Wasserflasche nuckelt, umgeben von kleinen und größeren Löchern und Haufen aufgeschütteter Walderde. Die Schwierigkeit, einen im Boden vergrabenen Schatz zu finden, habe ich wohl deutlich unterschätzt. Ich wische mir über den Mund und atme noch ein paar Mal tief durch. Dann greife ich wieder zum Spaten. Vielleicht dort drüben, zwischen den beiden dicken Wurzeln.

Onkel Beppo war nicht unbedingt das, was man einen gebildeten Mann nennt. Nur wenige Bücher – allesamt über Flora oder Fauna oder beides – verwahrte er in der Tiefe seines

Schranks. Was sein Wissen über den Wald und das Leithagebirge anbelangte, konnte ihm jedoch keiner so schnell das Wasser reichen. Er brachte mir so vieles bei. Zum Beispiel, dass das Leithagebirge komplett aus Kalksandstein besteht. Den haben sie früher im großen Stile abgebaut, der Stephansdom in Wien oder auch das Schloss Schönbrunn bestehen zu großen Teilen aus nordburgenländischem oder westniederösterreichischem Stein. Im Leithagebirge herrscht kontinentales Klima. Milde Winterperioden, regenreiche Frühjahre, heiße Sommer mit langen Trockenperioden. Eine Hitzewelle mitten im September, wie sie jetzt schon seit über einer Woche das Land beherrscht, ist keine Besonderheit. Der kalkhaltige Boden und das Klima machen die Südosthänge des Leithagebirges zu einem hervorragenden Weinanbaugebiet. Aber auch im Südburgenland, wo Onkel Beppo ursprünglich herkam, gibt es hervorragende Weine, exzellenten Blaufränkisch, aber vor allem der Uhudler will hervorgehoben sein. Ein flamingofarbener, erfrischend saurer Wein. Ein Cuveé aus hierzulande unpopulären Sorten, wie zum Beispiel *Concorde.* Es ist jene tiefblaue, dicke Traube, deren Ranken sich um Onkel Beppos Waschbetonterrasse winden.

Immer wieder interessant, wie sehr man etwas vermissen kann, das man, solange es da war, für selbstverständlich gehalten hat. Die Zeit mit Onkel Beppo, wie dumm habe ich sie verschenkt? *Morgen gehe ich ihn besuchen. Aber wirklich. Wenn nicht, dann übermorgen, er ist ja eh da. Na, überübermorgen dann auf jeden Fall. Er läuft ja nicht davon.* Aus Tagen wurden Wochen, aus Wochen Monate, aus Monaten Jahre. Wie blind und gleichgültig ich ein ganzes Jahrzehnt Zeit verschleudert habe, wie viel ich jetzt für zehn Minuten mit ihm geben würde. Ich glaube, ich habe ihm nie gesagt, wie gerne ich ihn mag.

Der Boden rund um den großen Baum ist relativ locker, weil er regelmäßig von hungrigen Wildschweinmäulern auf der Suche nach Eicheln durchwühlt wird. Aber nur die erste Schicht. Dann wird es schon mühsam. Nach einem guten Meter gebe ich mich geschlagen. Auch an dieser Stelle nichts, außer muffig duftender Walderde und Brocken von knochenfarbenem Kalksandstein. Ich lasse mich auf meinen Hintern fallen. Seit Stunden mühe ich mich ab. Die klamme Erde ist angenehm kühl an meinen erhitzten Pobacken. Ich betrachte mein fruchtloses Werk. Rings um die gewaltige Stieleiche sind Löcher im Boden, als wären aus ihrer Krone Bomben gefallen statt Eicheln.

Gleich dort drüben, neben dem mittelgroßen Krater. Nie werde ich es vergessen können. Gleich dort drüben hat Onkel Beppo damals dem Keiler in den Kopf geschossen. Und ich glaube, da, gleich neben dem herabgefallenen Ast, lagen Hexis Eingeweide verteilt.

Vorhin kam ich mir ein wenig paranoid vor, als ich auf dem Weg hierher extra einen Umweg durch den Wildbach gemacht habe. Ein alter Trick, um einen etwaigen Verfolger abschütteln zu können. Oder eine. Oder zwei. Hat mir Onkel Beppo beigebracht. Was er mir glücklicherweise ebenfalls beigebracht hatte, war, wie man am besten Blutegel entfernt. Nach dem Waten durch das kalte, frische Wasser hatte ich nämlich ein beeindruckend großes Exemplar am Unterschenkel hängen. Mir schauderte bei dem Anblick, kurz verfiel ich in leichte Panik, aber sogleich erinnerte ich mich daran, was mir Onkel Beppo immer gesagt hatte. Zuallererst: durchatmen. Das hatte sich in der Theorie immer einfacher angehört. Dann musste ich feststellen, wo sich der Kopf mit dem sogenannten Sauger befand. Das war bei all dem schwärzlichen Glibber gar nicht so einfach. Als ich den sägezahnbesetzten Sauger gefunden hatte, benutzte ich eine Hand, um die Haut um den Egel herum behutsam zu straffen, und die andere, um den Fingernagel meines Zeigefingers unter den Sauger zu schieben. Das abstoßende Scheißvieh hatte sofort versucht, sich wieder festzusaugen, ich musste ihn schnell wegschnippen. Diese ganze Prozedur ist jedoch nur die alternative Methode. Onkel Beppo behauptete, dass er es mit Blutegeln stets auf Jägerart gehandhabt hatte. Einfach warten, bis sie sich vollgesaugt hätten und von selbst abfielen. Dauerte ungefähr zwanzig Minuten und war obendrein auch noch gesund. Meine Skepsis gegenüber der Wirksamkeit mittelalterlicher Heilmethoden war bei weitem nicht der einzige Grund, mich gegen diese Prozedur zu entscheiden.

Nachdem ich mich also von diesem Monster befreit hatte, setzte ich leicht blutend meinen Weg fort. Es dauerte nicht lange, bis ich den Hochstand erreichte. Dank der genauen Forstkarte war es möglich gewesen, die Stelle im Wald vorab in meiner Karten-App zu markieren. So wollte ich mir langes Suchen ersparen. Nachdem ich nach weiteren zwanzig Minuten allerdings noch immer nicht am Baum war, befürchtete ich bereits, dass mich das GPS meines Telefons im Stich gelassen hatte. Doch just im selben Moment erblickte ich seine Krone erhaben über die anderen Bäume aufragen, die daneben so mickrig aussahen wie frisch gesetzte Baumschüler. Ich staunte darüber, wie tief wir anscheinend in jener tragischen Mondscheinnacht in den Wald vorgedrungen waren. Das im Schein der Mittagssonne grün leuchtende Blattwerk der riesigen Stieleiche wollte so gar nichts gemein haben mit dem kruden Monstrum, unter dem Hexi und der Keiler ein so qualvolles Schicksal geteilt hatten. Der gedrungene Stamm jedoch, zwei Meter dick, mit seinem langen klaffenden Spalt in der Mitte, entspricht exakt jenem düsteren Bildnis, das sich in den Untiefen meiner Erinnerung eingenistet hat.

Jetzt sitze ich auf der kühlen Erde und fühle mich dumm. Was hatte ich erwartet? Diese Karte könnte vieles sein. Aber, wenn ich mir ehrlich bin: am wahrscheinlichsten die Spinnerei eines alten, einsamen Mannes, dem durch das Saufen die Sinne geschwunden waren. Es wäre wohl besser gewesen, meine Kraft für Sinnvolleres einzusetzen. Was mache ich denn jetzt? Sky und ihre Mutter – ist es überhaupt ihre Mutter? – meinen es ernst, das steht fest. Soll ich zur Polizei gehen? Schnell verwerfe ich den Gedanken. Das würde doch zu nichts führen. Außer, dass ein übellauniger Mann mit Puderzuckerflecken und Blätterteigkrümeln auf der Uniform per Zweifingersystem etwas in die Tastatur seines verstaubten PCs tippte. Und am Ende wäre das Geld trotzdem weg. Es war ein Fehler hierherzukommen, dem schlechten Witz eines alten Mannes zu folgen. Frida sagt immer, es sei okay, Fehler zu machen. Wahrscheinlich jauchzt mein Großvater gerade vor Vergnügen, wo auch immer seine Moleküle sich gerade befinden mögen. Ein bisschen gemein von dir, Onkel Beppo. Aber ich verstehe dich auch. Sollen die lebendigen Seelen auch einmal zu deiner Belustigung dienen, gequält haben sie dich lange genug.

Ich atme lange aus. Also ab nach Hause. Vielleicht geschieht ein Wunder, und ich finde diese geheimnisvolle Waffe doch. Im Dachboden habe ich noch gar nicht gründlich nachgesehen. Vielleicht haben die beiden Frauen das alles nur erfunden. Aber warum? Weiß der Teufel, es dauert nicht mehr lange, dann werde ich es hoffentlich herausfinden.

Ich erhebe mich und putze mir die feuchte Erde, so gut es geht, vom Hintern. Mein Hemd habe ich an einem Stück Stieleichenrinde aufgehängt, das halb vom Stamm geplatzt ist. Ich ziehe es mir über. Während ich die Knöpfe schließe, betrachte ich den Spalt im Stamm. Er beginnt ungefähr auf Bauchhöhe, verbreitert sich zur Mitte hin und läuft dann oben wieder spitz zu. Seine Ränder sind wulstig, wirken wie geschwollen. Das vor vielen Jahren aufgeplatzte und wieder verheilte Holz fühlt sich glatt an.

Moment. Ich Idiot.

Dass ich da nicht früher dran gedacht habe.

Ich kremple den rechten Hemdsärmel hoch und spüre, wie mein Herz schneller zu schlagen beginnt. So gut es geht, schiebe ich meinen Arm langsam in den dunklen Spalt. Meine Gesichtsmuskeln verkrampfen vor Widerwillen. Ich taste.

Kühl.

Feucht.

Erde.

Weich.

Sonst nichts. Meine Hand berührt irgendetwas Schleimiges, ich zucke kurz zusammen, reiße mich am Riemen, taste weiter. Ich strecke mich, stelle mich auf die Zehenspitzen. Mein Arm ist mittlerweile zur Gänze im Spalt verschwunden. Die Finger wandern über eine Oberfläche, die sich erdig anfühlt, bröckelt, sobald ich sie berühre. Dann ein plötzlicher Schmerz. Reflexhaft ziehe ich meinen Arm zurück. Eine dicke Waldameise hat ihre Beißer in meiner Haut versenkt und hängt am Fingerglied meines Daumens. Scheißvieh. Ich reibe über die gerötete Haut. Nein, so leicht gebe ich mich nicht geschlagen. Ich trete wieder an den Baum heran. Diesmal greife ich mit beiden Händen nach dem Rand des Spaltes und ziehe mich hoch, klemme meine Füße in das untere Ende der Öffnung. Mit einer Hand halte ich mich fest, die andere dringt wieder in das Innere vor. Der Ärmel meines Hemdes ist schon komplett verdreckt, aber das kriege ich bestimmt wieder raus. In dieser erhöhten Position geht es deutlich besser. Wieder berühren meine Hände etwas Schleimiges, aber diesmal zucke ich schon gar nicht mehr. Systematisch lasse ich meine Finger umherwandern, von rechts nach links.

Wenn ich doch nur mehr sehen könnte. Der innere Hohlraum ist viel größer, als man es von draußen vermuten würde. Die Ränder des Spalts drücken gegen mein Fußgelenk, langsam setzen Schmerzen ein. Ich strecke mich noch ein bisschen mehr. Und ich erstarre. Meine Hand ist gegen etwas gestoßen, das nicht da sein sollte. Ich taste. Das Material gibt ein bisschen nach. Plastik? Mit einem harten Kern. Meine Hand wandert auf und ab. Länglich. Es scheint festzuhängen, ich rüttle daran, noch immer gibt es nicht nach. Vielleicht geht es besser, wenn ich die andere Hand zu Hilfe nehme. Wieder rüttle ich, ziehe, und plötzlich verliere ich den Halt und stürze nach hinten.

Ich habe Glück und lande mit dem Rücken auf einem der Erdhaufen, die ich während meiner vergeblichen Suche aufgeschüttet habe. Ich schnappe nach Luft. Über mir streckt die gewaltige Krone der Stieleiche ihre knorrigen Äste in Richtung des blauen Himmels. Manche haben den Durchmesser von Autoreifen. Als sich meine Lunge wieder beruhigt, erkenne ich, dass auf einem der Äste ein Tier sitzt. Ein Vogel. Ich blinzle, versuche den Fokus meiner Augen zu korrigieren. Das Tier scheint mich nicht im Geringsten zu beachten. Und plötzlich beginnt es zu singen.

U-huuu-hu
U-huuu-hu
U-huuu-hu

Ich kann es nicht glauben. Ein Uhu.

Gegen meinen Hinterkopf drückt etwas, wohl eine Eichel. Ich bewege meinen Schädel, nur einen Zentimeter. Aber da breitet der schöne Vogel schon seine großen Schwingen aus und verschwindet. Noch immer liege ich mit dem Rücken auf dem Erdhaufen. Auf mir liegt das Objekt aus dem Spalt. Ich fühle die steife, längliche Form. Unwillkürlich formen sich meine Lippen zu einem Grinsen.

Es besteht kein Zweifel. In das schwarze Plastik ist ein Gewehr verpackt. An einem Ende ist die Folie mit einem dicken Kabelbinder verschlossen. Ich nestle ein bisschen daran herum, aber keine Chance. Zu fest.

Da raschelt plötzlich etwas im Gebüsch. Ich blicke auf. Wieder ein Vogel? Ein Nager? Oder gar ein Wildschwein? Ich mache das einzig Richtige: Lärm. Klatsche ein paar Mal hintereinander in die Hände. Dann stoße ich einen knappen Schrei aus, dessen Echo sich um mich ausbreitet, von Baum zu Baum springt, viele Male, bis es schließlich in der Tiefe des Waldes verebbt. Dann ist es wieder ruhig. Ich lausche in die Stille. Das Rascheln ist nicht mehr zu hören. Doch im nächsten Moment ist es wieder da, schneller, hektischer, lauter, es kommt direkt auf mich zu. Noch bevor ich in irgendeiner Art und Weise reagieren kann, öffnet sich die Blätterwand eines Haselnussgesträuchs, und ein haariges, verdrecktes Etwas schießt auf mich zu. Ich bin kurz starr vor Schreck, doch in der nächsten Sekunde fällt alle Angst von mir ab.

Während Falko mir über das Gesicht leckt, schießt sein vor Glück rotierender Schweif auf dem Boden verteilte Eicheln durch die Luft. Über Hals, Ohren, Nase, Wangen, Augen und Stirn leckt er mir mit seiner müffelnden Zunge, in so einer Hektik, dass ich mich nicht dagegen wehren kann. Mein Sichtfeld ist nur noch Fell, Maul und Sabber.

«Falko, bei Fuß», sagt eine Stimme, nur wenige Meter entfernt. Der Akzent ist unverkennbar. Frau Wenzel nimmt die verspiegelte Sonnenbrille ab und wischt sich mit dem Ärmel über den verschwitzten Nasenrücken.

Der alte Rauhaardackel zögert kurz, gehorcht aber schließlich. Eine Armlänge neben den teuren Schuhen, die voll mit

Walderde sind, lässt er sich hechelnd auf seine Hinterläufe nieder. Der Schweif zuckt noch immer umher wie eine unter Strom gesetzte Ringelnatter, während ihm Frau Wenzel den Hinterkopf tätschelt. Ihre verschiedenfarbigen Augen scheinen mich gar nicht richtig zu beachten. Als sie die Sonnenbrille wieder aufsetzt und den Kopf in den Nacken legt, spiegelt sich in den Gläsern die Krone der Stieleiche. Ich sitze noch immer auf der Erde, bewegungslos, das Gewehr auf dem Schoß, mein Arsch nass.

«Wie habt ihr mich gefunden?»

Sie stößt einen beeindruckten Pfiff aus.

«Well, that's a tree», sagt sie trocken. Meine Frage ignoriert sie.

«Das war einfach», antwortet schließlich Sky, die einen knappen Meter vor Frau Wenzel steht und sich zwei lose Haselnussblätter von der Bluse zupft. «Mit einem Jagdhund ist das easy. Wir haben Falko einfach an meinem Sakko schnüffeln lassen. Jagd ohne Hund ist Schund, oder? Habe ich es richtig gesagt?»

In ihrem Gesicht ist ein breites Lächeln. Ich kann es kaum glauben. Sie kennt den Spruch.

Sky mustert mich ein paar Sekunden lang. Mein erstaunter Gesichtsausdruck scheint sie zu unterhalten.

«Fucking with you again, Hugo», sagt sie schließlich, muss dabei lachen. «Das mit Falko ist natürlich Bullshit. Ich habe keine Ahnung von Jagdhunden. Wir haben einfach dein Telefon getrackt.»

Ich gebe auf. Es reicht mir. Langsam lasse ich mich zurücksinken, spüre den feuchten Waldboden an meinem Rücken. Breite meine Arme aus und blicke nach oben. Über mir bewegen sich die schönen, pfeilendenförmigen Blätter der Eiche in einem sanften Windstoß. Ob er wohl von der Adria kommen mag? Frida meint, sie sei gerne in Ländern, deren Sprache sie nicht spreche. Dort höre sie den Menschen zu und stelle sich dabei vor, sie würden nur kluge Sätze sagen. Ich spüre Falkos Zunge in meinem Ohr. Aber ich bewege mich nicht.

«Komm, Hugo», ruft Sky mir zu. Es sei an der Zeit.

Als wir durch den Wald stapfen, immer leicht bergab, weicht Falko nicht von Frau Wenzels Seite. Er muss sich schnell umgewöhnt haben. Sky geht voraus. Es dauert lange, bis wir aus dem Dickicht ausbrechen und endlich auf der Forststraße stehen. Fünfzig Meter entfernt sehe ich den schwarzen Geländewagen.

Frau Wenzel öffnet die hintere Seitentüre und wartet darauf, dass ich einsteige.

«Ladies first», sagt sie mit ausdruckslosem Gesicht.

Als ich mich auf die Rückbank setze, sehe ich, dass da mein Sakko liegt. Ich solle rüberrutschen, sagt Frau Wenzel schnaufend hinter mir.

Sky, die das Gewehr in den Kofferraum gepackt hat, setzt sich hinters Steuer und startet den Motor. Ich höre die Türverriegelung zuschnappen.

«Wohin fahren wir?» Frau Wenzel blickt nur stumm aus dem Fenster. Dabei krault sie Falko, der zu ihren Füßen Platz genommen hat, den Hals. Im Rückspiegel kann ich Skys Augenpartie erkennen. Unsere Blicke treffen sich.

«Wir bringen dich zu ihr», sagt sie schließlich.

«Zu wem?»

Doch von da an sprechen die beiden Frauen kein Wort mehr.

Die Wiedervereinigung

Bald erreichen wir die Weggabelung. Hier hat Onkel Beppo immer sein Auto abgestellt, auch damals, vor dem Fiasko. Rechts führt der Weg zurück ins Dorf. Wir biegen links ab und folgen der lehmigen Forststraße tiefer in den Wald hinein. Neben der Fahrbahn plätschert der Wildbach vor sich hin. Links und rechts von uns steigen steile Hügelflanken empor. Ich schaue aus dem Fenster und versuche, die verschiedenen Baumarten zu erkennen. Wie früher, auf dem Beifahrersitz des alten *Puch*.

Viele Eichen. Zerreiche. Traubeneiche. Ein paar junge Stieleichen. Eine Vogelkirsche. Eine Akazie. Hainbuche. Hainbuche. Hainbuche. Man erkennt sie gut an den doppelt gesägten Blatträndern. Huch, eine Schwarzkiefer. Was macht die denn hier?

Immer tiefer dringen wir in den Wald vor, spielend bewegt sich der schwere Geländewagen durch den Teufelsgraben. Sky drückt das Gaspedal konsequent durch. Als wir an einer Reihe Espen vorbeisausen, erzittern die unzähligen feingliedrigen Blätter für einen Moment, als würden sie um ihr Leben bangen.

Ich selbst bin zu müde, um Angst zu haben. Und schließlich haben die Frauen ja jetzt, was sie wollten. Außerdem, wenn man in dieser Gegend jemanden verschwinden lassen will, dann nicht hier im Wald, der bejagt und bewirtschaftet wird, sondern im Schilfgürtel. Oder?

Wie viele Tiere wohl in diesem Wald schon gestorben sind? Einmal habe ich Onkel Beppo gefragt, wie viele er schon auf dem Gewissen hat. Tiere?, hat er gefragt. Hunderte. Vielleicht sogar Tausende. Ich muss ihn geschockt angesehen haben, denn er versicherte mir, das sei ganz normal für einen Berufsjäger und noch gar nichts gegen das, was die Lustjäger veranstalten. Kaiser Franz Joseph zum Beispiel, erzählte er mir erregt, habe im Laufe seines Lebens über fünfundfünfzigtausend Stück Wild erlegt. Jaja! Ich solle nicht so ein Gesicht machen, darüber gebe es akribische Aufzeichnungen! Sein jähzorniger Neffe Franz Ferdinand sei sogar noch schlimmer gewesen. Dieser habe an einem einzigen Sommertag im Jahre 1908 sage und schreibe zweitausendsiebenhundertdreiundsechzig Möwen mit dem Schrot vom Himmel geholt. Gut, dass sie den in Sarajevo erledigt hätten, auch wenn das mit dem Ersten Weltkrieg natürlich unnötig war.

Ein Rumpeln lässt mich hochschrecken. Ich muss für ein paar Sekunden eingenickt sein. Wir befinden uns an einer Kreuzung mitten im Wald, Sky biegt rechts ab, sie scheint den Weg genau zu kennen. Es geht bergauf. Ich weiß, wo diese Straße hinführt. Wenige Minuten später stoßen wir aus dem Wald hervor und befinden uns auf dem Ährenfeld, ein unbewaldetes Plateau auf einer der zwei Pobacken, die das Dorf zwischen sich einkeilen. Nach ungefähr einem halben Kilometer auf der Straße, die hier staubig ist wie eine Wüstenpiste, offenbart sich der Ausblick. Vor uns liegt, wie der ausgetrocknete Meeresgrund, der sie ja schließlich ist, die pannonische Tiefebene. Der schlammig braune Steppensee tut so, als wäre ausgerechnet er der letzte Rest des Urmeeres, und beschert uns von hier aus gesehen die Illusion, sein Wasser wäre von reinstem Azur. Vielleicht ist er der österreichischste See von allen. Dahinter liegt der letzte schmale Streifen dieses denkbar unbedeutenden

Staates, dann beginnt schon der sogenannte Osten. Am Horizont kann ich, unklar umrissen, und so, als würden sie frei am Himmel schweben, die Gipfel der Karpaten in der langsam untergehenden Sommersonne leuchten sehen.

Wo das Ährenfeld endet und wieder die ersten Meter asphaltierter Straße beginnen, steht seit ein paar Monaten ein mehrstöckiges Gebäude leer. Ein großer, einfacher Bau, die in die Jahre gekommene Fassade gelb wie eine Zitrone. Das war einmal meine Volksschule. Das Gebäude soll jetzt angeblich verkauft worden sein, weiß der Kuckuck, an wen. Jürgen hat dort bis zuletzt als Schulwart gearbeitet, soweit ich weiß. Beim Gedanken an ihn wird mir unwohl.

Die Klimaanlage des Luxuswagens verrichtet gute Dienste, jedoch würde ich lieber die frische Luft von draußen einatmen. Natürlich funktioniert der Knopf nicht. Gesperrt. Ich sehe nach vorne. Meine Augen treffen sich mit Skys im Rückspiegel. Sie hat mein Treiben verfolgt und senkt von der Konsole aus die Scheibe.

Ich schließe meine Augen. Es ist dieser Wind, den ich so liebe, der einem flüstert, ja, es existiere, dieses andere Leben, irgendwo und irgendwann.

Ich stelle mir vor, im Süden zu sein. Aber nicht jetzt. Früher. Viel früher. Ich bin ein Wächter auf der mächtigen Stadtmauer der Republik Ragusa. Meine Augenlider sind schon schwer vom steten Blick aufs Meer. Aber dafür habe ich meine Ruhe. Seit die Republik unter dem Protektorat der Ottomanen steht, ist das Leben einfacher geworden. Im Schatten einer Zinne lege ich meinen Helm ab und erfrische mich mit einem Rakija. Ich habe ihn selbst gebrannt, und darauf bin ich stolz. Über das Brennen weiß ich viel. Von dem Unglück kommender Generationen weiß ich nichts. Bald kommt die Ablöse, und ich kann nach Hause. Heute ist der fünfte Tag der Woche, das heißt, es gibt Fisch.

Das schnappende Geräusch der sich entriegelnden Türen lässt mich hochfahren. Der Wagen steht. Ich reibe mir die Augen. Schon wieder muss ich vor Erschöpfung kurz eingenickt sein. Es dauert nicht lange, bis ich mich orientieren kann. Wir parken mitten im Dorf, in der Berggasse, gleich hinter der Kirche. Sky betätigt den kupfernen Türklopfer, das verpackte Gewehr in ihrem Arm. Als hätte sie etwas vergessen, das ihr nun plötzlich einfiele, dreht sie sich zu mir um.

«Come on now.»

Ich steige aus und schaue ungläubig an der Fassade des herrschaftlichen Hauses mit den wunderschönen Spalieren empor. Als ich mich frage, was wir hier wollen, öffnet sich die Türe. Eine alte Frau in einem lockeren Kleid tritt auf die Veranda.

«Hereinspaziert», sagt Frau Blum fröhlich.

Zögerlich folge ich den Frauen ins Haus. Ich sehe mich neugierig um. Sie führt uns in einen Raum am Ende des Flurs. Er ist malerisch. Die Wände sind bestimmt vier Meter hoch. Alles kommt mir sonderbar bekannt vor, als wäre ich im Traume schon einmal hier gewesen. Zu meiner Linken ist eine Fensterfront, keine Mauer, nur Glas und lackiertes Holz. Das zarte Licht der langsam untergehenden Sonne hüllt den mehrheitlich in Weiß gehaltenen Raum in ein warmes, unwirkliches Rosa. Das Fischgrät-Parkett muss vor urzem abgeschliffen worden sein. Die breiten, offenen Doppeltüren führen zu einem begrünten Hof. Eine laue Böe erfüllt den Raum und bläht die zarten weißen Vorhänge für einen Moment zu freundlichen Gespenstern. Die Wand mir gegenüber besteht nur aus Büchern, von einer Ecke zur anderen, vom Boden bis zur Decke. Es müssen Tausende sein. Eine Metallschiene führt eine Leiter mit Rollen an den Füßen. Davor steht ein ausladendes Sofa.

Meine beiden mehr oder minder Kidnapperinnen scheinen nicht zum ersten Mal hier zu sein, sie finden sich sofort zurecht.

Sky tritt an den langen Nierentisch vor dem Sofa und legt das in Folie verpackte Gewehr darauf ab, sachte wie einen in Laken gehüllten Säugling. Als Frau Blum bemerkt, dass ich noch immer wie angewurzelt im Türrahmen stehe, lädt sie mich höflich ein, Platz zu nehmen. Sie deutet dabei auf den ausgefallenen, mit grünem Leder bezogenen Ohrensessel.

Zögernd löse ich mich aus meiner Beobachterposition, durchquere den Salon und setze mich. Der Sessel ist sehr bequem. Auch Frau Wenzel setzt sich jetzt, ächzend lässt sie sich ins Sofa fallen.

Ich stammle Silben, die der Beginn einer Frage sein sollen, wobei Frau Blum mich jedoch freundlich unterbricht.

«Alles zu seiner Zeit, mein lieber Hugo. Zuerst die Büchse.»

Sie gibt Sky ein kaum merkliches Zeichen. Diese holt daraufhin ein Messer aus dem Inneren ihres Blazers hervor. Konzentriert und behutsam wie eine Chirurgin führt sie die Klinge in das schwarze Plastik und macht einen lautlosen Schnitt, langsam, von einem Ende bis zum anderen. Ich sitze einen Meter entfernt und verfolge den Vorgang mit Spannung. Als ich mich ein bisschen bewege, quietscht das Leder, ansonsten ist es still. Sky zieht die schwarze Teichfolie ab wie der Gourmet die Haut von einer Blunzen. Nachdem sie vorsichtig das Gewehr herausgezogen hat, legt sie es auf den Tisch. Der strenge Geruch von Waffenfett macht sich in der Luft breit.

Meine staunenden Augen wandern über das dunkle Holz des Kolbens, das glänzende Metall des Spannhahns. Es ist ein uralter Vorderlader, aber in beinahe makellosem Zustand. Das Eisen des Laufes zeigt Spuren hohen Alters, aber kein Grünspan, nicht einmal der kleinste Fleck Flugrost. Wunderschön. Mein Großvater hat offensichtlich eine großzügige Schicht Fett aufgetragen, bevor er die Büchse verpackt und versteckt hat. Das Holz ist von einem satten Braun. Ich beuge mich weiter vor, um die sagenhafte Schnitzarbeit am Kolben und entlang des Schaftes besser betrachten zu können. Hörner werden darauf geblasen, Pferde geritten, Füchse getrieben, Rotwild geschossen. Es wird aus Krügen getrunken und sich an den Früchten der Jagd gelabt. Die fröhlichen Jägersleute sind besonders detailreich abgebildet. Das männliche Schönheitsideal scheint damals ein anderes gewesen zu sein, denn sie sehen allesamt aus wie Frauen. Auf dem Kolben erkenne ich eine Art Wappen, ein Siegel, zwei gekreuzte Gewehre und darunter noch einen Buchstaben, ein großes geschlungenes A. Das Emblem des Büchsenmeisters?

Frau Blum macht einen Schritt auf den Nierentisch zu.

«Ist das die richtige?», wird sie von Sky gefragt.

Sie nickt, lächelt und sagt: «Meine Damen, wenn ich Sie um eine Minute mit meinem jungen Gast bitten darf.»

Etwas schwerfällig, aber ohne weiteres Zögern erhebt sich Frau Wenzel und verlässt mit Sky den Salon. Falko folgt den beiden.

Frau Blum sieht mich an, sagt aber kein Wort. Ich lehne mich zurück und lasse meine Augen noch einmal durch den Raum schweifen. An dem Ölgemälde über dem Sekretär bleibt mein Blick haften.

«Ich … bin schon einmal hier gewesen, stimmt's? Nach dem Abend in der Buschenschank.»

Frau Blum grinst.

«Etwa nicht trinkfest, der junge Mann?»

Draußen, vor einem der Fenster, kann ich sehen, wie Frau Wenzel ihr Gesicht gegen das Glas drückt, um einen heimlichen Blick ins Innere zu erhaschen. Sie scheint nicht zu bemerken, dass ich sie sehen kann. Oder es ist ihr egal.

«Die beiden, das sind keine Verwandten von Onkel Beppo, nicht wahr? Gibt es diese Schwester überhaupt?»

Frau Blum strahlt vollkommene Ruhe aus. Sie lässt sich Zeit, bevor sie antwortet.

«Wie soll ich sagen. Es ist kompliziert. Auf gewisse Art und Weise sind wir alle drei seine Schwestern.»

Mit dieser Antwort kann ich nicht das Geringste anfangen. Verunsichert senke ich meinen Blick.

«Frau Blum …» Ich gebe mir einen Ruck, schaue sie an, versuche, ihrem Blick standzuhalten. «Was hat es mit der Büchse auf sich? Warum bin ich hier? Wer sind Sie?»

Sie lächelt milde, doch gibt mir keine Antwort, erhebt sich stattdessen. Der wunderschöne Fußboden begleitet jeden ihrer Schritte mit einem sanften Knarren.

Wer sie sei, ertönt ihre Stimme jetzt im Raum, das könne sie mir sagen, habe sie mir eigentlich schon letztens in der Buschenschank gesagt. Eine erfahrene Trinkerin. So wie mein Großvater.

Sie steht vor dem Ölgemälde, während sie all das sagt, scheint es zu betrachten, mit hinter dem Rücken überkreuzten Händen, wie die Besucherin einer Galerie.

Mein Blick fällt wieder auf die Büchse.

«Was hat mein Großvater … was habe ich … was haben Sie mit dem Gewehr zu tun? Wollen Sie es stehlen?»

Sie winkt mich stumm heran. Ich stehe auf, stelle mich neben Frau Blum. Eine endlose Minute lang verharren wir so, schweigend, ihr Blick aufs Gemälde hat beinahe etwas Schwelgendes. Meine unruhigen Augen wechseln zwischen ihrem Gesicht und dem Bild, in beidem erhoffe ich mir eine Antwort.

«Das Werk ist so alt», beendet ihre Stimme dann endlich die bleischwere Stille, «wie die Grundmauern dieses Hauses. Sieh genau hin. Erkennst du es?»

Ich sehe mir das Bild genauer an. Vor einer Wand aus Schilf steht eine Person. Auf ihrer Schulter ruht lässig eine Büchse.

Ich staune über die feinen Details auf dem Kolben. Es sind dieselben Szenen. Wie auf der, die hier auf dem Tisch liegt.

Ich nicke stumm.

«Wer ist diese Frau?»

«Das, mein lieber Hugo, ist die Büchsenmeisterin Wilhelmina Biró. Meine Vorfahrin. Eine Frau von großem Einfluss. Sie war es, die dieses Haus vor gut drei Jahrhunderten hat erbauen lassen. Und die Büchse dort drüben», sie deutet in Richtung des Nierentisches, «das war ihre.»

Ich kann mir keinen Reim aus alldem machen. Sie scheint es zu bemerken. In ihrem Gesicht taucht Mitleid auf.

«Du hast einen richtigen Filmriss, nicht wahr?»

Ich schlucke. Da höre ich plötzlich ein Geräusch hinter mir, vom anderen Ende des Salons. Ich drehe mich um. Mir bleibt beinahe das Herz stehen. Es hatte sich so angehört, als hätte jemand eine Türe geschlossen. Aber da ist keine Türe, da ist nur das Bücherregal. Und davor steht er.

Dann kommt er auf uns zu. Ich bin wie gelähmt, kann nur dabei zusehen, wie er entschlossenen Schrittes den Salon durchquert, in all seiner Riesenhaftigkeit. Sein Ausdruck hingegen scheint vollkommen unbedrohlich, ruhig, ja, beinahe untertänig, wie er da so vor uns steht, die Hände vor dem Bauch gefaltet.

«Jürgen, was gibt es?»

«Bitte entschuldigen Sie die Störung, Frau Blum.»

Ich hätte es nicht für möglich gehalten, dass ein derart massiver Stiernacken zu solch einer grazilen Verbeugung fähig ist.

«Ich wollte nur Bescheid sagen, dass in der …» Er überlegt, scheint nach dem richtigen Wort zu suchen. Er hält sich die Hand vor dem Mund, senkt die Stimme. «Krypta», fährt er schließlich fort, «alles so weit vorbereitet ist.»

«Wunderbar, junger Mann.»

Aber den eleganten Riesen scheint noch etwas zu halten. Er sieht Frau Blum an. Dann mich.

«Navratil.»

Alleine die Ansprache lässt erneut eine Schreckenswelle durch mich fahren.

«Was gestern Nacht passiert ist, tut mir sehr leid.»

Ich schaue ihn verblüfft an. Sein Blick wandert nach oben, bevor er weiterspricht, holt er tief Luft.

«Männlichkeit ist gesund. Toxische Männlichkeit ist ungesund. Ich muss lernen, meine Emotionen in etwas anderes als Wut zu übersetzen. Meine Gefühle sind wunderschön.»

Sein Tonfall lässt mich daran denken, wie wir in der Schule einmal den Erlkönig auswendig lernen mussten.

Ich bemerke, dass mein Mund offen steht.

«Äh», sage ich.

Nachdem er seinen Satz beendet hat, sieht er Frau Blum kurz ins Gesicht. Was er dort sieht, scheint ihm zu gefallen, denn er schnauft jetzt betont erleichtert.

«Sonst noch etwas?» In ihrer Stimme ist ein Hauch von Ungeduld.

«Vielen Dank, Frau Blum, das war alles.»

Und da entschwindet er schon wieder, der verwandelte Gigant, so unverhofft, wie er erschienen war.

Erst jetzt bemerke ich, dass ich mich vor Schreck über die unerwartete Begegnung halb hinter Frau Blum versteckt habe. Bevor ich mich richtig dafür schämen kann, tritt Sky in den Salon.

Sie entschuldige sich für die Störung, aber es sei langsam an der Zeit.

Frau Blum bedankt sich bei ihr, und schon verschwindet sie wieder in den Garten, ohne mich nur eines Blickes gewürdigt zu haben.

Sie bedaure sehr, sagt Frau Blum, dass sie heute nicht mehr

Zeit für mich übrig habe. Sie wolle mich noch zur Türe begleiten. Schon fühle ich eine überraschend kräftige Hand auf meinem Rücken, die mich den Flur entlangführt, während ich vor mich hin stottere. Im nächsten Moment stehe ich schon auf der Veranda.

«Aber», drehe ich mich noch einmal zu ihr um, «das viele Geld.»

«Es gehört dir. Sieh es doch einfach als Finderlohn. Mach's gut, junger Mann.»

Die Haustüre ist schon fast geschlossen, als ich sie sanft stoppe.

Sie sieht mich fragend an.

«Eine einzige Frage noch. Bitte.»

Die Tür geht wieder auf.

«Nach der Nacht in der Buschenschank bin ich in Jägerstracht aufgewacht.»

Frau Blum lacht.

«Ja, deine Kleidung war komplett verschmutzt von deinem kleinen Akt des Protests. Die Jägersachen waren das Einzige, das ich für dich im Schrank hatte.»

Ich schaue sie einen Moment nachdenklich an.

«War das nicht deine Frage?»

Ich schüttle den Kopf.

«In der Kleidung war ein altes Foto. Zwei Frauen vor einem Hochstand.»

«Ja, das habe ich dir geschenkt, nach unserer langen Unterhaltung, hier auf dem Sofa, du erinnerst dich. Hach, auf dem Foto bin ich noch um ein ganzes Leben jünger.»

«Die Frau mit dem Gewehr, ist das Beppos Schwester?»

Sie sieht mich an, als hätte ich den Verstand verloren. Dann entkommt ihr wieder ein Lacher. Wie um mich zu trösten, tätschelt sie mir den Oberarm.

«Meine Güte, mein lieber Hugo, hast du wirklich alles vergessen?» Sie schüttelt sanft den Kopf, wie eine nachsichtige Lehrerin. «Es stimmt wohl: Du kannst einen Esel zum Wasser führen, aber du kannst ihn nicht zum Trinken zwingen.»

Ich schaue sie entgeistert an.

Plötzlich beginnen die Kirchenglocken zu läuten.

«Statte doch einmal dem Pfarrer einen Besuch ab!», ruft sie über den schrecklichen Lärm hinweg. «Die Abendmesse muss eben vorbei sein. Nicht wenige haben ihre Antworten schon beim Herrgott gefunden.»

Meint sie das ernst, oder will sie sich jetzt auch noch lustig über mich machen?

Dann fällt die Tür zu.

Und ich starre den Klopfer aus Messing an.

Und die Glocken läuten.

Und sie läuten weiter.

Und ich starre.

Und starre.

Der Diener des Herrn

Irgendwann hört das unselige Gebimmel der Kirchenglocken auf. Ich blicke den Kirchturm empor, dessen dunkle Spitze den Weg in den Himmel weist. Die Uhr zeigt kurz nach acht. Es kommt mir so vor, als ziehe eine unsichtbare Kraft an mir, nach unten, zum Erdboden. Meine Augen schließen sich reflexhaft, als ein kalter Tropfen auf meiner Stirn landet. Und gleich noch einer, diesmal auf meinem Unterarm. Die Luft kommt mir ungewohnt schwül vor. Ich suche den Himmel nach Regenwolken ab.

Da öffnet sich laut ächzend die dunkle, rundbogige Holztür an der Rückseite der Kirche, und Pfarrer Willibald tritt hinaus auf den Gehsteig der Berggasse. Noch bevor die Holztür zur Gänze aufgeschwungen ist, glüht bereits das Ende einer Zigarre. Als er mich entdeckt, lächelt er und winkt mich heran.

Eine wahrlich freudige Begegnung, ruft er mir zu, noch während ich die Gasse überquere. Er macht einen langen Zug, als ich vor ihm stehe. Sähe so aus, als hätte ich Glück gehabt und die ehrenwerte Frau Blum diesmal erwischt, sagt er, mit leicht gepresster Stimme, während Rauch aus seiner Nase strömt. Dann richtet er seinen Blick zum Himmel, streckt prüfend eine Hand von sich. «Der gnädige Herrgott schickt uns wohl endlich ein Wetter. War aber auch höchste Zeit, nicht wahr?»

Nur ein stummes Nicken schaffe ich zur Antwort.

«Du siehst aus wie der Herr am Kreuze, mein Sohn! Na, komm, wir setzen uns für ein paar Minuten in die Sakristei, und du bekommst einen Trunk.»

Ich zögere. Nicht weit entfernt donnert es. Ich blicke den Pfarrer an, mit seinem wirren weißen Haar und den freundlichen Backen, die schon wieder in einem Wölkchen Qualm verschwinden. Ich kann erahnen, warum man in ihm einen Verbündeten sehen kann, wie damals meine große Schwester. Ihn umgibt eine Aura des Fremdartigen, des Fehl-am-Platzseins, an einem dumpfen Ort wie diesem. Noch ein Schiffbrüchiger. Ich muss an Frau Blums Worte denken. Wollte sie mich vielleicht gar nicht verschaukeln? Aber auf welche meiner vielen Fragen soll mir dieser liebe, ausgebrannte Onkel antworten?

Eine plötzliche Böe lässt sein schütteres Engelshaar wehen. Die Luft riecht jetzt eindeutig nach Regen. Mit der Hand, die keine Zigarre hält, tastet er sein Haupt ab.

«Schon wieder ein Tropfen. Schnell, bevor uns der Blitz trifft!», scherzt Willibald, bevor er ins Innere der Kirche verschwindet.

Ich folge ihm.

Die Luft hinter den dicken Kirchenmauern ist angenehm kühl, versetzt mit einem Hauch Weihrauch. Durch zwei bunt, verglaste Fenster dringt ein wenig Licht. Ich solle mich ruhig schon einmal setzen, sagt Willibald, während er zu der mit vergoldeten Intarsien verzierten Kredenz geht. Ich lasse mich auf einen der mit rotem Samt bespannten Sessel plumpsen. Er kommt mit einer halbvollen Flasche und zwei Gläsern zurück und setzt sich ebenfalls. Die lange, dünne Zigarre steckt dabei die ganze Zeit zwischen seinen Eckzähnen.

Willibald schenkt uns ein. Single Malt, dreiundzwanzig Jahre im Sherryfass. Wenn einem das nicht die Farbe ins Gesicht zurückbringe, dann wisse er auch nicht.

Es riecht scheußlich. Wie ein frischgewichster Lederschuh, der in eine Pfütze noch warmen Katzenurins getaucht wurde. Aber nichts könnte mir egaler sein. Wir trinken. Ich bin überrascht, der Geschmack ist deutlich angenehmer, als ich es mir vorgestellt habe. Der Hauch von Weihrauch wird schon längst vom Qualm der Zigarre überdeckt. Tatsächlich spüre ich bereits nach dem ersten scharfen Schluck, wie meine Nerven sich beruhigen.

Der Pfarrer lehnt sich entspannt zurück. Genüsslich pafft er an der Zigarre. Die Sakristei sei der letzte Ort, erzählt er, an dem er sich noch ungestört an einer Virginia laben könne, seitdem Rosi den Schlüssel zum Dachboden versteckt halte.

«Geht es dir bereits ein wenig besser, mein Sohn?» Er mustert mich mit gutmütiger Neugierde. «Dir fehlt immer noch ein bisschen Farbe.»

«Danke, Herr Pfarrer, mir geht es schon besser. Ich muss auch langsam mal nach Hause.»

Er sieht mich ein wenig verwundert an, als ich mich erhebe.

«Mein Sohn, bist du sicher, dass du da hinauswillst?»

Der Pfarrer deutet mit der Zigarre in Richtung der Fenster. Gegen die Scheibe prasseln dicke Regentropfen. Wie konnte ich das nicht bemerken? Ein Blitzlicht erhellt die bunten Farben des Glaseinsatzes für Sekunden, ich sehe ein dürres Männlein, gebunden an einen Pfahl, durchbohrt von einem Dutzend Pfeilen. Der heilige Sebastian.

Ich setze mich wieder.

Wenn ich wollte, könne ich ruhig hierbleiben, bis das Unwetter vorbei sei, höre ich Willibald sagen. Er wäre froh über die Gesellschaft. Ob mein Besuch bei Frau Blum vorhin angenehm war? Sie könne recht eigen sein. So wie ich ausgesehen habe, könne man meinen, die gute Frau habe mich bedroht. Ein spröder Laut der Heiterkeit entfährt seinem Halse.

Weiß er, wie nah er der Wahrheit damit kommt?

Er kenne sie recht gut, erzählt er weiter, während ich an meinem Whisky nippe.

«Woher?»

«Hat sie es nicht erwähnt? Ich arbeite für sie.»

«Sie arbeiten für Frau Blum?» Ich kann meine Verwunderung kaum verbergen. Wer arbeitet eigentlich nicht für Frau Blum?

«Ach.» Willibald winkt ab. «Nur ein wenig Housekeeping, wie man so sagt. Und jetzt, da sie zurück ist, fungiere ich als … geistiger Beistand, wenn man so will.»

Ein kleiner Lacher entkommt seinem Hals, bevor er ein weiteres Mal an der Zigarre zieht. Dichter Rauch strömt aus seiner großen Nase. Wenn er frei von der Leber weg sprechen dürfe, fährt Willi fort: Frau Blum sei ein außerordentlicher Mensch, mit beeindruckender Geschichte. Ob sie mir das Porträt gezeigt habe? Im Salon?

Ich bejahe.

Er nickt anerkennend. Dann wisse ich ja Bescheid.

Ich setze das Glas ab.

«Worüber?»

Er sieht mich überrascht an.

«Frau Blum hat dir doch die Geschichte ihrer Urahnin erzählt?»

Ich schüttle den Kopf. «Nicht wirklich.»

Willibald sieht mich mit leuchtenden Augen an. Ob er diese Minuten des Dunkelwetters vielleicht mit einer illustren Geschichte erhellen dürfe?

Draußen erzeugt der auf den heißen Asphalt niederprasselnde Regen ein derartiges Rauschen, dass man meinen könnte, ein Sturzbach ströme an den Kirchenmauern vorüber.

«Ja», antworte ich, will aber eigentlich nur hier raus und schlafen.

Der Pfarrer lächelt, nimmt noch einen Schluck, bevor er wortlos sein Glas abstellt und seine zur Hälfte gerauchte Zigarre in den großen Aschenbecher legt. Er schenkt mir noch einmal nach, fordert mich auf, es mir gemütlich zu machen. Anschließend lehnt er sich in den Sessel zurück, die Federn unter dem roten Samt geben ein jammerndes Geräusch von sich. Er streicht sich mit den Händen das Haar nach hinten, bevor er sie vor seinem Wohlstandsbauch faltet. Er sieht mich für ein paar Sekunden bedeutungsvoll an. Ob mir schon einmal jemand die Legende der Wilhelmina Biró erzählt hätte, fragt er schließlich.

Eine Antwort ist überflüssig, es ist klar, dass die Frage rhetorisch gemeint war. Der Sermon hat bereits begonnen.

Er holt noch einmal tief Luft, schließt für einen Augenblick die Augen. Dann erzählt er.

Die Legende der Wilhelmina Biró

Es begab sich zu Beginn des achtzehnten Jahrhunderts, in ebendiesem Dorfe, welches damals noch ein einfacher Markt war. Dem Büchsenmeister zerbarst in seiner Werkstatt der Schädel, auf dass die unverputzten Lehmwände gesprenkelt waren mit den Patzen seines Hirnes. Die braven Leute waren entsetzt, wiewohl sie, Kinder dieser Erde, einiges gewohnt waren an Sauerei. Was sie zu diesem Zeitpunkte noch nicht wissen konnten: Jenes schaurige Ereignis war lediglich Präludium einer wahren Schreckensoperette. Unselige Unfälle, wie sich die braven Leute zu Beginn noch glauben machen wollten. Schon bald sollten die Pfade des kleinen Friedhofs gesäumt sein von frischen Erdhaufen, aus denen eilig gezimmerte Holzkreuze ragten. Doch blieb das Unglück nicht innerhalb der Wehrmauern dieses bescheidenen Marktes. Wie die Haufen der Maulwürfe im Grundbirnacker breiteten sich die Gräber auf den Friedhöfen der gesamten Region rund um den Steppensee aus. An einfache Unglücksfälle war schnell nicht mehr zu glauben. In jedem Dorfe schlugen die Bauern ihre malproperen Hände über dem lausigen Haupte zusammen und flehten gen Himmel, der Herr möge sie erretten vor dem garstigen Werke des Gehörnten, welcher hinaufgestiegen sein musste, gute Christen zu geißeln zu seinem verkehrten Vergnügen.

Schließlich sprachen jene Weisen des Dorfrates, deren Gebeine noch nicht in der kalten Erde ruhten, ein Unisono. Es war unumgänglich. Der für seine Härte gefürchtete Kommissär des Fürsten musste zu Hilfe gerufen werden.

Doch was war nun die wahre Ursache für all das Unglück, das die besten Männer nach Gutdünken dahinzuraffen schien? Um dies herauszufinden ist es vonnöten, ein wenig in der Zeit zurückzugehen. Die Gemahlin des ersten Opfers war: Wilhelmina Biró.

Sie zählte sechzehn Lebensjahre, als sie mit dem Büchsenmeister verheiratet wurde. Er war mehr als doppelt so alt wie sie, lachte nie, hatte seltsame Augen, wie sie fand, und roch absonderlich aus dem Munde. Aber hatte sie eine Wahl? Er war eine gute Partie, eine sehr gute sogar, verfügte im Gegensatz zu den meisten anderen Männern des Marktes – größtenteils Bauern und Tagelöhner – sogar über ein bescheidenes Vermögen. So reichten sich Wilhelminas Vater und der Büchsenmeister nach einer obzwar knappen, indes schnapsreichen Unterredung die Hände, und verbrieft war der Handel. Alsbald, an einem feuchten Novembertage, wurde die Trauung vollzogen. Die Gesellschaft war überschaubar, der Büchsenmeister selbst hatte keine Verwandtschaft und war geizig. An diesem Abend zog Wilhelmina in das düstere Haus hinter der Kirche.

Er war ein jähzorniger Mann, ohne jeden Sinn für Humor, sprach den lieben langen Tag kaum ein Wort mit ihr, und wenn er doch einmal den Mund aufmachte, stieß er dabei oft nur gereizte Wortbrocken aus. Sie zu prügeln wagte er nie, aber gewiss muss einer nicht am Soma sich vergehen, um die Psyche zu blessieren.

Nein, sie hasste ihn nicht. Sie erlaubte es sich nicht, ihn zu hassen. Sie empfand nicht das Geringste für ihn, nicht einmal Grimm. Vielmehr war er ihr lästig, wie ein Klumpfuß.

Wann immer es ihr möglich war, ging sie zu Pauline. Sie war ihre Kameradin, Verbündete, Geistesschwester. Ohne Pauline wäre sie wohl dem Wahnsinn anheimgefallen. Und ebenso wäre wohl Pauline ohne Wilhelmina irrsinnig geworden, denn auch ihr hatte der Herrgott in seiner Unergründlichkeit einen gar fürchterlichen Manne als Gatten zugewiesen, der sie beinahe täglich drosch. Doch arbeitete dieser im Unterschied zum Büchsenmeister nicht zu Hause, sondern am Rande des Waldes in seiner kleinen Sägemühle. So konnte Pauline zumindest tagsüber Besuch empfangen.

Bei einem Glase Zwetschgengeist oder Teller Erdbeeren mit Zucker sprachen sie über alles, außer ihre Männer. So saßen sie, so oft es gelang, beisammen und stärkten sich, wie Soldatinnen im Heimaturlaub.

Oft hatte Wilhelmina schon Pläne geschmiedet, im Stillen, in Gedanken. Hatte sorgfältig ihre Siebensachen gepackt und war in Nacht und Nebel entschwunden. Doch stets gewann die Ratio. Wohin hätte sie gehen sollen? Es gab zu jener Zeit nur drei Orte, an die junge Frauen gehen konnten: das Kloster, das Freudenhaus oder das Wasser. Keine dieser Möglichkeiten kam für sie in Frage. Die Gottesweiber waren ihr suspekt, im Freudenhaus hätte sie sich erst recht wieder mit übelriechenden Männern herumschlagen müssen, und das Wasser des Steppensees war mit seinen sieben Fuß einfach nicht tief genug. Nein, so einfach würde sie es ihm nicht machen. Sie mochte das Dorf, hier war sie aufgewachsen. Aber zuvorderst konnte sie Pauline nicht einfach im Stich lassen.

Was hatte nun aber all dies mit der merkwürdigen Serie an fürchterlichen Todesfällen zu tun, welche die braven Leute des Marktes so weit getrieben hatte, den berüchtigten Kommissär des Fürsten zu holen, der dem Schilfgürtel sich nur auf einen Morgen entfernt nähern musste, damit sich die Karpfen vor

Bange im Schlamme des Steppensees eingruben? Dazu bedarf es noch ein wenig Geduld.

Wilhelmina also führte mehr oder weniger das Leben einer Geknechteten. Nun war Wilhelmina aber zur Knechtschaft mitnichten willens und ganz und gar nicht dafür geschaffen, ihr liebes Leben lang einem jähzornigen, kalten Molche von einem Mann zu dienen.

Neidvoll blickte sie auf die Witwen. Die meisten von ihnen waren bitterarm. Doch schimpfte ihnen zu Hause niemand hinterher, wenn sie einmal für wenige Augenblicke verschnauften, keiner ließ seinen Gürtel auf ihre Rücken niederschnellen, und mit wem sie ihre Betten aus Stroh teilten, darüber bestimmten nur sie alleine. Schließlich wurde Wilhelmina gewahr, sorgsamer betrachtet waren diese Frauen auf gewisse Art und Weise frei.

Und so begab es sich, dass Wilhelmina eines Morgens mit einem Entschluss erwachte, der sie mit solcherlei Heiterkeit erfüllte, wie zu fühlen sie sich bereits für unfähig gewähnt hatte. Sie schwang sich aus dem Bette, hinter ihr schnarchte es, draußen hatte noch nicht einmal der Hahn gekräht. Doch flink wie ein kleines Mädchen nahm sie die Treppe hinunter und machte sich daran, Kaffee zu mahlen. Schwarz wie ein Nachtalb und stark wie ein Ackergaul sollte er heute sein. Sie hatte beschlossen, ihn abzumurksen, den Gemahl, den Peiniger, den Maulfaulen mit der Maulfäule.

Schlau musste es angestellt werden, das war das Wichtigste. Und nicht überstürzt.

Über Monate beobachtete sie ihren Gatten bei der Arbeit, insgeheim, während sie etwa so tat, als wischte sie Staub. Irgendwann kannte sie die Handwerksschritte im Schlafe, wie ein gelehrsamer Geselle hatte sie sich alle Feinheiten eingeprägt. Alsdann, eines Tages, wusste sie, dass es so weit sein sollte. Sie brachte dem Meister sein Mittag in die Werkstätte. Wie immer würdigte er sie keines Blickes. Den Rücken ihr zugewandt, gebeugt über den Ofen, tat er so, als sei sie gar nicht da.

Sie stellte das Essen ab.

Es muss erzählt werden: Zum Werke des Büchsenmeisters gehörte ein besonderer Kniff, auf den er viel hielt. Um zu ermitteln, ob die Bohrung eines Rohrlaufes, die sogenannte Seele, noch einen weiteren Feinschliff benötigte, machte er Folgendes. Er spannte den Hahn der ungeladenen Büchse. Dann hielt er sein Ohr an die Mündung des Laufes und betätigte den Abzug. Das metallische Schnappen des Spannhahns erzeugte eine Schwingung, schickte ein hohes Singen durch die Seele. Wenn ein unruhiger Ton zu hören war, musste die Seele noch einmal ausgebessert werden, ein steter Ton jedoch besagte, dass die Büchse zum Einschießen bereit war.

Auch an diesem Tage prüfte er eine Seele. Seine Gattin aber hatte die ungeladene Büchse buchstäblich hinter seinem Rücken durch eine andere ausgetauscht. Diese hatte sie mit einer beherzten Ladung Schwarzpulver und einer Bleikugel sorgfältig gestopft. Sie entfernte sich beizeiten, um nicht vollgesudelt zu werden.

Und da, mit einem dumpfen Knalle, passierte das Malheur.

Ein grauenerregender Unfall, sprach der Arzt mit teilnahmsvoller Stimme und einer Hand auf Wilhelminas Schulter. Sein Gesicht war etwas fahl. Fürchterlich der Anblick, schon für eines Mannes Auge! Die arme Witwe, sagte er später im Wirtshaus. Sei jetzt ganz alleine.

Die Witwe fühlte sich kolossal.

Sie bemerkte, wie sie nach Jahren mit einem Male wieder atmen konnte. Bildlich wie wörtlich, war es doch eine ihrer ersten Handlungen in der neugewonnenen Freiheit ihres Witwendaseins gewesen, all die Korsagen zu verfeuern.

Wie sagt man? Das perfekte Verbrechen. Ersprießlich für Wilhelmina Biró, übel für den Büchsenmeister. Ob eine Sünde oder nicht, darüber entscheidet alleinig der Herrgott. Nur worin bestand der Konnex, zwischen diesem einen vermeintlichen Unfalle und den Dutzenden anderen, die dem jähen Zerplatzen des Büchsenmeisters Schädel in Bälde folgen sollten? Nun, die Erzählung nähert sich der Antwort.

Wie erzählt, ward Wilhelmina Biró wie neugeboren. Doch schon bald zeigte ein Erschwernis sich, womöglich ein dämonischer Gruß des Büchsenmeisters aus der Unterwelt. Wie sich kurz nach dem Begräbnis herausstellen sollte, hatte der Dermaleinstige einen beträchtlichen Berg Spielschulden bei dem Jagdherren des Fürsten angehäuft. Nachdem Wilhelmina zähneknirschend alle Schuld beglichen hatte, blieb von dem Vermögen kaum mehr übrig als ein Stapel grünspäniger Kreuzer. Sie musste also eilends für ihr Auskommen sorgen. Nach reiflicher Überlegung kam sie zu dem für sie einzig richtigen Entschlusse. Sie würde die Büchsenwerkstatt fortführen. Büchsen wurden immer gebraucht. Wie viele Male hatte sie zugesehen, es war bei weitem kein Hexenwerk, und was ihr noch fehlte, würde sie erlernen. Und in der Tat, wenige Wochen und ein paar Rohrkrepierer später, war die erste Büchse fertig. Sie war stolz auf ihr Werk. Zuerst lachten die braven Leute. Aber als der hohe Jagdherr einmal aus reinem Jux und Tollerei, wie er betonte, eine ihrer Waffen erprobte, war er so erstaunt über die anschmiegsame Handhabe und bisher ungekannte Präzision, dass er den ganzen Nachmittag weiterschoss, bis ihm am Ende die Ohren pfiffen und er zehn Büchsen für seine Männer orderte. Von da an musste sie sich keine Sorgen mehr über ihr Auskommen machen, das Geschäft ließ sich besser an, als je zu Lebzeiten des Büchsenmeisters. Alles strebte nach einer Büchse von Biró, zuerst aus Neugierde, und schon bald nur noch aus dem einzigen Grunde, da es weit und breit keine besseren gab.

Eine Zeit des Gemachs hätte für die junge Wilhelmina anbrechen können, wäre da nicht jener Wirbelwind an Unglück im Anfluge gewesen.

Aber wann begannen denn nun all diese unheilvollen Zwischenfälle? In der Heiligen Schrift steht geschrieben: Wahrlich, meine geliebten Brüder und Schwestern, lasset mich euch sagen, der Momente, welchen ihr so lange schon ersehntet und erbatet, er ist hier und heute. Jedoch, Kinder der Erde, lasset mich euch fragen: Wie fühlet ihr nun, euch, hier und heute?

Wilhelmina fühlte sich einmal mehr kolossal. Gleichzeitig dürfte es auch dem von der Sonne der Empathie schwach beschienenen Menschen natürlich erscheinen, dass ihr Drange, sich jemandem anzuvertrauen, ebenso kolossal sein musste. Immerhin hatte sie den Hirnkasten eines Mannes platzen lassen. Und wem hätte sie sich eher anvertrauen sollen, als ihrer liebsten Pauline? Diese zeigte sich Wilhelminas Geständnis gegenüber zartfühlend, mehr als das sogar, mit Nachdruck versicherte sie ihrer befreiten Freundin, das einzig richtige getan zu haben. Und siehe da, keine drei Tage später sprang ein Sägeblatt kreischend wie eine Harpyie aus seiner Führung und zerriss Paulines Gemahl den Halse. Der arme Lehrjunge aus Mähren hatte dem Gurgelnden noch helfen wollen, doch beim Anblick des Blutstrahles waren ihm die Sinne geschwunden.

Die braven Leute schlossen die Witwe in ihre Gebete ein. Pauline kümmerte sich von nun an um die Sägemühle. Aber sie plagte ein schlechtes Gewissen, nicht etwa um ihres Mannes willen, sondern wegen des armen Lehrjungen, der nach dem Vorfall nicht mehr derselbe zu sein schien. Sie empfand den allerstärksten Drange, sich jemandem anzuvertrauen. Und wem hätte sie sich eher anvertrauen sollen, wenn nicht ihrer verehrtesten Wilhelmina? So geschah es. Obzwar sie sich nach dem Gespräche besser fühlte, verschwand das schlechte Gewissen danach nicht. Und so erzählte sie die Sache auch ihrer vertrauten Schwester, die sie leider nicht oft sah, da diese ins nächste Dorf verheiratet worden war. Der Name ihrer Schwester war Hildegard. Der Gatte Hildegards war Fleischermeister. Keine Woche nach dem Besuch von Pauline wurde er gefunden, blau und kalt wie die Ochsenhälfte, unter der er begraben lag. Den ganzen Tag statteten die braven Leute der Witwe Kondolenzbesuche ab. Fortan führte Hildegard die Fleischerei. Sie stellte zwei kräftige sonnengegerbte Burschen aus Genua ein, die bei ihr einzogen, um bei der schweren Arbeit des Zerlegens zu helfen. Unter anderem.

Eine Woche später verschwand der Schilfermeister im Schilf. Er habe nur kurz austreten wollen, versicherten seine Männer. Zwei Tage lang suchte man nach ihm, dann gab man auf. Maria, seine arme Witwe, hatte nicht nur den Verlust zu verarbeiten, sondern musste sich von nun an auch um das Schilfgeschäft kümmern.

Kurz darauf starb der Gerbermeister. Er war tagelang siech gewesen. Milzbrand, stellte der Arzt fest. Keine Seltenheit in den Gerbereien. Tragisch, vor allem, weil seine junge Gemahlin nun als Witwe zurechtkommen musste.

Drei Tage später wurde nicht nur der Schmied des Marktes von den Hufen eines Pferdes totgetrampelt, sondern zu allem Überdrusse auch noch dem Wagenmeister bei der Reparatur eines Rades das Genick entzweit.

Und dies war nur der Beginn. Bald gab es in jedem zweiten Dorfe rund um den Steppensee ein halbes Dutzend Betriebe, die von einer Witwe geführt wurden.

Es dauerte nicht lange, bis die Kunde auch Wilhelmina erreichte, die sofort verstand. Wie das Schilf im Hin und Her des Windes fühlte sie sich. Zum einen wollte sie sich nicht für den Tod von Dutzenden verantwortlich fühlen, zum anderen ging sie ebenso davon aus, dass jede einzelne Witwe aus guten Gründen gehandelt hatte. Sie beriet sich mit Pauline, die über den Lauf der Geschichte gleichsam überrascht wie euphorisiert zu sein schien. Sogar das Wort Revolution fiel. Wilhelmina sagte sich, dass sie wohl nichts weiter tun könne, als zuzuwarten. Irgendwann musste doch von selbst Schluss sein, es konnte ja nicht eine jede Gemahlin danach trachten, ihren Gemahl abzumurksen.

Aber die Gräber wurden mehr und mehr. Ein tragischer Unfall folgte dem nächsten.

Als eines Tages der hohe Jagdherr von einem Ausritt durch den Teufelsgraben nicht wiederkehrte – die Männer fanden ihn tot im Wildbach, zweifellos ein Reitunfall – und seine Gemahlin Eusebia von diesem Tage an nur noch in Reithosen und Reitstiefeln auf dem Holsteiner ihres verstorbenen Mannes durch die Gegend jagte – *die arme Witwe, sie muss vor Trauer wohl verrückt geworden sein!* –, da fühlte sich Wilhelmina berufen zu handeln. Der Unfall des Jagdherren war der vierunddreißigste jenes Schicksalsjahres gewesen. Nach einer Unterredung mit Pauline, die ebenso der Meinung war, dass die Sache langsam aus dem Ruder zu laufen drohte, beschlossen die beiden, dass es wohl das Günstigste war, mit den Witwen zu sprechen. All das musste natürlich im Geheimen geschehen. Sie wandten sich an Eusebia, die sofort dazu bereit war, die Dörfer des Nächtens abzureiten und den Witwen eine Botschaft zu überbringen.

Das erste Treffen wurde abgehalten am Tage des Kirchweihfestes, an welchem der Markt voll war von Menschen.

Wilhelmina hatte ihr Haus zur Verfügung gestellt, nach hinten führte der Hof zu den umgebenden Weingärten, von wo aus man das Grundstück leicht betreten konnte, ohne dabei gesehen zu werden. Fünfzehn Witwen waren gekommen. Sie alle behandelten Wilhelmina mit einer Ehrfurcht, wie die braven Leute den Bischof. Sie brauchte einige Zeit, bis sie verstanden hatte, dass sie für diese Frauen ein Vorbild zu sein schien.

Am Ende kamen die Frauen zu einer Einigung. Man wollte eine feste Gruppierung gründen. Aufgabe dieser Gruppierung sollte es unter anderem sein, weiteres Blutvergießen zu verhindern. Sofern es zu verhindern war. Die Mitglieder sollten die Botschaft an all die Ehefrauen hinaustragen, dass es Hilfe gab, wenn Hilfe vonnöten war.

Gleichwohl nicht jede Frau erreichte die Botschaft rasch genug, nicht jede Frau vermochte sich auf das geflüsterte Wort einer nächtlichen Reiterin zu verlassen. So kam es, dass weitere Männer unter Steinen zermalmt, mit Klingen geöffnet, von Stämmen erschlagen, vom Fieber dahingerafft wurden, an Hühnerknochen erstickten, von innen verätzten, von außen verbrannten oder einfach verschwanden.

Und da ritt er also eines Tages ein, in den bescheidenen Markte der braven Leute, gekleidet ganz in Schwarz wie ein Totengräber, hoch zu Rosse, der beschworene Dämon, flankiert von sieben finsteren Gesellen, im Leder eine geladene Büchse, an der Hüfte einen geschliffenen Degen, am Sattel ein dicker Strick. Die Kinder begannen verängstigt zu greinen. Türen wurden zugeschlagen, Fensterläden hastig geschlossen, Arbeit niedergelegt, und Milch brannte an. Eine abgemagerte Katze huschte über die leere Hauptstraße, und gar die Vögel schienen ausgezogen, so still lag der Markte mit einem Male da.

Der Kommissär des Fürsten war erschienen.

Am Abend trat er vor den Dorfrat. Einige Stühle im Hinterzimmer des Wirtshauses blieben leer, ein paar Mitglieder des Rates waren bereits unter der Erde, ein paar weitere hatten nicht den Mut, dem Kommissär gegenüberzutreten. Vor dem Wirtshaus jedoch, dessen Pforte von zwei der sieben Deputierten des Kommissärs versperrt war, hatte sich eine Menschentraube gebildet.

Im Hinterzimmer richtete der Kommissär das Wort an die Handvoll Männer des Marktes. Seine schweren Stiefel brachten den hölzernen Boden zum Ächzen. Immer wieder zwirbelte er sich mit den behandschuhten Fingern die Enden seines prachtvollen Schnurrbartes nach, lief dabei auf und ab. Auf dem Wege hierher, sprach er, hätte er bereits in Erfahrung bringen können, dass all diese Unfälle mitnichten Luzifers Werk wären. Der anwesende Dorfpfarrer wollte protestieren, als der Name des Gehörnten ausgesprochen wurde, aber ein einziger Blick des Kommissärs ließ ihn sich eines Besseren besinnen. Eine Art aufständische Bande sei hier wohl am Werk, fuhr der Kommissär fort, er wolle und müsse nicht *en détail* sprechen. Seine Männer jedenfalls hätten bereits ein Weibe im Visier, über deren nächtliche Umtriebe zu Pferde in den benachbarten Siedlungen er von mehreren Quellen unterrichtet worden sei. Er werde jetzt zum Hause jener Beschuldigten aufbrechen und umgehend zum Verhöre schreiten. Insofern könne es sich nur noch um Stunden handeln, bis Klarheit herrschen würde. Bevor er das Hinterzimmer wieder verließ, wies er die Männer und Frauen des Dorfes an, sich für den morgigen Tage für eine Befragung bereitzuhalten. Wer sich dieser entzog, sollte unversehens als verdächtig gelten. Über die Hintertüre und ohne Gruße verließ er schließlich das Wirtshaus und ließ die Männer des Dorfrates zurück, ohne eine einzige ihrer vielen Fragen angehört zu haben.

Kurz darauf vernahm Wilhelmina ein kraftvolles Klopfen an ihrer Haustüre. Wer da?, rief sie im Dunkel des Hausganges, während sie den Hahn einer Büchse spannte. Es war Paulines

Stimme, die antwortete. Sie klang abgehetzt. Der Kommissär sei auf dem Weg zum Jagdschloss. Er wolle Eusebia verhören.

Was das bedeutete, konnte Wilhelmina sich ausmalen.

Nun ist nicht überliefert, was in jener Nacht geschah, es obliegt der Phantasie der nachfolgenden Generationen, sich ein Bilde zu malen.

Als die Sonne über dem trüben Steppensee aufging, waren sechs der sieben Deputierten des Kommissärs spurlos verschwunden.

Die braven Leute des Dorfes hatten sich, der Obrigkeit hörigst, wie es den Menschen dieses Fleckens Erde schon immer eigen war, in aller Frühe vor dem Wirtshaus versammelt. Als es dann Mittag schlug und noch immer niemand erschienen war, sie zu vernehmen, wurden die braven Leute allmählich ungeduldig. Dann, als der Feuerball sich schon mehr gen Westen als gen Osten neigte, öffnete sich endlich die Türe des Wirtshauses, langsam und knarrend, bis schließlich einer der Deputierten zum Vorschein kam. Er schien leicht zu hinken, mit seiner Kleidung lag etwas im Argen, auch der prachtvoll verzierte Degen fehlte. Die Leute wunderten sich. Wo waren die anderen Deputierten geblieben? Doch da trat ein weiterer Mann aus der Türe, verdutzt, ja beinahe erschrocken sah er all den angespannten Gesichtern entgegen, als hätte nicht er sie noch gestern Abend zum folgenden Morgen hierherbestellt. Ein Raunen ging durch die Menschenmenge. Konnte das der Kommissär sein? Sein Gesicht war bleich wie Kalk, man hätte meinen können, jeden Augenblick würden ihm die Sinne schwinden. Auch kleiner wirkte er nun, hagerer, seiner Haltung fehlte der gockelhafte Stolz, welchen er gestern noch zur Schau getragen hatte. Aber kein Zweifel, dies war der gefürchtete Kommissär des Fürsten. Was war ihm nur widerfahren?

Auf ein Handzeichen begann der Deputierte, in seinem Wams zu kramen. Er holte eine Papierrolle hervor und sagte etwas durch die offene Pforte des Wirtshauses. Da trat der dicke Wirt hervor, zögerlich wie ein Rehbock auf die Lichtung, in seiner Hand Hammer und Nägel. Der Deputierte reichte ihm die Papierrolle und hinkte daraufhin um die Ecke, wo die Pferde angebunden waren. Als er mit den Tieren zurückkehrte, mussten sich die braven Leute ein weiteres Male wundern. Acht Gäule für zwei Mann? Indessen schlug der Wirt das nun ausgerollte Papier an seine Wirtshaustür, wie ihm geheißen worden war. Der Kommissär schien seine Schwierigkeiten damit zu haben, sich auf das Pferde zu schwingen. Als er es beim dritten Anlaufe noch immer nicht geschafft hatte, den Sattel zu erklimmen, musste er sich beschämenderweise von seinem Deputierten helfen lassen. Als er es endlich nach oben schaffte, das zweite Bein abspreizte und über den Sattel schwang, entfuhr ihm ein Schrei, grell wie der eines Knaben. Vornübergebeugt klammerte er sich an der Mähne seines Wallachs fest, während die staunenden Augen der braven Leute auf ihm hafteten. Endlich erklomm auch der Deputierte sein Ross. Inmitten der Menschenmenge stand Wilhelmina Biró. Als die blutunterlaufenen Augen des Kommissärs die ihrigen trafen, gab er seinem Hengste ohne Umschweife die Sporen, auf dass der Deputierte kaum vermochte hinterherzukommen. Die beiden entschwanden in Richtung Horizont, wo der Schilfgürtel im warmen Winde wallte und die leblosen Körper der sechs Deputierten schon fast zur Gänze vom Schlamm aufgenommen worden waren. Es sollte das letzte Mal sein, dass der Kommissär in dieser Gegend gesehen wurde.

Aber nun drängten die Menschen heran, um einen Blick auf den Anschlag an der Wirtshaustüre zu erhaschen. Wenige, mit zittriger Feder geschriebene Sätze, versehen mit dem Siegel der fürstlichen Domäne. Die paar, die des Lesens mächtig waren, drängten auf Durchlass und gaben den Inhalt sinngemäß wieder. Es war ein Testat des Kommissärs. Er bestätigte darin, im vollen Besitze seiner geistigen Kräfte, dass bei der gewiss ungewöhnlich anmutenden Anhäufung an hiesigen Todesfällen mitnichten von Fremdeinwirkung gesprochen werden konnte. Seine Untersuchungen hatten unzweifelhaft ergeben, dass es sich allein um Handwerksunfälle handelte, für die der jeweilige Handwerksmeister selbst zu haften hatte. Nachdem in allen Fällen jedoch der Handwerksmeister selbst die schadanheimfallende Partei stellte, konnte der Akt als geschlossen angesehen werden.

Das war es schon im Großen und Ganzen.

Und da kehrte wieder Ruhe ein rund um den Steppensee. Vorerst musste kein Mann mehr seinen Lebensgeist aushauchen, alleinig der Bankier Herrmann aus der großen Ortschaft am Südwestufer, aber jener hatte sich schon seit Tagen unter Krämpfen und Fieber im nassen Bette gewälzt, der Fall war klar, er hatte Verdorbenes gegessen.

Nun sind die Umstände dieser Schreckensoperette geklärt, die Geschichte erzählt. Jedoch wie ging es weiter mit Wilhelmina, Pauline, Eusebia und all den anderen? Hatte ihre Gruppierung Bestand? Die Antwort folgt sogleich und lautet: Ja. Nachdem bei einem weiteren klandestinen Treffen vereinbart worden war, sich nicht nur menschlich, sondern auch händlerisch zu verquicken, wurde der eigentliche Geiste jener Gruppierung aus seiner Lampe befreit.

Die Hand sollte gereicht, all den geknechteten Schwestern die Botschaft von der Möglichkeit der Befreiung gebracht, all jenen, die selbst nicht darüber verfügten, mit Geld unter die Arme gegriffen werden. Durch den Zusammenschluss aller Unternehmungen der Witwen konnte die Gruppierung im Verlaufe kurzer Zeit auf ein immer größeres Vermögen zurückgreifen.

All diese Unternehmungen mussten natürlich weiterhin im Verborgenen geführt werden.

Über Wilhelmina Biró, die kurz nach der Abreise des Kommissärs die düstere Hütte hinter der Kirche abreißen und ein neues, gar herrschaftliches Haus hatte errichten lassen, wird erzählt, dass sie als eine der wohlhabendsten Personen der gesamten Donaumonarchie starb. Sie gebar im Laufe ihres Lebens noch drei Nachkömmlinge. Über den jeweils Befruchtenden ist nichts bekannt. Auch wenn es ihr nicht unbedingt gefiel, sahen sie die übrigen Angehörigen der Gruppierung als ihr Oberhaupt an. Die Büchse, mit der alles begann, erklärten die Frauen zum Objekte der Verehrung.

Was gibt es abschließend noch zu sagen? Wilhelmina Biró wäre wohl in die Geschichte eingegangen, hätte es nicht im Interesse der Geschichtsschreiber gelegen, dass Menschen wie sie daraus gestrichen wurden. Die Legende der Wilhelmina Biró lebt aber bis heute weiter. Die wenigsten wissen jedoch um den Namen, den sich die Gruppierung der Witwen, jener Geheimbund, jene Clandestina gegeben hatte. Er lautete: die Ambassadorinnen.

Der Diener der Herrin

Ich lungere quer auf dem roten Samtsessel, die Augen an das steinerne Gewölbe der Sakristei gerichtet, den Blick ins Nirgendwo. Der Pfarrer hat schon länger nichts mehr gesagt. Die Geschichte ist wohl zu Ende. Ich lausche. Kein Donnern, kein Regen mehr.

Mit einer routinierten Bewegung dämpft Willibald seine dritte Zigarre im Aschenbecher aus, schenkt uns noch einmal nach. Die leere Flasche stellt er auf den Boden.

Langsam entsteige ich den Tiefen seiner Erzählung, richte mich ein wenig auf.

«Was ist aus den Ambassadorinnen geworden?» Im ersten Moment kommt es mir fast befremdlich vor, meine eigene Stimme zu hören. Ich klinge besoffen.

Willibald nimmt einen Schluck, rückt den Kragen seiner Soutane zurecht, bevor er antwortet. Darüber sei nichts bekannt. Aufzeichnungen existierten nicht. Da wären nur viele Gerüchte. Die einen würden meinen, bei der Legende handle es sich um ein Ammenmärchen, die anderen sagten, die Ambassadorinnen hätte es mit Sicherheit gegeben, und nicht nur das, ihre Gruppierung hätte die Jahrhunderte überdauert, im Schatten, und es gäbe sie heute noch. Manch ein den verschwörerischen Theorien nicht abgeneigter Geist spräche von den Ambassadorinen gar als Geheimbund, der, gemessen an Reichtum und

Einfluss, Organisationen wie die Freimaurer oder Opus Dei zu einer Gruppe halbwüchsiger Pfadfinder degradiere.

Die Luft ist stickig. Unbewegte Rauchschwaden hängen über dem Tisch, beleuchtet vom indirekten Schein einer Stehlampe mit roulettegrünem Schirm. In meinen Schläfen melden sich, höflich klopfend, Kopfschmerzen an.

«Ich glaube nicht an Verschwörungstheorien», sage ich gähnend. Alles, was mich jetzt noch interessiert, ist mein Bett. Die Matratze, am Boden des Wohnzimmers meiner Eltern. Zwischen dem Sofatisch und der antiken Truhe, auf dessen Deckel der Smart-TV steht, mit dem sich niemand auskennt. Ich stelle mir vor, wie ich mich in das Laken kuschle. Es wird mir egal sein, wenn es sich ein wenig klamm anfühlt.

«Das ist weise», erwidert Willibald. Er trinkt den letzten Schluck aus seinem Glas, legt den Kopf dabei in den Nacken. Dann stellt er es ab und klatscht sanft auf seine Oberschenkel.

«Das Unwetter scheint wohl vorbei zu sein. Alsdann, mein guter Hugo, ich werde auch langsam schläfrig. Danke, dass du einem trunkenen alten Pfaffen so lange dein Ohr geschenkt hast.»

Ein spröder Lacher entkommt ihm. Dann erhebt er sich schwerfällig.

«Lass uns also dahingehen in Frieden, mein Sohn, ha ha.»

Meine ersten Schritte nach dem langen Herumlungern und vielen Whisky sind ein bisschen unsicher. Und auch die Bewegungen des Pfarrers scheinen nicht mehr die stabilsten zu sein. Er hat während seiner Erzählung ordentlich getrunken und sich dabei gut gehalten. Aber seit dem letzten Glas lallt er ein wenig. Ich beneide ihn, nur einmal schräg über die Berggasse muss er, und schon ist er in seinem Bett. Schade, dass es hier keine Taxis gibt. Aber allzu weit habe ich es zum Glück auch wieder nicht.

Auf dem Weg zur Türe versuche ich, so wenig wie möglich zu wanken. Ich strecke meinen Arm nach der Türklinke aus, will sie drücken, aber plötzlich spüre ich Willibalds Hand auf meiner Schulter, die mich sachte zurückhält. Überrascht drehe ich mich um.

Er bitte um Verzeihung, ob ich ihm eine Frage erlaube. In seinen Augen ist plötzlich wieder dieses Leuchten. Nein kann ich nicht sagen, also sage ich ja.

«Für einen Angehörigen meines Standes gehört es sich eigentlich nicht, so neugierig zu sein. Aber ich komme beinahe um vor Fürwitz.»

Er räuspert sich, neigt den Kopf ein wenig nach vorn, senkt seine Stimme, sieht mir in die Augen. Sein Gesicht wackelt ein bisschen. «Hast du ihr die Büchse zurückgebracht?»

Mit einem Schlage fühle ich mich nüchtern. Ich starre Willibald an. Woher weiß er davon? Ihm scheint mein Gesicht als Antwort zu reichen. Er klatscht in die Hände.

«Bravo, mein Sohn! Das ist gut. Gut, gut. Ich bitte dich um Nachsicht ob meines Überschwangs, aber das Haus war damals unter meiner Aufsicht, als die Büchse im Verlaufe einer stürmischen Nacht verschwand. Das sind erfreuliche Nachrichten. Ich danke dir, heute werde ich besser schlafen.»

Er betätigt den Lichtschalter, das Licht erlischt, für eine Sekunde ist es finster wie in einer Höhle, dann öffnet Willibald die Türe zur Berggasse.

«Was stehst du denn da noch wie angewurzelt, mein Sohn?»

Als ich hinaus auf den Gehsteig trete, empfängt mich eine Wand aus feuchtwarmer Luft. Aber nicht die Schwüle ist daran schuld, dass ich mir ungläubig die Augen reibe. In der für gewöhnlich schwach befahrenen Gasse parkt hinter dem schwarzen Geländewagen der beiden Frauen nun eine lange Reihe weiterer Fahrzeuge, Luxuskarossen. Regennasser, glänzender Lack, wohin das Auge reicht. Es müssen mindestens zehn Fahrzeuge sein. Auch Willibald besieht sich das Aufgebot, die Arme in die Seiten gestemmt, den Oberkörper leicht hin und her schaukelnd, wie ein Ruderboot im Steppensee.

«Mich brauchst du nicht so anzusehen, mein guter Hugo», sagt er, als er meine Verwunderung bemerkt. «Mir sagen sie kaum mehr als dir, glaube mir.»

«Wer sind … *sie*?»

«Mein Sohn. Wie soll ich erklären, was ich nicht erklären darf? Ich bin Pfarrer und das Lügen eine Sünde.» Er scheint einen Moment lang zu überlegen. «Lass es mich so versuchen: Zuvor meintest du, du glaubtest nicht an Verschwörungstheorien. Doch was ist der Glaube? Reine Vorstellungskraft. So hör mich an, mein Sohn.» Er beugt wieder sein mit lichten Locken besetztes Haupt zu mir hinunter und sieht mir tief in die Augen. «Sind es nicht gerade wir Männer, denen es an Vorstellungsvermögen fehlt? Nichts darf geschehen ohne unser Wissen. Wissen ist Kontrolle ist Macht. Aber Hugo, mein Sohn!» Er fasst mich an den Schultern. Seine leise Stimme wird von einer seltsamen Nachdrücklichkeit erfüllt. «Kannst du dir vorstellen, dass man nicht alles wissen muss? Bei unserer verzweifelten Suche nach der Erlösung haben wir Männer uns den Harness doch selbst angelegt! Kannst du dir vorstellen, mein Sohn, deine Macht abzugeben, als einzig wahrhaftigen Wege zur Erlösung? Kannst du dir vorstellen, dass wir, die wir immer laut, hart und breit sein wollen, bedacht, empfänglich und umsichtig sein können? Kannst du dir vorstellen, dass die Welt vielleicht eine gerechtere wäre, würden wir allesamt einfach einen Schritt zur Seite machen, mit offenen Armen und offenen Herzen? Ich kann es mir vorstellen, und das ist mein Glaube. Ich glaube an den Verlust meiner Macht. Ich bin mein Erlöser. Das haben mir Frau Blum und die ihrigen gezeigt.»

Willibald sieht mich eine Zeit lang an. Ich bin sprachlos. Mein Gesichtsausdruck scheint ihn nicht zufriedenzustellen. Er besinnt sich für einen Moment, bevor er fortfährt.

«Du hast doch die Büchse gesehen, nicht wahr?»

Ich nicke.

«Die Schnitzerei im Kolben, das Siegel? Hör gut zu, Hugo. Geschrieben steht: Meine Brüder und Schwestern, ich frage euch, unser aller Augen Äpfel, sind sie nicht da, um zu sehen, wo es leuchtet, das Lichte der Erkenntnis?»

In mir beginnt es sich zu drehen, und ich weiß, dass es nicht am Whisky liegt.

Sein durchdringender Blick ruht auf meinem Gesicht. Nach ein paar Sekunden jedoch verwandelt er sich wieder in den heiteren alten Pfaffen zurück. Lachend klopft er mir auf den Rücken. Da sei wohl eben der Prediger mit ihm durchgegangen! Er hoffe, ich sehe es ihm nach, er könne einfach nicht anders. Unter uns: Er hätte heute Abend auch schon ein wenig über den Durst hinaus getrunken. Es sei gut, dass ich nicht an Verschwörungstheorien glaube, das könne einem zu des Wahnsinns knuspriger Beute machen.

«Kopf hoch, mein Sohn. Lass uns schlafen gehen, mit klarem Kopf sieht morgen gleich alles anders aus. Ach, und grüß mir bitte deine Schwester recht lieb!»

Und mit diesen Worten macht sich Willibald davon. Ich blicke ihm nach, als er die nass schimmernde Gasse überquert, im Spalt zwischen dem schwarzen Geländewagen und einer metallicfarbenen Limousine hindurchhuscht und letztendlich, jedoch nicht ohne sich davor noch einmal umzudrehen und mir lächelnd zuzuwinken, in der Tür des Pfarrhauses verschwindet.

Mein Blick fällt auf die schönen Spaliere von Frau Blums herrschaftlichem Haus. Die Gasse ist voll mit Autos. Kann es wirklich sein, dass ich hinter den Fenstern von Frau Blum kein einziges Licht leuchten sehe? Da ertönt ein Glockenschlag, trocken und gedämpft, er reicht aus, mich zusammenfahren zu lassen. Ich blicke hoch zum Kirchturm. Noch zwei weitere Male schlägt die Uhr. Viertel vor zwölf. Ich kann nur hoffen, dass der Spuk jetzt vorbei ist und nicht gerade erst beginnt. Das Zifferblatt verschwimmt vor meinen Augen. Mir tut alles weh, vor allem mein Kopf. Zeit, nach Hause zu gehen.

VI

Fini verschwindet

1962

Fini lag etwas versteckt auf der Laderampe eines Lieferwagens, der in gemächlichem Tempo durch die nordöstlichen Windungen des Leithagebirges kroch. Der Fahrer würde seinen Mund halten, daran hatte sie nicht die geringsten Zweifel. So viel Geld machte er sonst in einem ganzen Monat nicht.

Es hätte gefährlich werden können. Eine junge Frau, die auf Ladeflächen von Lieferwägen steigt. Aber nicht für Fini. Selbst wenn sie den Revolver nicht dabeigehabt hätte. Und keinen Knicker in der Hosentasche. Und keinen zweiten im Stiefel. Ihr Gesichtsausdruck hatte gereicht, um den Fahrer unmissverständlich zu vermitteln, woran er war.

Nachdem sie das Leithagebirge überquert, dessen Ausläufer bei Mannersdorf hinter sich gelassen hatten, schon über die schnurgeraden Straßen der flachen Agrareinöde Niederösterreichs tuckerten, warf Fini einen Blick auf ihre flugrostige Taschenuhr. Nicht mehr lange und sie würden an Schwechat vorbeikommen. Bis zum Abend würden sie die Stadt erreicht haben. Wien war keine schlechte Wahl, dort konnte man ganz gut verschwinden.

Nicht so wie Gina, diese gestopfte Trutschen. Fini würde es auf eigene Faust schaffen.

Wer hätte denn damit rechnen können, dass das Kerlchen ausgerechnet für die Domäne Esterházy arbeitete? Wenn er sich nicht wie ein Affe verhalten, die geringste Form von Anstand besessen, seine schmierigen Finger von Gina gelassen hätte, wäre ihm nichts passiert. Mit dem Gesicht voraus in den Waldameisenhaufen, so wurde es gemacht mit den Männern, die nicht wussten, wo ihre Grenzen waren. Hatte ihr Milena, die sowjetische Scharfschützin aus Siebenbürgen, damals beigebracht. Aber Fini hatte ihn ja nicht mal richtig in den Haufen stecken wollen, nur ein bisserl darüber baumeln lassen, mit dem Kopf nach unten, ihm einen kleinen Schrecken einjagen, damit er seine Lektion lernte. Das war doch ganz im Geiste der Clandestina, oder etwa nicht? Von den anderen hatte sie keinen Protest gehört, ganz im Gegenteil. Aber als das Kerlchen blau anlief, röchelnd wie ein kaputter Dachs, da hätten sie sich fast alle in ihre feinen Röcke geludelt. Wer hätte denn damit rechnen können, dass dieser Schwächling Asthma hatte?

Vater hat mir Papiere für Amerika besorgt, hatte Gina kleinlaut gesagt, als sie sich zum letzten Mal trafen. Kaum in die Augen sehen konnte sie Fini dabei. Ein Blick hatte gereicht, und ihr war alles klar. Gina hatte ihre Entscheidung schon längst getroffen. Fini nahm es sich sehr übel, dass sie so dumm gewesen war zu glauben, dieses wohlbehütete Mädchen würde mit ihr zusammen davonlaufen. Aber noch übler nahm sie es Gina. Die den Schwur brach. Die sie im Stich ließ. *Komm doch mit*, hatte sie gesagt. *Dort kann eine noch was werden!* Da hatte Fini lachen müssen. Ausgerechnet sie sollte in ein Flugzeug steigen. Das sie über den Atlantik bringen würde. Ein Flugzeug! Wer war sie denn? Ein südburgenländisches Bauernmädchen, das nur Jägerkleidung trug und ständig Dreck unter den Fingernägeln hatte. Den Knicker immer griffbereit. Sollte sie mit ihren kotigen Stiefeln durch die Straßen von Chicago stapfen, den Karabiner auf der Schulter?

Es war hart gewesen. Ein Abschied ohne Abschied. Aber es war Ginas Entscheidung gewesen. Das musste Fini akzeptieren.

Als der Lieferwagen über einen toten Feldhasen polterte, wurde sie ziemlich durchgeschüttelt. Fini führte die Bouteille an ihre Lippen. Sie hatte sie aus dem Weinkeller von Ginas Vater mitgehen lassen. Ob es eine von den besonders teuren war, konnte sie nicht sagen, irgendwelche Worte in verschnörkelten Buchstaben standen auf dem Etikett, vermutlich Französisch. Er war jedenfalls trinkbar.

Sie würde sich in Wien eine Weile bedeckt halten, lange konnte es doch nicht dauern, bis seine Lordschaft sich vom Schrecken, den ihm ein Haufen Maturantinnen eingejagt hatte, erholen würde. Überhaupt hatte sie die ganze Aufregung von Anfang an nicht verstanden. Das Kerlchen war doch nicht gestorben! Waren Ginas Vater seine Geschäfte mit der Domäne Esterházy etwa wichtiger, als die Würde seiner Tochter?

Über den Weizenfeldern ging langsam die Sonne unter. Ein stechender Geruch stieg ihr in die Nase, nach Chemie und Weltuntergang. Der Wind kam von Süden. Sehr gut, sie mussten die Raffinerie also bereits passiert haben.

Sie versuchte, gelassen zu bleiben. Geld hatte sie genug. Ginas Vater würde ihr den geleerten Safe bestimmt nicht übel nehmen. Gemessen an dem, was er auf seinen Schweizer Bankkonten hatte, war das höchstens ein Taschengeld für ihn. Und obendrein war der doch bestimmt froh, sie losgeworden zu sein, ohne selbst etwas dafür tun zu müssen.

In Wien hatte sie Verbindungen, sie würde Wege finden, ihr Kapital – so hatte Ginas Vater sein Geld stets genannt – zu vermehren. Wenn es sein musste, dann würde sie sich eben eine Weile verstecken, sich für jemand anderes ausgeben.

Wenn sie etwas gewohnt war, dann das.

Frei

Ich erwache wie aus einer Betäubung. Im ersten Moment weiß ich nicht, wo ich bin. Dann erkenne ich den Raum, den Sofatisch, die Truhe und den Smart-TV, die braunen Flecken um den Luster herum. Wie bin ich hierhergekommen? Es dauert einen Moment, bis sich in meinem Kopf der Nebel auflöst und die Bilder der letzten Nacht freigibt. Mein gesamter Aufenthalt wirkt mit jedem weiteren Gedanken an die letzten Tage immer surrealer. Mein Kopf ist überladen mit unzähligen Eindrücken, die Erinnerung daran kommt mir wie die Szenen eines Filmes vor, den ich vor langer Zeit gesehen habe, die Bilder in meinem Gehirn sind blass und verschwommen. Aber all das muss passiert sein. Oder ich habe den Verstand verloren.

Draußen vor dem Fenster poltert ein Traktor vorbei. Mein Nacken tut mir weh. Ich habe keine Ahnung, wie viele Stunden ich geschlafen habe.

Wie spät ist es? Ich schaue auf den Bildschirm meines Telefons, tippe, wische und drücke, aber er bleibt schwarz. Der Akku wird wohl leer sein.

Ich muss dringend pinkeln. Als ich mir meine Hose überziehe, schmerzt mein ganzer Körper, vor allem die Arme und der Rücken. Ein einziger großer Muskelkater.

Beim Durchqueren der Küche werfe ich einen Blick auf die Wanduhr. Der Sekundenzeiger legt eine halbe Runde zurück, bevor ich glauben kann, dass es wirklich schon später Nachmittag ist. Ich habe offensichtlich sechzehn Stunden geschlafen. Dann fällt mir der Zustand der Küche auf. Kein schmutziges Geschirr, keine fettfleckigen Gläser, nicht mal die winzigste Krume Brot. Alles blitzblank. Ich rufe nach meinem Vater, höre meine Stimme durch das lange Haus hallen. Keine Antwort.

Während ich auf der Toilette sitze, betrachte ich die dunkelroten Schwielen an meinen Händen. Noch immer fällt es mir schwer zu akzeptieren, dass die Ereignisse der letzten Tage wirklich stattgefunden haben. Während ich mir die Hosen wieder zuknöpfe, fällt mir das Foto auf dem Spülkasten auf, das dort noch immer liegt. Ich betrachte die beiden Frauen darauf für ein paar Sekunden. Das Gesicht der einen. Dieses auf so unheimliche Art vertraute Lächeln. Dann schüttle ich den Kopf, stecke es ein und betätige die Spülung.

Zurück im Wohnzimmer wühle ich in meinem Koffer nach frischer Kleidung, finde nur bereits getragene Hemden, ziehe eines davon an. Dann fällt mein Blick auf den Wildschweinkopf. Daneben die Aktentasche. Stille Zeugen, dafür, dass das alles kein Traum war. Ich greife nach der Tasche und öffne sie. Noch immer habe ich mich nicht an den Anblick von so viel Geld gewöhnt. Schnell lasse ich den Verschluss wieder zuschnappen, als hätte ich etwas Unanständiges darin gesehen. Ich schiebe die Tasche unter den Sofatisch, raus aus meinem Blickfeld. Ein weiteres Mal staune ich über das Gewicht. Wie viel wiegen wohl die einhundertneunzehntausend, die ich meiner Mutter nach Tirol mitgeben werde? Acht Wochen. Die Zimmer sehen auf der Website aus wie Suiten eines Luxushotels. Immerhin.

Ich setze mich in den alten Rattanschaukelstuhl, aus der Polsterung kommt auf Höhe der Schultern schon die Polyester-Füllung heraus. Langsam schaukle ich vor und zurück, vor und zurück, vor und zurück, den Blick auf einen unbestimmten Punkt an der Wand gerichtet.

Was habe ich über Onkel Beppo herausgefunden? Nichts. Außer, dass er ein Büchsendieb sein soll.

Wie fühle ich mich? Das mit den Gefühlen ist immer so schwer. Bei den paar Wörtern, die mir dafür zur Verfügung stehen. Traurig bin ich noch immer nicht. Aber zumindest die Wut ist verschwunden. Ist das jetzt endlich die Leere? Dafür spüre ich dann doch zu viel. Noch immer ist alles so stumpf. Aber irgendetwas fühlt sich anders an. Irgendwas ist passiert in mir. Ich kann nicht sagen, was. Ich kann es nur fühlen. Irgendwas.

Ich schaue aus dem Fenster. Draußen scheint die Sonne. Ich möchte jetzt hinausgehen, mich in die Wiese legen, die Arme ausbreiten. Mich über die Gänseblümchen, Löwenzähne, Hain-Veilchen, Schafgarben rollen. Mit dem Kopf im Klee in die Zukunft blicken.

«Mein Liebling!», hallt es mir entgegen, als ich vor die Haustür trete.

Ich blinzle ungläubig. Für den ersten Moment sind meine Augen von der tiefstehenden Sonne geblendet.

«Mama?»

Rudi und meine Mutter sitzen in den weißen Gartenstühlen, am weißen Tisch aus Plastik. Darauf stehen Tassen, eine Kanne, die Hälfte eines Gugelhupfs und Teller mit Krümeln. Der fleckige Sonnenschirm spendet ihnen Schatten. In der mit Blümchen übersäten Wiese liegt eine Krücke.

Ich bin über ihre Kraft erstaunt, wie jedes Mal, wenn sie mich umarmt. Ob ich auch ein Stück Gugelhupf möchte? Kaffee wäre auch noch ein wenig da. Aber vielleicht schon kalt.

Der Kaffee tut gut, gerade weil er schon kalt ist. Der Gugelhupf ist ein wenig trocken, aber das ist egal.

Sie sei heute Morgen überraschend entlassen worden. Der Papa hätte mich nicht extra wecken wollen.

Die Spatzen scheinen es auf den halben Gugelhupf abgesehen zu haben, ihre nimmersatten Schnäbel zeigen ständig in unsere Richtung. Aber bisher hat sich selbst der kühnste von ihnen nicht näher gewagt als bis zu den Ästen des alten Marillenbaums.

Sie habe ins Wohnzimmer geschaut, als sie nach Hause gekommen sei. Ich hätte so tief und fest geschlafen, da habe sie lieber nichts gesagt.

«Und wann fährst du nach Tirol?»

Gar nicht. Das wäre das Beste. Der Nervenschaden war eine Fehldiagnose. Es wäre alles den Umständen entsprechend in Ordnung. Eine Woche Ruhe hätte ihr die Ärztin noch verordnet. Aber keine große Reha. Sie hätte ihr geraten, das Bein einfach so schnell wie möglich wieder vorsichtig zu belasten.

Das strahlende Gesicht meiner Mutter verbietet mir jede noch so behutsam artikulierte, skeptische Frage. Ich sage ihr, dass ich mich sehr freue.

«Ich freue mich auch für dich, mein Liebling.»

Sie streicht mir zärtlich über die Wange, ihre Finger riechen nach der selbstgemachten Ringelblumencreme.

«Jetzt bist du endlich entlassen.»

Sie wirft einen Blick auf ihre Armbanduhr.

«Deine große Schwester müsste zur Feier des Tages eigentlich auch jeden Moment eintrudeln.»

Und siehe da, von der Straße her höre ich, wie ein Auto vor dem Haus hält. Das Motorengeräusch des alten *BMW* ist unverkennbar.

Im oberen Garten steht eine riesige Linde. Ich schaue nach oben. Mein Vater hat sich, als er die ersten Jahre noch alleine hier wohnte, eine Art Ausguck im Geäst gebaut. Hoch oben, in der Krone. Um den See sehen zu können, wie er meinte. Jetzt hängen nur noch ein paar verwitterte Pfosten in den Ästen. Oben war ich noch nie. Habe mich nie getraut. Bisher.

«Halt mal», sage ich zu Frida und gebe ihr den Joint zurück.

«Was hast du vor?», fragt sie, während ich die Gartenleiter, die mein Vater immer für die Apfelernte verwendet, an den Stamm der Linde lehne. Und bevor meine große Schwester mich daran hindern kann, sitze ich schon in der ersten Astgabelung, ein paar Meter über ihrem Kopf.

Früher bin ich mit Frida immer auf Bäume geklettert. Von ihr habe ich es gelernt. Immer zuerst den Griff prüfen. Den Ast selbst. Ist er auch stabil? Den Halt der Füße. Dann erst hochziehen. Langsam. Immer nah am Stamm. Ast für Ast.

«Verdammt», höre ich Frida von unten. «Warte wenigstens.»

Es ist seltsam mit der Höhenangst. Plötzlich ist sie da. Was sonst kein guter Rat wäre, muss hierbei oberstes Gebot sein: ignorieren. Man muss nur auf Autopilot schalten. Und bald lässt einen die Angst vollkommen los. Wenn es im Leben bloß immer so wäre. Meine Wange klebt an der Rinde. Langsam löse ich meine Umklammerung vom Stamm und klettere weiter. Bis zu den Resten des Ausgucks ist es kaum noch eine Körperlänge. Und so heimtückisch sie mich überfallen hatte, so geschwind lässt sie mich auch wieder los, die Angst.

Und dann sitzen wir, eine große Schwester und ihr kleiner Bruder, schon wie zwei kleine Teufelsbraten aus einem schwedischen Jugendroman, in der Baumkrone, zehn Meter über der Erde, in der nichts so richtig gedeihen möchte, und schauen in die Ferne. Kurz denke ich, dass ich noch nie einen schöneren Ausblick gesehen habe. Obwohl ich all das kenne, was unter mir liegt, so gut, so auswendig, so nah, dass es mich so oft schon beinahe erdrückt hat. Aber so habe ich es noch nie gesehen.

Von hier aus kann ich das ganze Tal zwischen den beiden Hügeln sehen, die Spalte, die Arschritze im Leithagebirge, das kein Gebirge ist. Vom Teufelsgraben über das ganze Dorf, bis dorthin, wo die Felder enden und der Schilfgürtel beginnt. Still und gelangweilt spiegelt der Steppensee kleine Wölkchen. Wie schmutzige Schafe schauen sie aus auf der Oberfläche des trüben Wassers.

Ob sie auch glaube, dass ich innerlich schon komplett abgestumpft bin, frage ich meine große Schwester.

«Du bist absolut okay, Bruder.»

Mein Blick wandert weiter über den Horizont. Die Karpaten sind nicht zu sehen. Der Kirchturm schon.

«Ich soll dir schöne Grüße von Willibald ausrichten. Er hat mich gestern in der Sakristei mit Whisky abgefüllt.»

Fridas Lachen hallt durch das Blattwerk. Ja, das sähe ihm ähnlich. Ob wir uns gut verstanden hätten.

«Ich glaube, er ist ein bisschen verrückt. Aber er hat auch interessante Dinge gesagt.»

Sie lacht noch lauter.

Ob sie mich zum Flughafen mitnehmen könne, frage ich.

Na gut, meint die Pilotin, aber nur wenn ich ihr verspräche, das nächste Mal den Zug zu nehmen. Ob ich mir im Klaren darüber sei, dass ich mit jedem Flug zwischen Berlin und Wien über zweihundert Kilogramm CO_2 verursache? Und das nur one way!

Die Eltern begleiten uns später hinaus auf die Straße. Das Hinken meiner Mutter fällt kaum auf. Sie war schon immer hart im Nehmen. Rudi hält mich vor dem alten Gartentor noch einmal an, er lächelt unter dem Schatten seines Strohhuts. Es sei ihm egal, sagt er, was mit dem Spaten passiert sei. Er wollte sich eh schon länger einen neuen kaufen. Da gäbe es schon ganz moderne, mit so tollen ergonomischen Griffen.

Wir sehen uns eine Weile an. Ich muss lächeln. Dann will ich mich umdrehen, rausgehen durch das alte Holztor, zu Frida und Mama. Aber da schlingt Rudi seine Arme um mich. Im ersten Moment bin ich überrascht. Nicht, dass wir uns nie umarmt hätten. Aber es ist nicht dieses kumpelhafte, schulterklopfende Umarmen. Es ist richtig fest. Fast so kräftig, als wäre es Mama. Rudi drückt seine Wange an meine. Ich höre, wie er Rotz durch die Nase zieht. Er weint doch nicht etwa?

«Ich hab dich so lieb, mein Bub. Es war so schön, dass du bei mir warst. Danke. Schau, dass du nicht auch so ein alter Dodel wirst, ja?»

Dass der Papa weint zum Abschied, dass sie das noch erleben dürfe, meint Frida zu mir, als wir uns in die rissigen Ledersitze des weißen *BMW* sinken lassen. Nun habe sie wirklich alles gesehen.

Die Eltern stehen vor dem Holztor auf dem Gehsteig und winken.

«Tschüss, Rudi!», rufe ich durch das offene Seitenfenster.

Der Motor springt hüstelnd an.

«Tschüss, Anna!»

Meine Mutter wirft mir kurz einen Blick zu, als hätte ich den Verstand verloren. Dann sind die beiden schon nur mehr kleine alte Zwerge im Rückspiegel.

Bei der Kirche müssen wir halten, um eine Kolonne Biker vorbeizulassen. Diese Pferdebremsen der verbrennungsbasierten Fortbewegung lieben es, ihre Freizeit in den Kurven des Leithagebirges zu verbringen, wo öfter Halswirbel im Straßengraben knacken als Geäst im Tiefwald.

Ich wende meinen Blick ab, um meine Nerven zu schonen und betrachte die Fassade des Cafés Flair. Als Kind hat mir meine Mama hier oft einen *Banana-Split* spendiert. Die Türe des Cafés öffnet sich, und ein kleines Mädchen eilt heraus, ein lachender junger Mann, den ich nicht kenne, ihr hinterher. Plötzlich tritt Jürgen vor die Tür, auch er lacht. Automatisch mache ich mich ein bisschen kleiner im Sitz. Wie lang ist denn diese beschissene Biker-Kolonne noch? Der junge Mann hat das Mädchen eingefangen und trägt es nun im Arm, dahinter Jürgen. Erst jetzt erkenne ich die Kleine, das ist seine Tochter. Und jetzt erkenne ich auch den anderen jungen Mann. Er war es, der Jürgen bei den Highland-Games hochgeholfen und Sky und mir so einen vernichtenden Blick zugeworfen hat. Jetzt reicht er das Mädchen Jürgen. Er breitet seine kolossalen Arme aus, um die Kleine in Empfang zu nehmen. Alle drei lachen, ich habe Jürgen noch nie so gesehen. Auf einmal nähert sich der junge Mann Jürgens Gesicht und gibt ihm einen zärtlichen Kuss. Mein Puls setzt für einen Moment aus, in der Erwartung, dass dieser junge Mann gleich ins Krankenhaus gebracht werden muss. Doch statt dass ihm der Riese, der Peiniger meiner Jugend, Jürgen, der Schreckliche, serielle Knochenbrüche zufügt, schaut er ihn nur an, liebevoll, ja, richtig verliebt, und streichelt ihm sanft über die Wange.

«Ah, das ist ja Jürgen!», höre ich Fridas Stimme neben mir. «Hab' gehört, dass die beiden vor kurzem endlich geheiratet haben! Was ist?»

Sie bemerkt mein Gesicht.

«Bruder, erzähl mir nicht, du wusstest nicht, dass Jürgen schwul ist. Ach herrje, du wusstest es wirklich nicht! War ein Riesenskandal in dem scheiß Bauerndorf, als er sich vor ein paar Jahren geoutet hat. Da war er noch mit einer ehemaligen Klassenkollegin von mir verheiratet. Na, hast wohl geglaubt, man kann nicht gleichzeitig heimattreuer Tyrann und schwuler Familienvater sein, was?»

Na, geht mich ja eigentlich auch wirklich nix an.

Endlich fährt Frida an. Am Kriegerdenkmal wird sie noch

einmal langsamer. Stolz und prächtig glänzt es in der burgenländischen Heimatsonne, als wäre nie etwas gewesen. Spätestens das gestrige Gewitter muss wohl jede Spur beseitigt haben.

«Hab gehört, da hat letztens jemand hingeschissen.» Nur ein Hauch von einem Lächeln in ihrem Gesicht. Dann gibt sie wieder Gas.

Wir nehmen nicht den Weg nach rechts, rein in den Mischwald des sogenannten Leithagebirges, sondern nach links, Richtung Bundesstraße, die entlang des Steppensees zur Autobahn führt, die weiter nach Schwechat, zum Flughafen, führt.

Filmpremiere

Als wir das Abflugterminal erreichen, sind alle Parkhäfen besetzt. Frida bleibt nichts anderes übrig, als in erster Spur zu halten. Sie lässt den Kofferraum aufspringen, und wir steigen aus. Meinen Koffer stelle ich auf seine vier Rollen, den Wildschweinkopf klemme ich unter den Arm. Ich schaue mich kurz um. Wir sind umgeben von Szenen übereilten Abschieds. Ein Mann ohne Frisur fährt vorüber und zeigt uns den Vogel, während er mit der anderen Hand auf die Hupe drückt. Frida umarmt mich sehr fest, aber dennoch ganz anders als unsere Mutter. Nicht so betonplattenfest, eher so naturlatexmatratzenfest.

«Hast du alles?»

«Ja.»

«Schlüssel? Telefon? Geldbörse?»

«Ja-ha.»

«Schau nach.»

Ich verdrehe die Augen. Den Schlüssel finde ich, wo er sein sollte, im Außenfach des Koffers. Das Telefon in der rechten Hosentasche. Links sollte die Geldbörse sein. Ich krame. Na bitte, da ist sie ja. Das alte Foto. Es hat mittlerweile schon ein bisschen gelitten.

Was ich da habe, will Frida wissen und schnappt es mir mit einem frechen Lächeln aus der Hand. Sie sieht es sich an. Ihr fröhlicher Blick verändert sich.

«Verrückt, wie ähnlich die eine ihm sieht oder? Zu Beginn dachte ich, das sei eine Schwester, aber … Was ist?»

Sie wirkt plötzlich still und ernst. Dann lässt sie sich auf den Rand des geöffneten Kofferraums sinken. Ich schaue sie fragend an.

«Komm, Bruder», sagt sie schließlich. Mit der flachen Hand klopft sie auf den Platz neben sich. «Setz dich zu mir.»

Verwirrt gehorche ich. Für einige Momente bleibt es still. So still zumindest, wie es an einem Ort wie diesem werden kann. Dann höre ich, wie sie tief Luft holt.

«Das ist er.»

Ich schaue sie aus großen Augen an, fragend. Spüre gleichzeitig, dass ich weiß, was sie mir sagen will. Es kommt mir absurd vor.

«Die eine auf dem Foto, mit dem Gewehr und der Jägerstracht, das ist Onkel Beppo. Verstehst du, Hugo?»

Ich kann nicht direkt antworten, zu übermächtig sind die Bilder, die plötzlich in meinem Kopf auftauchen. Aber jetzt verstehe ich. Sie kommt zurück, die Erinnerung. Ein wenig unscharf, leicht verschleiert, wie die Erinnerung an einen Traum, aber eindeutig eine Erinnerung. Wie ein Film, den man mal gesehen hat. Ich kann jedes Bild erkennen. Nur die Titelsequenz fehlt.

Eine Maschine im Landeanflug holt mich zurück auf die Erde, ins Hier, wo auch immer das sein mag, ins Jetzt, wann auch immer das sein mag.

Embraer 190, höre ich die Stimme meiner großen Schwester den Flugzeugtyp bestimmen. Ich spüre ihre Hand auf meinem Rücken. Und wieder ihre Stimme, die jetzt von mir wissen möchte, ob denn alles in Ordnung sei.

«Alles in Ordnung. Ich war nur kurz woanders.»

Mein Blick fällt wieder auf das Foto in meiner Hand. Der junge Onkel Beppo. Er war sehr schön. Es ist noch ein wenig seltsam, sein Lächeln im Gesicht dieser jungen Frau zu sehen. Wieso habe ich ihn nicht gleich auf den ersten Blick erkannt? Früher, als ich noch klein war und er sich um mich gekümmert hat, habe ich dieses Lächeln oft gesehen. Liebevoll. Zärtlich. Verletzlich.

«Weißt du, Frau Blum und er waren –»

«Ich weiß», unterbreche ich sie, ein wenig barsch. «Sie hat mir alles erzählt.»

Kein Erstaunen in ihrem Gesicht. Sie schlägt die Augen nieder, nickt ein paar Mal, langsam.

Ich stehe auf, ziehe das Gestänge aus meinem Koffer, zupfe an meinem Oberteil, versuche den Stoff glatt zu streichen.

Auch Frida steht auf. Der Deckel des Kofferraums gibt ein müdes Ächzen von sich, als sie ihn schließt.

Sie legt ihre Hände auf meine Schultern. Schaut mich an, versucht mich zu lesen.

«Alles okay zwischen uns, Bruder?»

Ich blicke zur Seite.

«Seit wann weißt du das?»

«Schon lange. Er hat mich darum gebeten, es vor dir zu verheimlichen, solange –»

«Tja», unterbreche ich sie schon wieder. «Das hast du bis jetzt ja ganz gut gemacht.» Mein vorwurfsvoller Ton tut mir im nächsten Moment schon wieder leid.

Ich höre sie schwach seufzen.

«Beppo wollte nicht, dass du davon weißt. Er hatte wohl Angst, dass du es nicht verstehst. Ihn für einen Lügner hältst, oder Schlimmeres. Es tut mir leid, dass ich bis jetzt gebraucht habe, um es dir zu erzählen. Ich wusste nicht, wie ich es dir sagen soll.»

Sie sieht mich an. Wie immer kann ich nicht die geringste Ähnlichkeit zwischen uns erkennen. Und wie immer ist da dieses Band zwischen uns. Sie lächelt.

«Alles okay zwischen uns, Bruder?», wiederholt sie ihre Frage.

Schließlich muss auch ich lächeln.

«Alles okay zwischen uns, Schwester.»

Irgendein aufgebrachter Hanswurst drückt neben uns auf seine Hupe.

«Wir hören uns, ja?» Sie gibt mir einen Kuss auf die Wange. Wir umarmen uns noch einmal. Sie wuschelt mir die Haare durch, weil sie weiß, dass mich das ärgert. Ich ärgere mich kurz. Dann grinse ich und gehe los.

Das Zepter
1958

Gina und Fini betraten den Salon. Sie war nun schon über ein halbes Jahr hier, arbeitete als Revierförsterin für Ginas Vater, der jedes Ar zwischen hier und Eisenstadt verwaltete, zusätzlich zu dem riesigen Ziegelwerk und all den anderen Geschäften, die in dem Dunkel, in dem sie stattfanden, eh noch am besten aufgehoben waren. Aber sie hatte sich noch immer nicht an den zur Schau gestellten Reichtum gewöhnt.

Ginas Stimme hatte so verschwörerisch geklungen, als sie vorhin an die Tür der Dachstube, die Fini bewohnte, geklopft hatte.

Auf einem Tischchen vor dem Bücherregal drehte sich eine Schellack. Der Gesang erinnerte Fini an die schönen Chöre aus dem Süden.

«Was ist das für ein Lied?»

«Eigentlich ein Kirchenlied. Meine Mutter hat es mir früher immer zum Einschlafen gesungen. Manchmal, wenn ich sie sehr vermisse, höre ich es. Es heißt *Salve Regina.* Magst du es?»

«Sehr.»

Gina trat vor das Ölgemälde.

«Die anderen kommen in einer halben Stunde, ich wollte dir vorher noch etwas zeigen.»

Sie klappte das Bild zur Seite und tippte eine Zahlenkombination ein. Ein mechanisches Geräusch bestätigte ihre Richtigkeit.

«Komm», sagte Gina und nahm Fini an der Hand. Das Bücherregal zitterte ein wenig, als es aufschwang, ein dumpfes Rattern war zu hören. Musste unbedingt neu geölt werden, dachte sich Fini, während sie über die Steintreppe nach unten trappelten. Die mit Rost übersäte Eisentüre gab das gewohnte leidvolle Kreischen von sich. Müsste auch endlich mal ausgewechselt werden. Am besten Eichenholz, das vertrug im Gegensatz zu Eisen ein wenig Feuchtigkeit.

In der Krypta war es kalt. Muss ein richtiges Kreuz gewesen sein, das ganze Gewölbe aus dem Sandstein zu hauen, dachte sich Fini, wie jedes Mal, wenn sie hier unten war. Nur mit dem Krampen! Links und rechts von ihnen stiegen stabile Regale aus Holz empor. Sie bargen die beachtliche Weinsammlung von Ginas Vater. Früher, nach dem Krieg, als der Haupterwerb von Ginas Vater der Schmuggel von Waren zwischen den verschiedenen Besatzungszonen gewesen war, hatte diese Krypta als geheimes Lager gedient. Es war eigentlich nicht viel mehr als ein besserer Kartoffelkeller. Nur Gina nannte ihn Krypta. Allerlei übrig gebliebener Krimskrams stand hier noch rum. Fini war nicht gerne hier unten. Die Wände waren so nah.

«Was wolltest du mir hier zeigen, Gina?»

«Komm her!»

Fini fand Gina vor einer länglichen Kiste kniend, deren Holz ganz anders aussah als das der übrigen, viel älter, und aufwendiger getischlert, sauber geschliffen und mit einem unnötig verzierten Schloss versehen. Aber nicht die Kiste war es, die Finis Atem stocken ließ. Sondern die Büchse, die in einem genau angepassten Bett aus teuer aussehendem Stoff darinlag.

«Ist das …»

Gina lächelte stolz.

«Ja, das ist sie. Habe sie vor kurzem entdeckt. Ich habe immer geglaubt, meine Mutter hat Märchen erzählt.»

«Aber wie kommt es, dass dein Vater nichts davon weiß?»

Gina sah sie entgeistert an. Stimmt. Vermutlich wusste er sogar von der Büchse. Aber schenkte ihr keine Beachtung, wie allem, das nicht direkt etwas mit ihm zu tun hatte. Von der Legende wusste er natürlich nichts. Die hatte Gina von ihrer Mutter erfahren, kurz bevor diese gestorben war.

«Die Büchse wurde stets von erster Ambassadorin zu erster Ambassadorin weitergereicht.»

«Erste Ambassadorin?» Fini stutzte. «Keine Anführerinnen. Ist das nicht einer der Grundsätze?»

«Gut aufgepasst!» Gina lächelte. «Aber es gab schon immer eine Büchsenwächterin. Eine Prima inter Pares, wenn man so möchte.»

«Eine was? Red Deutsch mit mir.»

«Eine Erste unter Gleichen.»

Fini sah sie einen Moment nachdenklich an.

«Darf ich sie mir anschauen?»

Gina nickte. Fini holte die Büchse aus der Kiste hervor. Ein Pfeifen ging ihr über die Lippen.

«Meinst du, sie ist viel wert?»

«Wohl kaum mehr als jede andere gut erhaltene, antike Büchse», sagte Gina. «Für die meisten. Aber für eine, die weiß, was sie da in der Hand hält, ist sie mit Sicherheit ein Vermögen wert.»

Fini strich mit dem Finger über die Schnitzereien, legte die Büchse an, richtete das Korn auf ein unsichtbares Ziel, spannte den Hahn. So verharrte sie für einige Sekunden. Dann setzte sie ab und legte die Büchse zurück in die Kiste.

«Komm, wir gehen wieder rauf.»

Sie war froh über Ginas Vorschlag, es fröstelte sie schon

ein bisschen in dem kalten Kartoffelkeller. Aber vor Gina versuchte sie es natürlich zu verbergen. Sie schaute sie an, diesen unglaublichen Menschen, Regina, wie sie da vor ihr die Treppe hinaufstieg, in ihrem Kleid. Gegrüßet seiest du, Königin.

«Was ist, Josefine, nicht einschlafen!»

Gina wusste genau, dass sie den Namen nicht leiden konnte.

«Na warte, du!»

Gina flüchtete kichernd nach oben, Fini jagte ihr lachend hinterher. Was waren das noch mal für Blumen da auf ihrem Kleid? Nie konnte sie es sich merken. Aber sie hatten sich einen Schwur geleistet. Für die Ewigkeit. Gina und Fini. Die sich gefunden hatten, weil sie sich hatten finden müssen. Eine Ewigkeit sollte reichen, um alle Blumen dieser Welt kennenzulernen.

Boarding completed

An der Topfenkolatsche ist absolut nichts auszusetzen. Der Plunderteig ist locker-luftig, dabei bissfest, der Topfen in stabilem Gleichgewicht zwischen feucht und trocken, sauer und süß, und der Preis zwar nicht niedrig, aber zumindest vernünftig. Mit der dünnen Papierserviette, auf der in roter Farbe die Wort-Bild-Marke der Bäckereikette Anker gedruckt ist, wische ich mir den Puderzucker von der Nasenspitze. Der schwarze Verlängerte ist wie gewohnt solide. Die automatischen Schiebetüren zur Gepäckausgabe gehen auf, mehrere Menschen beginnen zu kreischen, ein bekannter Skirennläufer hat die Ankunftshalle betreten. Das Sicherheitspersonal schirmt ihn sofort ab.

Die Schiebetüren öffnen sich ein weiteres Mal, und ein schier endloser Strom von aufgeregt plappernden Teenagern dringt daraus hervor. Alle tragen das gleiche Outfit, es handelt sich wohl um eine Sportmannschaft. Ich selbst war ein fürchterlicher Teenager, deshalb wende ich meinen Blick schnell ab.

Ein letzter Schluck vom Kaffee. Ich klemme einen Fünfzig-Euro-Schein unter die weiße Tasse, bevor ich die Bäckerei verlasse und mich zum Sicherheitscheck bewege. Die Tasche mit dem Geld habe ich bei meinen Eltern gelassen, mir nur eines der Bündel mitgenommen. Den Wildschweinkopf habe ich vorhin schon sicher verpackt eingecheckt.

Ich gehe an einem Trio Kiberer vorbei. Der jüngste versteckt seine Zerbrechlichkeit hinter einem üppigen, sauber getrimmten Vollbart.

Kurze Zeit später bin ich einer der ersten in der Maschine, wie immer habe ich einen Fensterplatz gebucht. Manchmal zieht der Flugkurs eine Schleife über den Steppensee, er ist so schön. Von oben.

Ich beobachte den Ramp Agent dabei, wie er das Loadsheet im Cockpit abgibt. Der Pilot sagt irgendetwas, woraufhin alle lachen. Frida hat mir mal erzählt, ein gutes Verhältnis zum jeweiligen Ramp Agent sei von äußerster Wichtigkeit. Boarding completed, tönt es schon kurze Zeit später aus den Lautsprechern. Die beiden Plätze neben mir sind frei geblieben. Ich lehne mich entspannt zurück. Glück gehabt.

Ich ziehe mein Telefon aus der Tasche, weil ich Frida schreiben möchte. Dabei fällt das Foto heraus, landet auf meiner Hose. Liegt erstmal nur da. Die beiden jungen Frauen schauen mich an, die eine in Jägerstracht, die andere im Blumenkleid, Frau Blum und mein Großvater, Gina und Beppo.

Zur Tarnung, hatte Frau Blum mir auf meine Frage geantwortet, warum sie immer Kleider mit Blumenmuster trage. Was ein wenig unwirsch war, wie mir jetzt klarwird. So wie Beppo seine grüne Tracht, höre ich ihre raue Stimme in meiner Erinnerung sagen. Zur Tarnung. Als Camouflage. Um die Wildsau nicht zu verscheuchen. Das waren ihre Worte.

Ich bewege das Foto nach links, rechts, hoch, nieder, die Augen folgen mir wie die der Mona Lisa. Ihre Blicke scheinen die Grenzen ihrer Dimension zu überwinden, entsteigen dem Fotopapier, ich spüre, wie sie meine Augen treffen. Und dann, als stürzten sie dort in eine tiefe Schlucht, spüre ich sie fallen, durch mich hindurch, aufprallen in meiner Mitte. Ein Zittern geht durch meinen Bauch, kreisförmig breitet es sich aus, bis es schließlich wieder meinen Kopf erreicht, mein Gesicht, meine Augen.

Mir wird heiß. Etwas läuft an meiner linken Wange herab. Und dann ist es schnell kein Etwas mehr. Ich lasse den Kopf sinken, kneife mir in den Nasenrücken, presse die Augen zusammen, als könnte das den Fluss der Tränen stoppen. Aber jetzt geht es erst richtig los.

«Herr Navratil?» Mit einem verrotzten Schniefen fahre ich hoch. Der Gesichtsausdruck der Flugbegleiterin scheint besorgt. «Alles in Ordnung mit Ihnen?»

Hektisch wische ich mir das Gesicht trocken. Mit unsicherer Stimme stammle ich irgendetwas von Heuschnupfen.

Die Frau in der roten Uniform lächelt verständnisvoll. Dann stellt sie eine fremde Tasche auf den freien Sitz neben mich.

«Hier ist noch Ihr Gepäck», sagt sie mit sanfter Stimme, und noch bevor ich fragen kann, welches Gepäck, verschwindet sie auch schon wieder geschäftigen Schrittes in Richtung der Business Class.

Aus meinen rotgeheulten Augen betrachte ich die mir unbekannte Tasche. Plötzlich fängt sie an, sich heftig zu bewegen. An der einen Seite ist ein flexibles Gitter angebracht. Sind das … Borsten? Ich kann den Reißverschluss nur wenige Zentimeter aufziehen, als sich der alte Rauhaardackel schon durch die Öffnung zwängt, mir mit einem Satz auf den Schoß springt.

Die Tränen kommen jetzt wieder zurück, ich kann nichts dagegen tun. Wie wild leckt mir Falko über das Gesicht, auch dagegen kann ich nichts tun. Irgendwann aber versiegt die Quelle, und er lässt von mir ab, macht es sich schwanzwedelnd auf dem Sitz neben mir gemütlich. Als ich nach der Hundetasche greife, finde ich einen Umschlag im Inneren. Er ist von der Notarin. Ich öffne ihn vorsichtig, ein kleiner Schlüsselbund fällt heraus. Ich stutze kurz. Dann ziehe ich das Blatt Papier heraus, auf dem, neben Briefkopf und heutigem Datum, folgende Worte zu lesen sind:

Sehr geehrter Herr Navratil Hugo,

ich darf Sie über Ihren Status als Einzelrechtsnachfolger nächstfolgender Materie in Kenntnis setzen:

- *(1) Immobilie, Einfamilienhaus, 112 m², Baujahr 1967, angeschlossenes Grundstück, 840 m², Hauptstraße X in Postleitzahl X*
- *(1) Rauhaardackel, saufarben, Alter 13 Jahre, Stammbaum nicht bekannt, nicht kastriert, nicht geimpft*
- *(1) Kleintier-Tragetasche, marineblau mit Knochenabbildungen, neuwertig*

Schlüssel zur Immobilie anbei. Übrige Materie anbei. Honorar beglichen, Sache beschlossen. Für etwaige Rückfragen steht das Sekretariat der Kanzlei unter Berücksichtigung der Bürozeiten zur Verfügung. Grundsätzlich bitten wir Sie aber, davon abzusehen.

Mit freundlichen Grüßen,
Die Notarin

Das ist alles. Nachdem ich den Brief zum dritten Male durchgelesen habe, lasse ich meine Hände auf den Schoß sinken, besser gesagt auf den borstigen Schädel des alten Dackels, der mittlerweile eingenickt ist. Saufarben. Er riecht auch ein wenig so.

Onkel Beppos altes Fertigteilhaus mit den dünnen Wänden und dem grauen Kratzputz.

Ich lasse meinen Kopf in die Lehne zurücksinken, um nachzudenken. Ich kann verstehen, warum sie immer sagen, Weinen sei Katharsis. Im Augenwinkel sehe ich die Leuchten der Rollbahnbefeuerung vorbeiziehen. Dann hält die Maschine an. Ich drehe mein Gesicht zum Fenster und schaue hinaus. Im nächsten Moment stoße ich mir vor Überraschung den Kopf.

Draußen, neben der Piste am Ende des Flügels, parkt ein schwarzer Geländewagen. Sky lehnt mit verschränkten Armen an der Motorhaube. Sie lächelt und winkt. Daneben Frau Wenzel, auf der Nase die schwarze Sonnenbrille, sie wirkt gelangweilt und zeigt mir den Mittelfinger. Und siehe da, plötzlich verwandelt sich auch Skys winkende Grußhand, als hätte dieses Winken nie etwas anderes bedeuten sollen, in einen ausgestreckten Mittelfinger. Ich beobachte die Szene mit größtem Erstaunen.

Der Flug lebt von der Vorwärtsbewegung. Hat Frida mal gesagt.

Ich habe schon wieder Glück. Wir ziehen eine Schleife über das Leithagebirge und den Steppensee. Von hier oben kann ich erkennen, dass sich ein paar Baumkronen bereits herbstlich gelb verfärbt haben. Irgendwo da unten, zwischen den beiden grünen Hügeln, ist das Haus meiner Eltern, das Haus von Onkel Beppo, mein Haus. Die Vergangenheit.

Meine Mutter wird das Geld für eine Grundsanierung des uralten Bauernhauses verwenden. Ich werde die beiden bald wieder besuchen, Anna bei der Planung helfen. Rudi davon abhalten.

Wir sind noch nicht hoch. Jetzt kann ich sogar die Kirche erkennen. Das Denkmal davor ist klein. Nicht klein genug.

Das große Dach, gleich hinter der Kirche, muss das Haus von Frau Blum sein. Und dort, am Rande vom Wald, gelb wie eine reife Zitrone, ist die verlassene Volksschule. Frida hat mir auf der Fahrt erzählt, sie hätte davon gehört, dass Frau Blum das Gebäude gekauft hat, um eine Art Akademie daraus zu machen. Genaueres könne sie nicht sagen. Frau Blum hatte mir gegenüber diesbezüglich nichts erwähnt. Oder zumindest erinnere ich mich daran nicht. Aber es wäre vielleicht eine Erklärung für den kuriosen Umstand, dass Jürgen plötzlich bei ihr angestellt ist.

Wir lassen die grünen Hügel, ihre weinbewachsenen Hänge unter uns zurück und ziehen über den Schilfgürtel hinweg, diese wunderschöne, von der UNESCO geschützte Todesfalle.

Und da ist er auch schon, der Steppensee, schillert wie ein Smaragd, sein Wasser ist immerbraun und trüb, und trotzdem schafft er es, das Licht der untergehenden Sonne so stark zu reflektieren, dass ich die Augen schließen muss.

EPILOG

Ein Strich zwischen Vergangenheit und Zukunft

Der Regen trommelt gegen die Fensterscheibe. Schon den ganzen Tag. Wie jeden Tag, seit Hugo zurück ist. Jetzt beginnen wieder diese Berlintage, an denen es nie richtig hell wird.

Tessas Mutter Evgenia fröstelt leicht in ihrem Sessel. Schlürfend nimmt sie einen Schluck heißen Tee. Der kleine Fernseher neben ihr ist an, eine Nachrichtensendung läuft. Mal scheint sie darauf zu achten, dann wirkt sie wieder so, als sei sie mit den Gedanken ganz woanders.

Tessa besieht sich den Riss im Stoff von Hugos Hose. Sie seufzt, es besteht kein Zweifel. Das muss natürlich per Hand gemacht werden. Die Fasern sind richtig zerfetzt. Wieso lässt man so eine Töle überhaupt auf den Schoß?

Das Telefon läutet. Leise und dumpf. Wie immer muss es unter einem Haufen Kleidung begraben sein, oder Stoffresten, oder einer Jeans, die nie jemand abgeholt hat. Sie braucht eine Ewigkeit, es zu finden, aber die Person am anderen Ende der Leitung weiß, dass es bei Tessa dauert.

«Ambassadorin!» Tessas Stimme klingt hellwach. «Ich grüße dich, Schwester. Darf ich gleich zu Beginn gratulieren?»

Tessa wirft einen Blick auf ihre Mutter, deren Augen jetzt auf die Nachrichtensendung geheftet sind.

«Danke, Schwester», antwortet Frida. «Es tut gut, das zu hören. Ich bin mir sicher, bei dir und der Prima inter Pares läuft alles nach Plan. Was macht mein Bruder?»

«Der Junge ist wie immer. Er geht jetzt öfter hinaus, was wohl am Köter liegt. Hat bisher nicht viel erzählt über seine Zeit im Burgenland. Ich denke, es braucht noch, bevor –»

«Das denke ich auch», unterbricht sie Frida. «Man darf nicht vergessen: Bange macht die Biró!» Gelächter dringt durch den Hörer. Auch Tessa fängt zu lachen an. Sagt etwas zu Evgenia, auf Griechisch. Muss es wiederholen, weil ihre Mutter es nicht versteht. Wiederholt es. Alle lachen.

Wenig später legt Tessa auf und widmet sich sogleich wieder der Arbeit. Der Junge meinte, er wolle heute noch vorbeikommen.

Evgenia wirft einen kurzen Blick nach draußen, schraubt die Flasche Tsipouro auf und leert einen Schuss davon in ihren Tee. Das macht sie gerne, wenn ihr kalt ist. Dann widmet sie sich wieder der Nachrichtensendung. Jetzt kommt der Bericht, auf den sie gewartet hat. In den Kurzmeldungen. *Sensationssumme bei Sotheby's*, lautet die Übertitelung. Sie dreht ein wenig lauter. Sie versteht nicht viel, noch einmal das Wort *Rekord* und das Wort *antik*. *Büchse* ist ein schwieriges Wort, aber das versteht sie auch, darauf war sie schließlich vorbereitet, dann wird eine Summe eingeblendet. *Achtunddreißig Millionen US-Dollar.* Dann ist der Beitrag auch schon wieder vorbei.

Tessa, die auch mit einem Auge auf den Beitrag gelinst hat, sieht, wie ein Lächeln über das Gesicht der Alten huscht. Evgenia lehnt sich zurück und nimmt noch einen Schluck vom Tee. Und schon sieht sie wieder gedankenverloren aus, den Blick irgendwo nach oben gerichtet, zwischen die Schränke, mit den vielen Metern Stoff, und der Decke, wo sich immer der Dampf aus dem Bügeleisen sammelt. Das heiße Gebräu scheint seine Wirkung zu tun, denn jetzt schiebt Evgenia die Ärmel ihrer

Wolljacke über die Ellenbogen. Tessa sieht die Tätowierung. Nach all den Jahrzehnten ist sie kaum mehr als ein verschwommenes Irgendwas. Aber Tessa kennt es ja. Würde man genau hinsehen, ganz genau, von ganz nahe, könnte man doch erkennen, dass es ein verschlungener Buchstabe sein soll. Ein A. Und wenn man genau Bescheid wüsste, könnte man auch feststellen, dass die beiden blassen Wellen über dem Buchstaben keineswegs Wellen sind. Sondern zwei überkreuzte Gewehre.

Aber wer weiß schon genau Bescheid?

Tessa widmet sich wieder dem Riss in der Hose. Sie schüttelt den Kopf.

Der Junge jedenfalls nicht.

Danksagungen

Mein allergrößter Dank gebührt Alina Strmljan. Es war ihre Idee, die den Unterbau für die Legende der W. B. bildete. Danke, dass ich mit dir über diesen Text reden durfte, wieder und wieder. Danke für deine Zeit. Danke für deinen unerlässlichen Rat. Danke für alles.

Ich danke meiner Lektorin Diana Stübs, die bereits in der Geburtsstunde meines Schreibens etwas darin gesehen hat. Für ihre präzise Arbeit. Und Geduld.

Dank an meinen Agenten Daniel Mursa, der mir aus dem anfänglichen Chaos vager Entwürfe geholfen hat. Er steht mir immer mit bestärkenden Worten zur Seite.

Großer Dank für ihre wertvollen inhaltlichen Ratschläge an: Esther Becker, Jens Friebe und Daniel Mursa. Alle Ungereimtheiten, die jetzt noch im Text zu finden sind, gehen ausschließlich auf meine Kappe.

Danke an Genossin Shenja Schittkowski. Enteignen!

An Stefan Pabst von der Wurstvogel Werkstätte für seine qualifizierten wie unbezahlbaren Antworten auf alle typographischen und gestalterischen Fragen. An Andreas Ribarits, für eine Nacht voller Hirngespinste. An Waltraud Strmljan, die mir die vielen Tage Aufenthalt in Wien erst ermöglicht hat. Für ihren Großmut und ihre Aufgeschlossenheit.

Tiefe Dankbarkeit den Testleser*innen Jens Friebe, Christina Hoffmann, Naa Teki Lebar, Lisa Wirzel, Barbara Zeman. Für ihren Bärinnendienst!

Danke an Kristine Listau und Jörg Sundermeier vom Verbrecher Verlag, deren früheste Ermutigungen mir Selbstvertrauen gegeben haben. An Nino Mandl, Christiane Rösinger, Stefanie Sprengnagel und Dirk Stermann. An Wieland Krämer und Franziska Seeger von der Powerline Agency. An Mathias Velich für Blanca Hohn.

Herbert, Johanna und Sandra. Danke, dass ihr so wundervolle Menschen seid.

Ich danke meiner Mutter und der Gruppe Ja, Panik für mein Leben.

Und Waidmannsdank an Johann Pfalz, der mir gezeigt hat, dass Blut keine Rolle spielt. Du wirst vermisst. Einen Underberg auf dich.